Ursula Nuber

DER MYTHOS
VOM FRÜHEN TRAUMA

Über Macht und
Einfluß der Kindheit

S. Fischer

© 1995 S. Fischer Verlag GmbH, Frankfurt am Main
Alle Rechte vorbehalten
Satz: Wagner GmbH, Nördlingen
Druck und Bindung: Clausen & Bosse, Leck
Printed in Germany
ISBN 3-10-051922-1

Gedruckt auf chlor- und säurefreiem Papier

Inhalt

Für Else und Benedikt –
meine Eltern

»Sie wollte alles über die Vergangenheit wissen, über mich, über ihren Vater, über unsere Beziehung. Es war keine Zuneigung in ihren Fragen, keine Neugier: Der Ton war der eines Verhörs; sie wiederholte die Frage mehrmals, beharrte auf winzigen Einzelheiten, zweifelte Episoden an, die sie selbst erlebt hatte und an die sie sich genau erinnerte; mir war, als redete ich nicht mit meiner Tochter, in diesen Augenblicken, sondern mit einem Kommissar, der mir um jeden Preis das Geständnis eines Verbrechens abringen wollte.«

Susanna Tamaro: Geh, wohin dein Herz dich trägt

»Was fördern Psychotherapeuten zutage, wenn sie in ihren Patienten Bilder einer grauenhaften Kindheit wachrufen? Den Schlüssel zum Verständnis seelischer Leiden, sagen die einen. Bloße Phantasien, die der Therapeut seinem Patienten aufschwatzt, sagen die anderen. In der Psycho-Szene tobt ein Glaubenskrieg.«

DER SPIEGEL

Vorwort

Ein psychisches Trauma, so definiert es das *Wörterbuch für Psychologie*, ist eine »die gesamte Persönlichkeit erfassende psychische Erschütterung, die durch belastende Umweltereignisse verursacht wird«. Unfallopfer leiden häufig unter einem psychischen Trauma, ebenso Menschen, die von Terroristen als Geiseln genommen wurden. Von Kriegsteilnehmern – wie zum Beispiel den Vietnam-Soldaten – ist bekannt, daß sie nach der Rückkehr von den Kriegsschauplätzen durch ein psychisches Trauma so behindert sind, daß sie nicht mehr in ein geregeltes Leben zurückfinden. Menschen, die in ihrer Heimat aus politischen Gründen gefoltert werden, leiden oftmals mehr unter den psychischen Folgen dieser Marter als unter den körperlichen Wunden, die ihnen zugefügt wurden. Ein Mensch kann die schlimmsten körperlichen Qualen überleben, aber psychisch leidet er oft ein Leben lang unter dem Schock, den er durch das Trauma erlitten hat.

In unserer Gesellschaft lebt eine große Gruppe von traumatisierten Menschen. Sie haben niemals an einem Krieg teilgenommen, sie wurden auch nicht Opfer eines Unfalls oder eines Terroranschlages. Und doch sind sie davon überzeugt, an den Folgen eines schweren Traumas zu leiden. Äußerlich gesehen leben sie ein ganz normales Leben: ohne besondere Vorkommnisse, ohne extreme Höhen und Tiefen; innerlich fühlen sie sich aber oftmals zerstört und verwüstet. Ihren desolaten seelischen Zustand führen sie auf ein Trauma zurück, das in ihren ersten Lebensjahren stattgefunden hat oder von dem sie *vermuten*, daß es stattgefunden hat. Ihre Depressionen, Ängste, Beziehungsschwierigkeiten, Eßstörungen und viele andere Schwierigkeiten führen sie darauf zurück, daß ihnen in ihrer Kindheit ein großes Unrecht widerfahren sein muß. Sie klagen ihre Eltern an: »Ihr seid schuld, weil ihr mich zu wenig (oder zu viel) geliebt, weil ihr mich für eure Bedürfnisse benutzt, weil ihr mich geschlagen oder weil ihr mich sexuell mißbraucht habt.« In dieser Klagehaltung werden sie häufig von Psychotherapeuten bestärkt, die sie glauben machen wollen, daß nur eine Bearbeitung der frühen Traumen sie von ihren gegenwärtigen Problemen befreien kann.

Die Wahrscheinlichkeit, als Kind von den Eltern verletzt worden zu sein, ist in der Tat sehr hoch. Denn es gibt wohl kaum eine ideal verlaufende Kindheit; jeder Mensch wird als Kind enttäuscht, frustriert, und viele werden von ihren Eltern psychisch oder physisch mißbraucht. Doch kann man daraus wirklich schließen, daß eine unglückliche Kindheit zwangsläufig langfristige, zum Teil äußerst extreme psychische Belastungen mit sich bringt? Und wird das eigene Leben erst dann wieder lebenswert, wenn diese Belastungen – mit oder ohne therapeutische Unterstützung – ausgegraben und verarbeitet werden?

Der kausale Schluß von der Vergangenheit auf die Gegenwart ist das Kernstück der modernen Trauma-Therapien, die sich alle auf die frühe Trauma-Theorie Sigmund Freuds berufen. Sie besagt: Frühe traumatische Erfahrungen werden vom Kind verdrängt, weil es die damit verbundenen Konflikte und Ängste nicht aushält, und sie üben so lange eine unheilvolle Wirkung aus, wie der Erwachsene sie nicht wiedererinnert und durchgearbeitet hat. Freud formulierte diese Theorie vor 100 Jahren – doch noch nie war sie so beliebt wie heute.

Längst ist die Bearbeitung der frühen Kindheit nicht mehr ausschließlich Psychoanalytikern überlassen. In den letzten Jahren haben sich zahlreiche weitere Trauma-Therapien entwickelt, die sich den Nöten des »inneren Kindes« widmen und Heilung versprechen. Aber auch in Volkshochschulkursen, Seminaren, Workshops und in Selbsttherapien wie auch in zahlreichen Lebenshilfe-Büchern sind frühkindliche Traumen und deren Auswirkungen auf das Leben des Erwachsenen ein beliebtes Thema. Immer mehr Menschen, so scheint es, sind vom »Kindheits-Virus« befallen: Sie erhoffen sich ein glücklicheres, psychisch stabileres Leben, wenn sie die Wunden ihrer Kindheit entdeckt und verarbeitet haben. Sie fühlen sich erleichtert und entlastet, wenn sie die Schuldigen für ihre gegenwärtigen Probleme in der Vergangenheit gefunden haben.

Sind diese Menschen auf dem richtigen Weg? Erfüllen sich ihre Hoffnungen? Hat es wirklich nur positive Auswirkungen auf die Psyche und das Selbstverständnis, wenn Menschen sich als Opfer ihrer Kindheit fühlen? Zweifel sind angebracht. Neue Erkenntnisse aus verschiedenen Forschungsgebieten zeigen, daß es sich dabei um begründete und begründbare Zweifel handelt. Der Glaube an die Macht des frühen Traumas ist ein Mythos, dessen großer Einfluß das Leben der Betroffenen nicht verbessert, sondern im Gegenteil ihre weitere Entwicklung oft behindert.

Das heißt freilich nicht, daß wir die Schrecken und Qualen der Kindheit nicht ernst nehmen sollten. Die Geschichte der Kindheit ist auch heute noch für viele Menschen eine Geschichte des Leids. Sexueller Mißbrauch, körperliche Strafen, Psychoterror und Vernachlässigung sind auch heute noch für viele Kinder traurige Realität – und waren es im Rückblick auch für zahlreiche Erwachsene. Doch nicht immer bilden die Erinnerungen, die ein Mensch an seine Kindheit hat, die Wirklichkeit ab – vor allem dann nicht, wenn sie erst innerhalb einer Trauma-Therapie wiedererinnert werden. Und nicht immer, und schon gar nicht zwangsläufig, können die frühen Verletzungen wirklich für alles verantwortlich gemacht werden, was dem Erwachsenen widerfährt.

Dem Bild der traumatisierenden Kindheit können wir inzwischen ein neues Bild der Kindheit entgegensetzen, das ein sehr ermutigendes Bild ist: Wir sind in sehr viel geringerem Ausmaß die Opfer unserer Kindheit, als uns jahrzehntelang von Therapeuten und Psycho-Gurus suggeriert wurde. Wir sind nicht dazu verurteilt, unser Leben lang an den uns einst zugefügten Wunden zu leiden. Kinder sind, das zeigt die moderne Entwicklungspsychologie, sehr viel kompetenter und widerstandsfähiger, als gemeinhin angenommen wird. Traumatisierende Erlebnisse haben nicht zwangsläufig eine langfristige negative Wirkung, mitunter können sie sogar einen konstruktiven, kreativen Wert haben. Hinzu kommt: Die ersten Lebensjahre entscheiden nicht allein darüber, ob das Leben eines Menschen sich positiv oder negativ entwickelt. Natürlich ist eine glückliche Kindheit ein enormes Kapital, von dessen Zinsen man im Idealfall ein Leben lang zehren kann. Aber sie ist nicht automatisch und selbstverständlich eine Garantie für ein erfülltes Leben. Aus einer glücklichen Kindheit kann unter widrigen Umständen ein negatives Schicksal erwachsen, so wie umgekehrt aus einer unglücklichen Kindheit sich ein glückliches, erfülltes Leben entwickeln kann.

Und noch ein weiterer, entlastender Aspekt ist mit dem neuen Bild der Kindheit verbunden: Um Probleme in der Gegenwart bewältigen zu können, müssen nicht erst frühe Verletzungen in einem langen, mühsamen (und meist auch teuren) therapeutischen Prozeß aufgearbeitet werden. Wem das Leben schwerfällt, wer immer wieder scheitert, wem Beziehungen nicht gelingen wollen, der muß nicht den schmerzhaften Weg in die Kindheit zurücklegen, um seine Probleme zu lösen.

Die menschliche Entwicklung ist sehr viel komplizierter, aber auch chancenreicher, als es uns all jene glauben machen wollen, die vom Glauben an die frühen Traumen und ihrer angeblich so enormen Wirkung profitieren. Das neue Bild der Kindheit ist geeignet, viele Menschen aus der Opferrolle zu befreien und sie zu befähigen, ihr Leben selbst zu gestalten. Das mag für viele zunächst Verunsicherung bedeuten,

14

denn das alte Bild der Kindheit gab mit seinen einfachen Antworten und eindeutigen Schuldzuweisungen durchaus Halt und Orientierung. Daß diese Sicherheit trügerisch war, ist inzwischen nicht mehr zu übersehen.

Wer seinem Leben wirklich eine positive Wende geben will, wer es selbst gestalten will und wem die Zukunft wichtiger ist (seine eigene wie auch die anderer Menschen) als die Vergangenheit, wird nicht umhin können, diese neue Verunsicherung auszuhalten und die Verantwortung für sich selbst zu übernehmen. Das mag zunächst unbequem erscheinen, doch nur so gelingt, was die meisten Menschen sich wünschen: ein unabhängiges, selbstgestaltetes, verantwortungsvolles und befriedigendes Leben.

Ladenburg, im Frühjahr 1995

I. KINDHEIT IST SCHICKSAL
Woran so viele glauben, kann nicht falsch sein

Am 8. Januar 1935 brachte die Textilarbeiterin Gladys in Tupelo im US-Staat Mississippi Zwillinge zur Welt: zwei Buben. Über ihr »doppeltes Glück« war Gladys nicht sonderlich erfreut, denn ihre finanzielle Situation war mehr als bescheiden. Um über die Runden zu kommen, arbeitete sie hart in der örtlichen Textilfabrik; Vernon, ihr Mann, nahm das Leben eher von der leichten Seite. Er wechselte von einem Gelegenheitsjob zum anderen, und wenn er mal ein wenig Geld verdient hatte, dann trug er es gleich in die nächste Kneipe. Längst war im Ort bekannt, daß Vernon ein Trinker war, der an keinem Schnapsglas vorbeikam. Das wußten natürlich auch Gladys' Kolleginnen, und deshalb wollten sie ihr in weiser Voraussicht das Geld, das sie zur Geburt der Kinder gesammelt hatten, nicht in bar schenken. Lieber kauften sie zwei Wolldecken, die konnte Vernon wenigstens nicht in Alkohol umsetzen. Mit diesen zwei Decken unter dem Arm machte sich eine Textilarbeiterin, kurz nachdem sie von der Geburt der Kinder erfahren hatte, auf den Weg – zu Gladys und den Zwillingen.

Diese Textilarbeiterin sollte fast drei Jahrzehnte später für Aufruhr sorgen, als sie dem Journalisten David Adler von ebendiesem so lange zurückliegenden Besuch bei Gladys erzählte. In ihren Erinnerungen war alles noch sehr lebendig: die armselige Einrichtung des Hauses, die von der Geburt erschöpfte Mutter, neben ihr ein Baby – und dann dieser Schuhkarton auf dem Tisch. Sie erinnerte sich, daß sie sich voll böser Ahnungen diesem Karton genähert hatte – und wie erschrocken sie war, als sich ihre Ahnungen bestätigten: Das zweite Kind war tot. Es lag leblos im Schuhkarton, und es hatte, wie sie von Gladys erfuhr, überhaupt nicht gelebt. Jesse Garon kam tot auf die Welt. Sein Zwillingsbruder Elvis Aron dagegen war ein strammes, kerngesundes Baby.

Doch so glücklich das Leben von Elvis auch begann, es währte nicht lange und endete tragisch: Im Alter von 42 Jahren starb er 1977 an einer Herzattacke, nachdem er in den Jahren zuvor durch Freßorgien und Drogenmißbrauch sein Leben systematisch selbst zerstört hatte. Auf der ganzen Welt trauerten die Rock 'n' Roll Fans um ihr Idol: Elvis Presley war tot.

Als der Journalist David Adler erstmals 1993 auf einem Schriftstellertreffen in New Orleans von seinem Gespräch mit der alten Textilarbeiterin berichtete, brachte er die dort Versammelten völlig aus der Fassung. »Laute feierlicher Zustimmung brachen die Stille im Raum, es klang fast wie ein religiöses Amen. Manche müssen ein Gefühl gehabt haben, als stünden sie vor einem Mann, der mit einer Zeugin von Christi Geburt gesprochen hatte«, beschrieb einer der Anwesenden die Atmosphäre nach Adlers Vortrag.[1] Hätte Adler vor Psychoanalytikern oder Psychologen gesprochen, wäre die Reaktion wahrscheinlich noch heftiger gewesen. War die Geschichte von den dramatischen Umständen der Geburt des Rockstars für die Schriftsteller schon erregend, die Erzählung der alten Textilarbeiterin wäre für Seelenfachleute erst recht ein starker Adrenalinschub gewesen. Schließlich ist die Analyse von Lebensgeschichten und die Identifizierung früher Traumen sowie deren Auswirkung auf das spätere Leben ihre Domäne. Doch sicherlich sind auch psychologische Laien von den Umständen der Geburt Elvis Presleys beeindruckt, und nicht wenige werden sein Leben nun mit ganz anderen Augen betrachten. Plötzlich scheint sich alles, was man über den Star weiß, zu einem sinnvollen Ganzen zusammenzufügen: seine legendäre, enge Bindung an die Mutter, die er tief verehrte und innig liebte, sein äußerst schwaches sexuelles Interesse an Frauen, über das sich selbst seine Ehefrau, Priscilla, heftig beklagte, und nicht zuletzt seine Drogenabhängigkeit und seine Freßsucht. All dies erscheint durch die Erzählung der alten Textilarbeiterin auf einmal in einem völlig anderen Licht. Denn fast zwangsläufig drängt sich die Vermutung auf, es könne einen Zusammenhang zwischen Geburtserlebnis und späteren psychischen Problemen geben.

Muß es nicht Folgen haben, wenn man neun Monate lang mit einem Zwillingsbruder heranreift und dann allein überlebt? Ist es nicht denkbar, daß der »Überlebende« Schuldgefühle hat, weil er auf Kosten des anderen leben darf? Mußte Elvis scheitern, weil sein Leben vom totgeborenen Zwillingsbruder überschattet war? Bindet die Mutter sich nicht automatisch stärker an ein Kind, wenn sie ein anderes verloren hat? Mutter Gladys soll später einmal zu ihrem geliebten Sohn gesagt haben: »Wenn ein Zwilling stirbt, dann hat der überlebende Kraft für zwei.« War dies ein mütterlicher Auftrag, den Elvis verzweifelt zu erfüllen versuchte? Gab er (sich) auf, als er merkte, daß seine Kraft noch nicht einmal für ihn selbst reichte?

Oder anders gefragt: Hätte das Leben des Rock 'n' Roll-Stars einen anderen Verlauf genommen, wenn sein Zwillingsbruder überlebt hätte? Wäre es für Elvis eine Hilfe gewesen, wenn ihn jemand auf die Bedeutung dieses frühen Traumas hingewiesen hätte? Was wäre gewesen, wenn sich Elvis dreimal die Woche über mehrere Jahre hinweg auf die Couch eines Analytikers oder – vielleicht besser – einer Analytikerin gelegt hätte und seine Mutterbindung, seine Enttäuschung über den schwachen Vater und die Umstände seiner Geburt bearbeitet hätte? Welche Entwicklung hätte sein Leben genommen, wenn er sich einem Primärtherapeuten anvertraut hätte, der ihn ganz gezielt zu den frühen »Urschmerzen«, die mit seiner Geburt und den ersten Lebensjahren verbunden waren, hingeführt hätte? Wäre Elvis dann vielleicht gar kein Star geworden, sondern ein ganz normaler Durchschnittsbürger? Würde er heute mit seiner Familie als Elektriker – diesen Beruf hatte Elvis nach der High-School

erlernt – in Tupelo oder einer anderen amerikanischen Klein-
stadt zufrieden leben? Wäre das selbstzerstörerische Verhalten niemals eingetreten, hätte er ein erfüllteres Sexualleben
gehabt, hätte er am 8. Januar 1995 seinen 60. Geburtstag fei-
ern können?

Die Frage »Was wäre gewesen, wenn...« ist sicherlich
immer müßig. Wir werden nie wissen, ob der totgeborene
Zwillingsbruder wirklich irgendeinen Einfluß auf Elvis' Leben gehabt hat, ob es anders verlaufen wäre, ob er zufrieden
hätte alt werden können, wenn er mit seinem Bruder aufgewachsen wäre oder das frühe Trauma seiner Geburt hätte
verarbeiten können. Und doch: die hier angestellten Spekulationen über den Einfluß der Geburtstragödie auf das weitere Leben des Sängers – erscheinen sie nicht plausibel? Wer
könnte sich nicht spontan, wenn er die Geschichte der alten
Textilarbeiterin hört, einen ganz anderen Verlauf seines
Schicksals vorstellen? Glauben wir nicht alle – mehr oder
weniger – an die Macht der Kindheit, an den enormen Einfluß früher Erfahrungen auf das spätere Leben? Sind wir
nicht überzeugt davon, daß diese Macht so lange ihre Wirkung ausübt, wie sie nicht erkannt und durch entsprechende
– therapeutische – Maßnahmen gebrochen wird?

Frühe Schädigung – späte Störung?

Der Gedanke, daß frühe traumatische Ereignisse einen lebenslangen Einfluß haben können, erscheint nur jenen Menschen absurd und an den Haaren herbeigezogen, die sich
noch niemals mit der Bedeutung der frühen Kindheit beschäftigt haben. Diese Menschen dürften in unserer Gesellschaft allerdings eindeutig in der Minderheit sein. Die
Mehrheit zweifelt kaum daran, daß die ersten Lebensjahre
die Weichen für das spätere Leben stellen. Die Mehrheit hält
es für bewiesen, daß – erstens – frühe negative, belastende
Erfahrungen zu psychischen Problemen in der Gegenwart

führen. Und daß – zweitens – diese Probleme am wirkungsvollsten bearbeitet werden können, wenn die Geschehnisse der Kindheit aufgedeckt und verarbeitet werden. Eine unverarbeitete Kindheit, so die weitverbreitete Ansicht, regiert in das Erwachsenenleben hinein, sie beeinflußt die psychische wie die physische Gesundheit, sie beeinträchtigt Liebesbeziehungen, das Sozialverhalten, das Selbstwertgefühl und wirkt schließlich auch auf die Erziehung der eigenen Kinder zurück. Die Botschaft vom Wiederholungszwang, zu dem jeder verdammt ist, der sich nicht den Wunden seiner Vergangenheit stellt, ist inzwischen auch in Kreise vorgedrungen, die mit Psychologie ansonsten wenig im Sinn haben.

Gefragt nach Belegen für diesen Wiederholungszwang und den behaupteten Zusammenhang zwischen dem Gestern und dem Heute, verweisen die meisten auf scheinbar Offensichtliches: Wer als Kind geschlagen wurde, schlägt auch seine Kinder. Wer mit einem alkoholkranken Vater aufgewachsen ist, wird entweder süchtig oder lebt als Co-Abhängiger mit einem Süchtigen zusammen. Wer die Depression der Mutter erleben mußte, wird selbst depressiv. Wer nie in die Selbständigkeit entlassen wurde, leidet sein Leben lang an Verlassenheitsängsten. Scheidungskinder haben später in ihren eigenen Beziehungen Schwierigkeiten. Wer – umgekehrt – fürsorgliche, liebevolle Eltern hatte, wird zu einem ausgeglichenen, psychisch stabilen Menschen.

Die Schweizer Autorin Alice Miller, die mit ihren Büchern sehr zur Verbreitung des Glaubens »Kindheit ist Schicksal« beigetragen hat, ist davon überzeugt, daß verdrängte Erinnerungen an früher Erlittenes viele Menschen im Wiederholungszwang dazu treiben, »das Leben anderer und das eigene zu zerstören, Häuser ausländischer Bürger anzuzünden, Rache zu üben ... um die Wahrheit vor sich selbst zu verbergen und die Verzweiflung des gequälten Kindes nicht zu spüren.«[2] Alle Kriminellen (»100 Prozent«) sind nach ihrer Ansicht als Kind mißbraucht worden. Und auch alle Prostituierten, wie Miller hinzufügt. »Heute bin ich da-

20

von überzeugt, daß jede Frau, die Sexualität für Geld verkauft, als Kind sexuell mißbraucht worden ist.«[3]

Die Propagandisten des Kindheitskultes sind davon überzeugt, daß alles, was später im Leben mit einem Menschen geschieht, seine Anfänge in der Kindheit nimmt. Ob ein Mensch kriminell wird, sich prostituiert, drogensüchtig oder gewalttätig ist, immer soll die Ursache dafür in der frühen Kindheit liegen.

Die Vertreter der Kindheitsbewegung suggerieren mit oft sehr eindrucksvollen und schlüssig interpretierten Fallbeispielen und biographischen Studien, daß das »Böse« aus der Welt geschaffen werden könnte, wenn es gelänge, Kindesmißhandlungen zu vermeiden. Menschen könnten vor Depressionen, sexuellen Problemen, mangelnder Selbstachtung bewahrt werden, wenn die Kindheit für alle ein sicherer und Geborgenheit spendender Ort wäre. Diese Versprechung, die keinen Zweifel am Zusammenhang zwischen früher Kindheit und Erwachsenenleben aufkommen läßt, hat dafür gesorgt, daß der Glaube »Kindheit ist Schicksal« inzwischen eine große Anhängerschaft gefunden hat. Wer wissen will, warum er (oder sie) gerade so und nicht anders geworden ist, warum er an diesen oder jenen Problemen leidet, forscht fast automatisch in der Vergangenheit nach: »Was ist damals schiefgelaufen? Was haben meine Mutter, mein Vater getan, daß ich heute so ein ängstlicher, depressiver, schüchterner, suchtkranker, beziehungsunfähiger Mensch bin? Gibt es ein traumatisches Ereignis, das ich vielleicht verdrängt habe und das verantwortlich für meine momentane Verfassung ist?«

Selbst so mancher Straftäter beruft sich inzwischen auf seine bittere Kindheit, um die Verantwortung für seine Tat zu vermindern. Kody Scott zum Beispiel, Anführer einer Jugendgang in Los Angeles, war elf Jahre alt, als er zum erstenmal einen Menschen erschoß. Inzwischen längst erwachsen, schrieb er nun seine Autobiographie, der er den bezeichnenden Titel »Monster« gab. In diesem Buch erklärt er sein kriminelles Verhalten mit der Armut seiner Familie und der Gewalttätigkeit, die zwischen seinen Eltern herrschte; sein Zuhause bezeichnet er als eine »man made hell«, eine vom Menschen erschaffene Hölle.

Dagegen wirken die Anschuldigungen von Patti Davis, der Tochter von Ronald und Nancy Reagan, geradezu harmlos. Auch sie suchte nach Ursachen für ihre gegenwärtigen Probleme, und auch sie wurde in der Kindheit fündig. Sie erinnerte sich, als Achtjährige von ihrer Mutter eine Ohrfeige erhalten zu haben, und sie beschuldigte beide Eltern, zu sehr mit sich selbst beschäftigt gewesen zu sein und ihr Kind nicht genug geliebt zu haben.

Die 28jährige Anja vermutet ebenfalls, daß ihre Unsicherheit und ihr mangelndes Selbstwertgefühl ihren Ursprung in der Kindheit haben. Sie macht das Verhalten ihres Vaters dafür verantwortlich: »Mein Vater hat mir nie etwas gegeben, weder emotional, noch hat er mir Selbstbewußtsein vermittelt. Wenn ich mich über etwas gefreut habe, hat er es niedergemacht. Wenn ich etwas angefangen habe, Pläne hatte, dann hieß es immer gleich: ›Ach, das hat sowieso keinen Sinn.‹ Wollte ich in Urlaub fahren, sah er bereits den kilometerlangen Stau voraus, wollte ich Handball spielen, malte er mir die schrecklichsten Verletzungen aus, und als ich anfing, Philosophie zu studieren, fand er das völlig daneben. Kurz, es war alles falsch, was ich machte. Ich kann mich nicht erinnern, von meinem Vater jemals den Satz gehört zu haben: ›Das hast du gut gemacht!‹ Natürlich habe ich immer auf eine Reaktion gewartet, im Grunde warte ich heute noch darauf ... Vielleicht ist das der Grund dafür, daß ich heute immer noch das Gefühl habe, nichts richtig zu machen.«

Kody Scott, Patty Davis oder die junge Anja sind typische »Kinder« dieser Zeit; sie glauben, immerhin so viel von Psychologie zu verstehen, um einen kausalen Zusammenhang zwischen der frühen Kindheit und dem Schicksal als Erwachsener herstellen zu können. Sie kennen die lange Liste der Probleme, die angeblich auf eine schwierige Kindheit zurückzuführen sind: Ob Schüchternheit, mangelndes Selbstbewußtsein, Nägelkauen, Hautkrankheiten, Krebs, Aggressivität, Prostitution, Suchtverhalten, sexuelle Probleme, Unterwürfigkeit – worunter ein Mensch auch immer leiden mag, eine Spur in die Vergangenheit findet sich immer. Man muß nur sorgfältig und ausdauernd genug suchen.

Wie die Beispiele zeigen, ist das linear-kausale Denken (»Weil meine Eltern versagt haben, deshalb geht es mir heute schlecht«) längst nicht mehr nur auf die Psychoszene begrenzt, sondern hat bereits in bemerkenswertem Ausmaß über professionelle und »anpsychologisierte« Kreise hinaus die öffentliche Meinung und Diskussion geprägt. Sogar die Werbewirtschaft greift inzwischen auf die Erkenntnisse der Kindheitstherapeuten zurück. Da schwäbelt zum Beispiel der sehr gemütlich und zufrieden wirkende Modeschöpfer Uli Knecht: »Vielleicht habe ich als Kind zu wenig Spielzeug gehabt. Deshalb brauche ich heute alles Schöne.«

Menschen, die mit Sicherheit noch nie eine Originalzeile von Sigmund Freud, dem Begründer der Psychoanalyse, oder anderen »Größen« der Psychotherapiegeschichte im Original gelesen haben, jonglieren mit psychoanalytischen Begriffen und psychotherapeutischen Ideen, um sich ihr Leben und das Leben anderer zu erklären. Begriffe wie Penisneid, Kastrationsangst, Phallussymbol, Ich, Es und Über-Ich, Verdrängung, Ödipuskomplex, frühkindliches Trauma oder sexuelle Sublimation sind nicht nur für die gebildete Mittelschicht keine »böhmischen Dörfer«, sondern gehen auch psychologischen Laien flüssig von den Lippen. Wir lachen über den »Freudschen Versprecher«, wenn der Fernseh-Meteorologe eine »Bevölkerungszunahme« voraussagt und eine »Bewölkungszunahme« meint. Ebenso selbstverständlich nennen wir es »Verdrängung«, wenn die Erinnerung an Unangenehmes völlig verschwunden scheint oder uns der Name eines uns nicht besonders sympathischen Menschen nicht mehr einfallen will. Ob wir die Begriffe in ihrer richtigen Bedeutung verwenden, ist mehr als fraglich, kümmert aber nicht weiter.

23

Die Selbstverständlichkeit, mit der Psychologismen im Alltag verwendet werden, zeigt, in welch großem Ausmaß psychologisches und vor allem psychoanalytisches Gedankengut, gefiltert durch das Sieb der Populärpsychologie, in unser Denken eingedrungen ist und unser Verhalten beeinflußt. Zu verdanken ist dies vor allem dem Psychoboom, der in den 70er Jahren einsetzte und zu einer breitflächigen Psychologisierung der Gesellschaft geführt hat. War bis dahin Psychologie oder gar Psychoanalyse die Angelegenheit einer gebildeten und finanziell wohlsituierten Schicht, so sorgte der Psychoboom für eine Demokratisierung, welche die Psychologie für breite Schichten zugänglich und interessant machte. Es gelang der Psychotherapie, nach und nach aus dem Bereich des »Verrückten« herauszukommen und für immer mehr Menschen zum Vehikel für Selbstfindung und Selbstverwirklichung zu werden. Die eigene Kindheit aufzuarbeiten, sich auf die Suche nach dem »wahren« Selbst zu begeben wurde zur Modeerscheinung und in bestimmten Kreisen sogar zu einer Art Pflichtübung.

Die Therapeuten und Gurus des Psychobooms beeinflußten mit ihren Ideen fast die gesamte westliche Mittel- und Oberschicht. Sie sorgten für interessante Denkanstöße und hinterließen auch in der Kultur der westlichen Länder ihre Spuren. Filmemacher, Schriftsteller und Journalisten griffen psychologische Erkenntnisse und Theorien auf und verbreiteten in ihren jeweiligen Medien psychologisch-psychotherapeutisches Gedankengut. Sie alle erzählten – und erzählen – immer wieder die Geschichte vom Therapeuten und Patienten, die mutig in die Abgründe der Seele hinabsteigen und dort die Lösung aller Probleme finden.

Filmreif:
Kindheitsschicksale in den Medien

Erzählt wird diese Geschichte zum Beispiel vom Altmeister Alfred Hitchcock in dem 1944 entstandenen Thriller »Ich kämpfe um dich«, in dessen Mittelpunkt ein Arzt steht, der aufgrund eines tiefen Schuldkomplexes an Gedächtnisverlust leidet und durch das psychoanalytische Geschick – und natürlich durch die Liebe – der Psychiaterin Constance Petersen nicht nur vor dem Gefängnis bewahrt, sondern auch geheilt wird. Im Vorspann zum Film klärt Hitchcock die Zuschauer über die Psychoanalyse auf: »Die Psychoanalyse – ein wesentlicher Faktor der Handlung dieses Films – ist die Methode, welche die moderne Seelenheilkunde anwendet, um seelische Krankheiten zu heilen. Der Psychoanalytiker versucht den Kranken zu veranlassen, über seine verborgenen Konflikte zu sprechen, um die verschlossenen Türen seiner Seele zu öffnen. Wenn die Komplexe, unter denen der Patient leidet, aufgedeckt und gedeutet sind, lösen sich Krankheit und Verwirrung auf, die dämonischen Kräfte sind aus seiner Seele verbannt.«

Um die Zuschauer mit der Theorie der Psychoanalyse vertraut zu machen, läßt Hitchcock die Psychiaterin Constance Petersen dozieren. Gegenüber einer Nymphomanin erklärt sie: »Wissen wir, warum Sie etwas tun, was schlecht für Sie ist, und wann sie es zuerst taten, dann werden Sie sich selbst heilen.« Und einen Patienten, der glaubt, seinen Vater getötet zu haben, macht sie mit der psychoanalytischen Theorie des Schuldkomplexes vertraut: »Wir versuchen eine Ergründung Ihres Schuldkomplexes durch Psychoanalyse ... diese Schuld besteht nur in Ihrer Einbildung. Die Menschen fühlen sich oft ohne Grund für etwas schuldig, gewöhnlich geht das auf die Kindheit zurück. Ein Kind wünscht oft, daß einem anderen etwas Schreckliches passiert. Und wenn dem anderen dann was passiert, glaubt das Kind, daß es seine Schuld ist. Und wächst mit einem Schuldgefühl auf, das nur den bösen Gedanken des Kindes entsprungen ist.« – »Dann habe ich mir das nur eingebildet?« – »Ja, und sobald Sie das erkennen, können wir Ihnen auch helfen.«

Obwohl Hitchcock in manchen Szenen sozusagen mit dem Holzhammer psychoanalytisches Gedankengut verbreitet, nimmt er die Psychoanalyse nicht allzu ernst. Er benutzt ihre Symbolik, um damit sein ganz eigenes Spiel zu treiben. Zum Beispiel läßt er den alten Lehrer von Constance Petersen sagen: »Frauen sind die besten Psychologen, als Ehefrauen geben sie die besten Patientinnen ab.« Und – entgegen der psychoanalytischen Theorie, wonach es kein Vergessen gibt – tröstet der alte Seelenarzt seine ehemalige Schülerin in ihrem Kummer über den Geliebten: »Sie werden ihn vergessen.«

Vielleicht ist dieser locker-spielerische Umgang mit psychoanalytischen Inhalten der Grund dafür, daß von Hitchcock-Filmen wie diesem vor allem die spannende Handlung und die schauspielerische Leistung und weniger die Botschaft der Psychoanalyse bei den Zuschauern in Erinnerung geblieben ist. Der Meister des »Suspense« hat sich nicht zum Handlanger der psychoanalytischen Theorie und Therapie gemacht, sondern sie für seine Zwecke genutzt.

Ganz anders verhält es sich mit Filmen der jüngsten Zeit, die sich ebenfalls psychoanalytischer und psychologischer Themen bedienen. In ihnen ist keine Spur mehr von spielerisch-künstlerischer Umsetzung psychologischer Themen. Sie haben ganz andere Intentionen – und damit auch ganz andere Wirkungen. Die Drehbuchautoren und Regisseure sind »infiziert« vom Kindheitsvirus und behandeln psychologische Erkenntnisse oder das, was sie dafür halten, in ihren Filmen, als wären sie die »reine« Wahrheit.

Ein besonders »eindrucksvolles« Beispiel aus der Reihe der Psychofilme ist der 1991 gedrehte Streifen »Herr der Gezeiten«, über den der SPIEGEL schreibt: »Das Rührstück läßt so gut wie kein Klischee aus.«[4] In der Tat werden in diesem Film so ziemlich alle Themen angeschnitten, welche

26

die Psychoszene hergibt: eine selbstsüchtige Mutter, ein gewalttätiger Vater, eine an der Schwelle zur Schizophrenie stehende suizidale Tochter (Savannah) und schließlich Tom, ihr Bruder, der Meister im Verdrängen. Natürlich darf auch die einfühlsame Psychotherapeutin nicht fehlen, die nach und nach die Wahrheit dieser Familie aufdeckt.

Weil »Herr der Gezeiten« so prototypisch für die Psychofilme der neueren Zeit ist und weil dieser Film das psychologische Glaubenssystem einer ganzen Generation abbildet, soll seine Handlung ausführlich beschrieben werden. Das Drehbuch dieses Films ist deutlich beeinflußt von den therapeutischen Bewegungen, die in den letzten Jahren in Wellen den amerikanischen Therapiemarkt überschwemmten und mit einem kleinen zeitlichen Abstand auch in Deutschland ihre Anhänger fanden.

Tom Wingo (Nick Nolte) soll der Psychiaterin Susan Lowenstein (Barbra Streisand) erklären, warum seine Schwester immer wieder Selbsttötungsversuche unternimmt. Da Savannah keine Erinnerungen mehr an ihre Kindheit hat, will die Psychiaterin von Tom Einzelheiten wissen. Zunächst reagiert er abweisend auf ihre Bitte: »Ich habe ein Leben lang versucht, diese Details zu vergessen.« Doch dann wird der zunächst als äußerst gefühlskalt dargestellte Tom Wingo immer gesprächiger. Er schildert die Gewalttätigkeiten seines Vaters und die Egozentrik seiner Mutter. Er erzählt »Lowenstein«, wie er die Therapeutin respektlos nennt, daß seine Mutter ihn zu sich ins Bett holte und ihm in einer inzestuös aufgeladenen Situation einflüsterte, er sei ihr liebstes Kind. Gleichzeitig nahm sie ihm das Versprechen ab, dieses Geheimnis für sich zu behalten und nur ja den anderen nichts davon zu erzählen. Erst sehr viel später erfuhr er, daß sie dieses »Geheimnis« mit allen drei Kindern teilte.

Als Tom später der Psychiaterin von der Untreue seiner Frau erzählt und sich über die Treue von Frauen allgemein ausläßt – »Gestehen wir es uns ein, Lowenstein, Frauen sind verschlagener als Männer. Ihr seid groß im Verheimlichen, ihr wahrt Geheimnisse, lächelt, wenn ihr lügt. Von einem Mann erwartet ihr, daß er ein Bollwerk der Stärke ist. Wenn herauskommt, daß er Schwächen hat und ein paar Unsicherheiten, was macht ihr? Ihr dreht euch um und betrügt ihn, verdammt nochmal!« –, schlußfolgert Lowenstein in der bewährten Art der Psychoanalytiker: »Sie glauben also, ihre Mutter hat Sie betrogen?« Tom wehrt sich zwar zunächst gegen diese ihm aufgedrängte Deutung – »Ach, verdammt nochmal, ich spreche von meiner Frau! Mein Gott, ich hasse diesen Freudschen Mist!« –, muß sich selbst dann aber eingestehen: »Verdammtes Psychiaterpack! Wem wollte ich was vormachen? Ich war Meister im Bewahren von Geheimnissen. Besser als jede Frau. Bis Susan Lowenstein daherkam, und ein Mann, der nie geredet hat, tut plötzlich nichts anderes mehr.«

Die einfühlsamen Fragen der Susan Lowenstein haben dem Gefühlspanzer des Tom Wingo Risse zugefügt. Er ist nun bereit, der Psychiaterin die ganze Wahrheit seiner Kindheit und der Kindheit seiner Schwester zu erzählen. Als er seiner Mutter von dieser Absicht berichtet, reagiert sie wütend: »Weißt du, was dein Problem ist? Du bist zu sehr auf die Vergangenheit fixiert. Ich blicke nicht zurück. Wenn ich etwas abschließe, dann mache ich die Tür zu und denke nie mehr darüber nach.« Genau das aber, die Verdrängungsfähigkeit der Mutter, sei schuld daran, daß es ihren Kindern so schlecht gehe, schreit Tom seine Mutter an und macht sich auf den Weg zu Lowenstein, um endlich das Geheimnis der Wingo-Kinder zu lüften.

»Sie kamen in unser Haus, drei Männer, Mama schrie ›Hilf uns, Tom‹. Ich wollte auch, aber ich konnte nicht. Einer vergewaltigte Savannah, einer vergewaltigte meine Mutter.« – »Und was haben Sie währenddessen gemacht?« – »Weiß nicht.« – »Warum sind Sie nicht weggerannt?« – »Keine Ahnung, weil eben . . .« – »So antwortet ein Kind. Sie sagten vorhin, daß drei Männer gekommen sind. Was ist mit dem dritten passiert? Tom, wo war er?« Dann, endlich, durch die hartnäckigen Fragen der Psychiaterin, wagt es Tom, der ganzen Wahrheit ins Gesicht zu blicken: Er konnte sich nicht wehren, er konnte seiner Schwester und seiner Mutter nicht helfen, denn der dritte Mann vergewaltigte ihn. »Was mir passierte, war unvorstellbar, buchstäblich. Ich wußte nicht, daß so etwas einem Jungen passieren kann. Ich wollte danach sterben.«

Die Vergewaltigungen allein waren der Regisseurin wohl nicht »traumatisch« genug, das Drehbuch sorgt noch für weitere Dramatik: Zwei der Vergewaltiger werden vom ältesten Sohn erschossen, einen tötet die Mutter mit einem Messer. Nachdem alles vorbei ist, verdonnert sie die Familie zum Schweigen: »Mama sagte, es ist vorbei. Schafft diese Kadaver nach draußen und räumt die Schweinerei hier auf. Sie ist durchgedreht in dieser Nacht. ›Es ist gar nicht passiert, es ist gar nicht passiert‹, immer wieder hat sie das gesagt. Sie sagte, in dem Moment, wo wir nur ein Wort darüber fallenlassen, ist sie nicht mehr unsere Mutter ... Als mein Vater nach Hause kam, saßen wir rum und aßen, als ob nichts gewesen wäre. Oh Gott im Himmel, das Schweigen war schlimmer als die Vergewaltigung. Drei Tage später hat Savannah versucht, sich umzubringen. Sie konnte den Mund halten, aber sie konnte nicht lügen.«

Nun liegt die ganze Wahrheit auf dem Tisch. Lowenstein, sichtlich erschüttert, stellt die Standardfrage aller Therapeuten: »Wie fühlen Sie sich?« »Ach ja, ich fühle mich ganz okay. Ich dachte, ich wäre am Boden zerstört, nachdem ich Ihnen das erzählt habe, aber ich fühle mich überraschend gut«, antwortet Tom zunächst noch abwehrend-selbstsicher. Doch das kann Lowenstein natürlich so nicht stehenlassen: »Ganz sicher?«, fragt sie ungläubig. – »Oh ja, ich meine, wie ist das, ich bin erleichtert. Wissen Sie, die Wäsche ist sauber, die Leiche ist aus dem Keller, und ich ...« – »Sie haben gründlich gelernt, ihren Schmerz zu verbergen. Das haben Sie ihr ganzes Leben lang getan. Aber dieser 13jährige Junge fühlt immer noch großen Schmerz.« Noch wehrt sich Tom gegen die Gefühle, die Tränen, die in ihm hochsteigen: »Nicht, tun Sie mir das nicht an, Lowenstein, tun Sie mir das nicht an!« Doch Lowenstein läßt nicht locker, denn jetzt ist sie am Ziel: Tom hat Zugang zu seinen verschütteten Gefühlen gefunden. »Ich kann Ihren Schmerz fühlen, Tom. Lassen auch Sie ihn zu. Es gehört Mut dazu, den Schmerz zu fühlen. Sie können es.« Toms Gefühlspanzer fällt nun endgültig von ihm ab, er liegt schluchzend in den Armen seiner Psychiaterin und wird von ihr beruhigt: »Es ist gut, es ist gut, lassen Sie es raus, lassen Sie es raus.«

Als Folge dieses reinigenden Erlebnisses (die Psychoanalyse spricht von »Katharsis«) geht es auch Toms Schwester Savannah langsam immer besser. Die Erklärung für diese Genesung fällt im Film allerdings etwas dürftig aus: »Die Geschichten, die Sie erzählen, helfen ihr, sich zu erinnern.« Toms Gedächtnis hilft dem Gedächtnis seiner Schwester auf die Sprünge, und in dem Maße, wie die Erinnerungen zurückkehren, schwinden die Krankheitssymptome.

Der Film »Herr der Gezeiten« ist vor allem deshalb interessant, weil in ihm alle Bestandteile des Glaubens »Kindheit ist Schicksal« enthalten sind. Er greift die Botschaften der Psychoszene unkritisch auf und verhilft ihnen durch die plakative Bearbeitung zu einer weiten Akzeptanz.

Was lernen psychologische Laien aus dem Film »Herr der Gezeiten«?

– Verdrängte Erlebnisse und Gefühle machen krank (Savannah) oder gefühlskalt (Tom). Verdrängung ist keine hilfreiche Methode, um mit schrecklichen Erfahrungen fertigzuwerden. Toms und Savannahs Mutter hat Schuld auf sich geladen, weil sie von ihren Kindern verlangte, sie sollten das Geschehene vergessen.

– Wenn etwas verdrängt wird, dann beeinflußt es so lange unser Leben, bis es aus der Verdrängung geholt und bearbeitet wird. Savannah war so lange ständig vom Selbstmord bedroht, Tom war so lange ein gefühlskalter Egoist, wie das gemeinsam erlebte Trauma verdrängt blieb.

– Sobald die Erinnerung an das Verdrängte auftaucht, sobald die damit verbundenen Gefühle »zugelassen« werden, tritt durch die reinigende (kathartische) Wirkung der Gefühle eine Besserung ein.

– Und schließlich vermittelt der Film ein gefährliches Bild von der Allmacht der Psychoexperten: Sie wissen, was die Wahrheit ist. Wenn der Patient oder Klient sich wehrt und nichts mit ihren Deutungen anzufangen weiß (»Verdammtes Psychiaterpack!«), handelt es sich nur um Widerstand, und früher oder später wird der, um den es geht, die Wahrheit erkennen: »Wem will ich etwas vormachen?« Haftenbleibt bei den Zuschauern die Botschaft: Auf die eigenen Gefühle, auf die eigene Wahrheit ist spätestens dann kein Verlaß mehr, wenn sich ein Psychoexperte einschaltet.

Barbra Streisand, die Regisseurin des Films »Herr der Gezeiten«, war offensichtlich eine fleißige Konsumentin der gängigen Psycholiteratur. Sie setzte so ziemlich alles, was in den letzten Jahren in der Psychoszene der USA (und auch Deutschlands) diskutiert wurde, in emotional geladene Bilder und Dialoge um: verdrängte Erinnerungen, sexueller Mißbrauch, gewalttätige Eltern, überbehütende, aber gleichzeitig vernachlässigende Mütter, Inzest und so weiter.

Filme wie »Herr der Gezeiten« tragen dazu bei, daß die Geschichte von Kindheit, Verdrängung, Trauma und Erinnerung immer und immer wieder erzählt wird. Und wie das so ist mit Dingen und Ereignissen – je öfter man sie hört, desto glaubwürdiger erscheinen sie einem. Die Frage, ob sie auch wirklich »wahr« sind, kommt dann kaum noch in den Sinn. So wäre es beispielsweise angemessen, sich nach dem Rührstück »Herr der Gezeiten« zu fragen: Hilft es einer Suizidgefährdeten wirklich, wenn sie mit den vom Bruder wiedererinnerten Erlebnissen konfrontiert wird? Muß Verdrängung wirklich aufgelöst und müssen früh verdrängte Schmerzen neu durchlebt werden? Ist die Erleichterung, die Tom und seine Schwester nach dem Entdecken der Wahrheit verspüren, wirklich von Dauer?

Welcher Zuschauer, welche Zuschauerin wird sich diese Fragen nach dem Film »Herr der Gezeiten« stellen? Das Gezeigte war doch plausibel! Und schließlich: Man weiß doch, daß Kindheit ihre Spuren hinterläßt – je nach erlebtem Trauma tiefere oder mildere.

Nicht nur Filmemacher wie Barbra Streisand können sich dem Einfluß der Kindheitsbewegung offensichtlich kaum entziehen, auch in jenen Medien, die – anders als der Film – der Wahrheit verpflichtet sind, wird immer selbstverständlicher die Frage nach der Kindheit gestellt, wenn Erklärungen für bestimmte Phänomene der Gesellschaft gesucht werden: Ob es um rechtsradikale Jugendliche geht, um kriminelle Handlungen oder Suchtverhalten – man ist bemüht, die Kindheit des Täters zu durchleuchten, um in ihr die Ursache für die Tat zu finden.

Um erst gar kein Mißverständnis aufkommen zu lassen: Ganz ohne Zweifel ist es ein enormer Fortschritt, wenn auch die sozialen und psychischen Umstände, die zu einer Straftat geführt haben, berücksichtigt werden. Es ist Merkmal eines humanen Strafvollzugs, Menschen nicht als »Monster« oder »geborene Kriminelle« ohne Chance auf Resozialisierung wegzuschließen. Und Resozialisierung gelingt sicherlich nur dann, wenn die sozialen Umstände berücksichtigt werden. Doch um diese sozialpolitische Dimension geht es an dieser Stelle nicht: Thema ist hier die Selbstverständlichkeit, mit der auch die Berichterstattung in den Medien über kriminelle Taten einen Zusammenhang zwischen den Kindheitserfahrungen und dem Verhalten des Erwachsenen herstellt. Zutiefst davon überzeugt, daß eine Kausalität zwischen früher Kindheit und späteren Fehlentwicklungen besteht, werden andere Einflüsse als die »schreckliche Kindheit« kaum noch in Erwägung gezogen.

Zahlreiche Beispiele für derart kausale Schlußfolgerungen finden sich unter anderem in den Gerichtsreportagen des SPIEGEL. Die Reportage über die junge Gisela Hoffmann, die ihren eineinhalbjährigen Sohn Tobias durch Tritte lebensgefährlich verletzte und ihn an diesen Verletzungen zugrunde gehen ließ, zeigt sehr eindrucksvoll, wie plakativ dort die These »Kindheit ist Schicksal« verbreitet wird.[5] Obwohl Gisela Hoffmann die Qualen ihres Sohnes sah, holte sie keinen Arzt, und auch der Ehemann, den sie in ihrer Hilflosigkeit anrief, handelte nicht. Als der kleine Junge tot war, packten die Eltern ihn in einen Müllsack und ließen ihn von der Müllabfuhr »entsorgen«. Dann gingen sie vor die Presse, berichteten unter Tränen und sehr glaubwürdig von einer Entführung und konnten erst Tage später, weil sie sich in Widersprüche verhedderten, überführt werden.

Eine ganze Nation, die sich von der Entführerstory hatte an der Nase herumführen lassen, war geschockt. Wie konnte so etwas Schreckliches passieren? Was geht in einer jungen Frau vor, die zusieht, wie ihr kleines Kind unter Qualen stirbt, und nicht fähig ist, Hilfe zu holen? Die SPIEGEL-Reporterin Gisela Friedrichs kennt die Antwort. In ihrem Bericht macht sie die »elende Kindheit« der jungen Frau für die Tat verantwortlich. Ein tyrannischer, alkoholkranker Vater, eine egozentrische, erschöpfte, verbitterte Mutter konnten der jungen Gisela keinen ausreichenden Halt geben. Selbst voller Sehnsucht nach Liebe und Geborgenheit, war es ihr nicht möglich, ihrem eigenen Kind die Aufmerksamkeit zu schenken, die es brauchte. Mit anderen Worten: Der kleine Tobias wäre noch am Leben, wenn Gisela Hoffmann eine bessere Kindheit gehabt hätte.

Ist es wirklich so einfach? Kann ein erwachsener Mensch, der geistig zurechnungsfähig ist, wirklich völlig von der Selbstverantwortung freigesprochen werden? Ist es eine Tatsache, daß junge Frauen, deren Vater ein gewalttätiger Alkoholiker und deren Mutter vernachlässigend war, später ihre eigenen Kinder vernachlässigen oder – wie im Falle Hoffmann – sogar töten? Die Anhänger der Trauma-Theorie – ob Therapeuten, Filmregisseure oder Journalisten – zweifeln nicht daran. Und wenn sich Zweifel regt, bekämpfen sie ihn vehement. Dabei orientieren sich die Medienvertreter wiederum an den Argumenten, die ihnen von den Trauma-Theoretikern vorgegeben werden.

Der Glaubensstreit: Wer zweifelt, verdrängt?

Charakteristisch für die Anhänger und Mitglieder der Kindheitsbewegung ist es, daß sie sich als Auserwählte fühlen, die im Besitz der Wahrheit sind und diese Wahrheit mutig gegen die Ignoranz und Blindheit der Gesellschaft vertreten müssen. »Wir sind eine Nation in Verdrängung«, schreibt zum Beispiel die Psychotherapeutin Jean C. Jensen in ihrem Buch *Reclaiming your Life* (das im Frühjahr 1996 auch in Deutschland erscheint) ausgerechnet über die USA, in denen wie in keinem anderen westlichen Land die Kindheitsbewegung einen enormen Zuspruch erfährt.[6] Wer sich nicht einreiht in die Schar derer, die glauben, die Wahrheit gefunden zu haben, gerät schnell in Verdacht, ein »Verdränger« zu sein: Möglicherweise hat der Zweifler Angst vor den eigenen verdrängten Gefühlen und wehrt sich gegen die Erkenntnisse der Kindheitsliga, weil er die Wahrheit über die eigene Kindheit fürchtet? Was schreibt doch Alice Miller über die Gegenbewegung, die sich inzwischen in den USA gebildet hat, um Eltern zu schützen, die vermutlich zu Unrecht von ihren erwachsenen Kindern des sexuellen Mißbrauchs beschuldigt werden? »Ich könnte mir vorstellen, daß diese lebhafte Aktivität und die intensiven Bemühungen der Eltern, der Presse und der Anwälte nicht nur durch finanzielle Interessen und das Bedürfnis, die Unschuld der Eltern zu beweisen, motiviert sind, sondern auch, und vor allem, durch einen viel tieferen Grund: die Angst vor der eigenen verdrängten Geschichte.«[7]

Wie die Trauma-Therapeuten beklagt sich auch die Gerichtsreporterin Gisela Friedrichs in ihrem Artikel über Gisela Hoffmann, daß die Mehrheit der Menschen den Zusammenhang zwischen früher Kindheit und späterem Elend nicht wahrhaben will. »Wer begreift, daß eine junge, überforderte Mutter die Verletzungen, die ihr als Kind angetan wurden, bei ihren eigenen Kindern nicht zu vermeiden und zu verhindern weiß, sondern daß sie das gleiche wieder tut; daß sich das Übel hier wie ein Fluch fortpflanzt über die Generationen; daß unkontrolliertes Aus-der-Haut-Fahren und Abreagieren an Schwachen durchaus der menschlichen Natur innewohnt, gerät leicht in Verdacht. Rührseliges Mitleid mit Mördern wird ihm vorgeworfen, unangebrachtes Verständnis für den Abschaum, Gefühlsduselei und Entschuldigung dort, wo es allein um Vergeltung und Sühne gehe.«[8]

Jeder, der die so zwingend dargestellte Kausalität der These »Frühe Kindheit – späte Störung« in Frage stellt, jeder, der daran zweifelt, daß geprügelte Kinder später zwangsläufig zu prügelnden Erwachsenen werden, daß aus Gewalt wiederum Gewalt resultieren muß, und jeder, der nicht bedingungslos daran glaubt, daß allein durch die Verarbeitung früher Traumen psychische Gesundheit zu erreichen ist, wird sofort in die Ecke zu den »Ignoranten« gestellt, welche die Wahrheit nicht sehen wollen. Um nicht mißverstanden zu werden oder gar als reaktionär diffamiert zu werden, äußern bislang nur wenige ihre Zweifel laut. Noch werden ihre Stimmen von denen der Anhänger des Kindheitskultes übertönt.

Die Vorwürfe an die Adresse der Zweifler sind geleitet vom tiefen Glauben an die einmal entdeckte Wahrheit. Wie die Mitglieder einer Sekte wehren sich auch die Anhänger des »inneren Kindes« gegen alle Hinweise und Argumente, die ihren Glauben erschüttern könnten. Sie schotten sich als Gruppe, allerdings sehr große Gruppe, von allen Menschen ab, die sich ob ihrer begründeten Zweifel ihnen nicht anschließen wollen. Die »Gläubigen« verhalten sich wie der junge Vater, von dem Buddha folgende Geschichte erzählt:

»Ein junger Witwer, der seinen fünfjährigen Sohn über alles in der Welt liebte, war geschäftlich auf Reisen, als Banditen sein Dorf niederbrannten und seinen Sohn entführten. Nach Haus zurückgekehrt, fand der Mann nur noch Ruinen vor und geriet in Panik. In einem verkohlten Kinderleichnam glaubte er seinen Sohn zu erkennen, und die Verzweiflung übermannte ihn. Er ließ das tote Kind verbrennen und sammelte die Asche in einer wunderschönen Urne. Ob er arbeitete, schlief oder aß, fortan hatte er immer die Urne bei sich.

Eines Tages gelang es seinem richtigen Sohn, sich zu befreien und nach Hause zurückzukehren. Er erreichte das neu aufgebaute Haus seines Vaters in der Nacht und klopfte an die Tür. Drinnen war der junge Vater immer noch mit seiner Trauer beschäftigt. Er fragte: ›Wer ist da?‹ ›Ich bin's, Vater. Öffne die Tür, hier ist dein Sohn.‹

In seinem aufgewühlten Zustand glaubte der Vater, irgendein ungezogenes Kind mache sich lustig über ihn, und er schrie, das Kind solle verschwinden. Dann ließ er sich wieder in seine Trauer fallen. Der Junge klopfte wieder und wieder, doch sein Vater ließ ihn nicht herein. Nach einiger Zeit gab der Junge auf und verließ seines Vaters Haus. Vater und Sohn haben sich nie wiedergesehen.«

Die »Moral« von der Geschichte? Buddha meinte dazu: »Zu manchen Zeiten, an manchen Orten glaubst du, etwas sei wahr. Wenn du zu sehr daran festhältst, wirst du, wenn die wirkliche Wahrheit an deine Tür klopft, nicht öffnen.«

Buddhas Geschichte ist heute aktueller denn je: Wie der trauernde Vater haben sich viele Menschen eine Geschichte zurechtgelegt, die ihnen bestimmte Ereignisse, Erlebnisse und Gefühle plausibel erklären soll. Es ist dies die Geschichte ihres Lebens, die sie sich selbst und anderen erzählen und die ihnen die Frage beantwortet: »Warum bin ich so geworden, wie ich bin?« Die Menschen, die diese Geschichten erzählen, trauern ebenfalls um ein Kind, ein verletztes, vernachlässigtes, mißhandeltes, ungeliebtes, unerwünschtes Kind, das sie selbst einst waren und dessen Schmerzen ihnen, den Erwachsenen, noch heute das Leben schwermachen.

Die Erinnerung an bestimmte Episoden der Kindheit, an Verhaltensweisen der Eltern, ist oftmals so präsent, als sei es erst gestern passiert; und selbst wer sich nicht erinnern kann, weiß, daß er sich auf die Suche nach diesen Erinnerungen machen muß, wenn er Frieden finden will. Deshalb begeben sich so viele Menschen auf den Weg in vergangene Zeiten, versetzen sich zurück in die Kindheit, erforschen, was geschehen ist: vor der Geburt, bei der Geburt, in den Jahren nach der Geburt. Was ist schiefgelaufen, wer hat Fehler gemacht, woran liegt es, daß das Leben in der Gegenwart so voller Leid und Probleme ist? Die Rollen sind bei dieser Vergangenheitserforschung klar verteilt: Wir sind die Opfer, dort im »Damals« finden wir die Täter. Wir sind »die Ungeliebten, die Verletzten, die Enttäuschten, die Abhängigen, die Mißverstandenen, die Vernachlässigten, die Zerbrochenen«, schreibt der Psychotherapeut Wayne Muller. »Wenn wir morgens aufwachen und uns für den Tag fertigmachen, ziehen wir unsere Geschichte an wie einen alten Bademantel und ausgetretene Sandalen. Wir sind so daran gewöhnt, uns als die Opfer unserer Geschichte darzustellen, daß wir nicht wissen, ob wir wirklich etwas verändern können – oder überhaupt etwas verändern wollen.«[9]

Was aber wäre, wenn sich der weitverbreitete und tiefe Glaube »Kindheit ist Schicksal« als falsch oder nur zum Teil als richtig herausstellen würde? Was, wenn die Beweise dafür auf tönernen Füßen stünden und in vielen Fällen widerlegt werden könnten? Was wäre, wenn die frühe Kindheit keineswegs zwangsläufig lebenslanges Schicksal bedeutet, das bearbeitet und überwunden werden muß? Was wäre, wenn wir diese Überzeugungen revidieren und das damit verbundene Denken und Handeln verändern müßten? Wie würden wir reagieren, wenn sich der Glaube an den lebenslangen Einfluß früher Erfahrungen als Mythos herausstellen würde?

Wenn das der Fall wäre, dann hätte das weitreichende Folgen:

1. Wir müßten unser Selbstbild ändern, und wir wären gezwungen, mehr Verantwortung für unser Leben zu übernehmen. Der Blick in die Kindheit ist immer auch mit Selbstentlastung und Schuldzuweisung verbunden: Weil mir damals das und jenes angetan wurde, kann ich heute nicht erfolgreich sein/ lieben/ gesund sein/ zufrieden leben. Wer Schuld zuweisen kann, entschuldigt sich selbst und braucht nicht über die eigene Verantwortung für sein Leben nachzudenken.

2. Wenn der Glaube »Kindheit ist Schicksal« grundlegend erschüttert würde, dann hätte das auch Konsequenzen für die Vorstellung von psychischer Gesundheit überhaupt und auch für die Frage, wie psychische Gesundheit erreicht werden kann. Ist Kindheitsbewältigung im Rahmen von Therapien oder Selbsthilfe überhaupt nötig und möglich? Und versprechen Therapiemethoden, die vorgeben, die Kindheit bewältigen zu helfen, nicht zuviel? Sind sie vielleicht der falsche Weg, um psychisch gesund zu werden (und zu bleiben)?

Vielleicht liegt es an diesen enormen Konsequenzen, die mit einer Glaubensrevision verbunden wären, daß sich viele Menschen gegen Argumente abschotten oder vehement zur Wehr setzen, die ihren Kindheitsglauben ins Wanken bringen könnten. Sie wollen Zweifel gar nicht erst zulassen, sie wollen sich nicht irritieren lassen und stempeln deshalb Wissenschaftler und Publizisten, die sie auf ihren möglicherweise falschen Glauben aufmerksam machen wollen, pauschal als Ignoranten oder Verdränger ab. Das ist sehr viel einfacher, als sich einzugestehen, daß das, woran man so lange geglaubt hat, ein Irrglaube sein könnte.

Trotz intensiver Abwehr mehren sich jedoch die Zeichen dafür, daß sich die Menschen in den ausgetretenen Sandalen und alten Bademänteln ihrer Lebensgeschichte nicht wohlfühlen können. Es gibt inzwischen begründete Zweifel daran, ob noch so genaues und detailreiches Wissen über die Kindheit eine Garantie für ein besseres, glücklicheres, beschwerdefreieres Leben sein kann. Es mehren sich die Bedenken, ob der Blick zurück wirklich für ein psychisch gesundes Leben notwendig ist, ob eine schlimme und entbehrungsreiche Kindheit »bewältigt« werden kann und muß.

Allein die immer zahlreicher werdenden Therapiekarrieren von Menschen, die entweder von einer Therapie zur anderen wechseln oder jahrelang in Behandlung sind, ohne daß sich ihr psychisches Befinden wesentlich verbessern würde, sind ein Hinweis darauf, daß Einsicht in das Geschehen der Vergangenheit noch lange keine Lösung bedeuten muß. Typisch für diese Therapiekarrieristen ist, daß sie ihre Vergangenheit, das Geschehen in ihrer Kindheit, sozusagen in- und auswendig kennen, daß dieses Wissen ihnen aber nicht zu einem ausgeglichenen Leben verhilft, sondern in nicht wenigen Fällen sogar zu einer Verschlechterung führt. Wie meint doch der amerikanische Psychotherapeut James Hillman: »Nicht das Trauma richtet den Schaden an, sondern die traumatische Erinnerung.«[10]

Zweifel bestehen nicht nur am therapeutischen Vorgehen und der Wirkung der Kindheitstherapien, sondern vor allem an der ihnen zugrundeliegenden Trauma-Theorie. Aus unterschiedlichen Wissenschaftsbereichen kommen Hinweise darauf, daß es sich bei der Botschaft »Kindheit ist Schicksal« um einen Mythos handeln könnte. Biologen, Neurowissenschaftler, Gedächtnisforscher und Entwicklungspsychologen haben eine Fülle von empirischen Erkenntnissen gesammelt, die nicht mehr länger als »singulär« und »irrelevant« abgewehrt werden können.

Für all jene, die sich noch nie mit dem Gedanken anfreunden konnten, daß die ersten Lebensjahre entscheidender für die Persönlichkeitsentwicklung sein sollen als alles, was danach kommt, sind diese Forschungsergebnisse beruhigend: Sie belegen, daß Kindheit nicht Schicksal sein muß, sondern daß jeder Mensch zu jedem Zeitpunkt seines Lebens eine Chance hat, sich weiterzuentwickeln und eigenverantwortlich sein Leben zu gestalten. Und dies, ohne erst vorher in einem langwierigen und schmerzhaften Prozeß seine Kindheit bewältigen zu müssen.

Gemeinsam ist all den neuen Forschungserkenntnissen, daß sie das linear-kausale Denken nach dem Muster »Weil damals dieses oder jenes geschah/ unterlassen/ mir angetan wurde, geht es mir heute schlecht« als allzu verkürzt und letztlich auch unzulässig entlarven. Dieses Denken mag in den Anfängen der Psychotherapie, vor nunmehr 100 Jahren, den Stand der wissenschaftlichen Erkenntnis widergespiegelt haben, heute ist es nicht mehr haltbar. Wer die vorliegenden Forschungsergebnisse nicht als »Hetzjagd«, Verleumdung« oder »Polemik« abwehren muß, weil er oder sie sich den Glauben an den Einfluß der Kindheit nicht nehmen lassen will, der kommt nicht umhin, die Entwicklungsmöglichkeiten des Menschen als sehr viel vielfältiger und chancenreicher zu betrachten, als dies bisher der Fall war.

II. DER MYTHOS VOM FRÜHEN TRAUMA
Freud und die Folgen

»Der 16jährige Sohn eines Holzhändlers russischer Abstammung hat im Haus der Familie bei Paris ein Blutbad angerichtet. Der Jugendliche gestand den sechsfachen Mord, dem seine Eltern, Großeltern und ein mit der Familie befreundetes Ehepaar zum Opfer gefallen waren. Alle sechs waren erschossen worden. Der Jugendliche hatte mit widersprüchlichen Erklärungen den Verdacht auf sich gezogen. Als Motiv für die Bluttat gab er an, von seinem Vater nicht geliebt worden zu sein.«[1]

»Jährlich werden in Amerika offiziellen Mitteilungen zufolge bis zu 600 Eltern von ihren Kindern umgebracht. In mehr als 90 Prozent der Fälle sind die Täter männliche Jugendliche zwischen 15 und 17 Jahren ... In drei von vier Fällen bringen die Jungen ihre Väter um, nachdem sie von ihnen jahrelang mißhandelt wurden ... In manchen Fällen wird der Vater ermordet, um Mutter oder Geschwister vor seiner Gewalt zu schützen.«[2]

Was geht in einem Jugendlichen vor, der sechs Menschen kaltblütig erschießt? Welche Verzweiflung treibt die Jungen an, die nur noch in der Ermordung des Mißhandlers einen Ausweg sehen? Kann Liebesmangel, Kränkung und Mißbrauch einen derartigen Haß auslösen? Sicher, werden die Vertreter der Kindheitsthese sagen: Nur ein mißbrauchtes und mißhandeltes Kind wird zum Verbrecher. Und sie werden noch zahlreiche weitere Beispiele anführen, die belegen, daß einer kriminellen Tat immer eine schreckliche Kindheit vorausgeht. Extremfälle wie die genannten dienen Kindheitsgläubigen als besonders eindrucksvolle Beweise dafür, welche verheerenden Folgen schlimme Kindheitserfahrungen haben. Sie räumen zwar ein, daß nicht jeder Mensch, der von seinen Eltern mißhandelt, mißbraucht oder vernachlässigt wurde, zum Verbrecher wird, aber umgekehrt gilt als sicher, daß jeder Verbrecher eine schlimme Kindheit hatte. Ganz abgesehen davon, daß auch Menschen, die nicht gegen die Normen dieser Gesellschaft verstoßen und scheinbar angepaßt ihr Leben führen, in ihrem Inneren oftmals einen erbitterten Kampf gegen die Gespenster ihrer Kindheit führen – einen Kampf, der sie manchmal bis an die Grenzen des Erträglichen führt, einen Kampf, der ohne therapeutische Unterstützung in vielen Fällen nicht zu gewinnen ist.

Depressionen, Ängste, Neurodermitis, Magengeschwüre, Eßstörungen – für all diese Krankheiten und noch viele mehr wurde in den vergangenen Jahrzehnten immer wieder nachgewiesen, daß sie ohne entsprechende frühkindliche Erfahrungen nicht entstanden wären. Die Belege, daß traumatische Kindheitserfahrungen das Leben und die Persönlichkeit eines Menschen zerstören können, sind zahlreich und beeindruckend.

Kann man diese Belege einfach vom Tisch wischen und behaupten, Kindheit sei nicht Schicksal? Ist es nicht vermessen zu sagen, wir hätten den Einfluß früher Erfahrungen überschätzt? Der Gedanke, daß Kindheit nicht die enorme Bedeutung haben soll, die man ihr in den letzten Jahrzehnten zugeschrieben hat, dürfte vielen Menschen wahrscheinlich so fremd sein, daß sie sich gar nicht erst dafür interessieren, wie er begründet wird.

Wer jahrelang auf der Couch eines Psychoanalytikers zugebracht hat oder in anderen Therapien unter seelischen Schmerzen und großem finanziellen Aufwand seine Vergangenheit erforscht hat, wird diesen Gedanken zwangsläufig abwehren müssen. Würde er ihn an sich heranlassen, dann käme er nicht umhin, darüber nachzudenken, ob all seine Bemühungen möglicherweise umsonst gewesen sind. Und wie jeder weiß: Je mehr Energie man in eine Sache gesteckt hat, desto mehr klammert man sich an ihren Wert. Informationen, welche die Bedeutung des eigenen Tuns und der eigenen getroffenen Entscheidung schmälern könnten, werden dann ignoriert, um den unangenehmen Zustand der »kognitiven Dissonanz« zu vermeiden. Dies ist ein Begriff aus der Motivationspsychologie, der besagt, daß immer dann eine Konfliktsituation entsteht, wenn ein Mensch mit Informationen konfrontiert wird, die zu einer bereits getroffenen Entscheidung oder seinen bisherigen Ansichten oder Werten in Widerspruch stehen. Ein ganz banales Beispiel: Wer sich ein Auto der Marke XY gekauft hat und kurz danach erfährt, daß sein neuer Wagen ganz oben auf der Mängelliste steht, wird diese Information entweder als »falsch« abtun oder gar nicht erst zur Kenntnis nehmen.

Ähnlich werden viele Menschen reagieren, wenn sie hören, daß ihre Depression, ihre Ängste, ihr gestörtes Eßverhalten, ihre psychosomatischen Probleme möglicherweise sehr viel weniger mit dem Verhalten ihrer Mutter oder ihres Vaters und dem Mangel an Liebe in der frühen Kindheit zu tun haben, als sie bisher annahmen. Sie werden alle Irritationen abwehren, indem sie darauf verweisen, daß der Einfluß der Kindheit längst als erwiesen gilt.

Abwehrend reagieren natürlich auch all jene Seelenexperten, die ihr therapeutisches Vorgehen ausschließlich durch die Annahme legitimieren, daß die psychischen Wunden der Kindheit eine Mitgift sind, die das Leben des Erwachsenen zerstören kann. Wer bei seinen Klienten gleich in der ersten Therapiestunde nach ihrem Verhältnis zu Vater und Mutter, nach ihren Erinnerungen an die Kindheit forscht und gar kein anderes Herangehen an menschliches Leid kennt (oder kennen will), der wird die Aussage »Kindheit ist nicht Schicksal« mit ausgefeilten Argumenten zurückweisen, um seine Arbeitsweise nicht völlig in Frage stellen zu müssen.

Betroffene und Experten haben zahlreiche Forschungsergebnisse auf ihrer Seite, die in den letzten Jahrzehnten die These von der Kindheit, die Schicksal sein soll, immer wieder zu bestätigen schienen. Die Mehrzahl dieser Forschungs-arbeiten bezieht sich – direkt oder indirekt – auf die psychoanalytische Trauma-Theorie.

Die psychoanalytische Trauma-Theorie
und ihre Wirkung

Die Trauma-Theorie ist innerhalb der Therapieszene weit ver-breitet, wie das Ergebnis einer US-amerikanischen Umfrage unter Psychologen und Psychotherapeuten zeigt: 84 Prozent der Professionellen glauben, daß wir alles, was geschieht, im Gedächtnis speichern, daß aber unangenehme oder ängsti-gende Erlebnisse verdrängt und dem Bewußtsein erst mit Hil-fe geeigneter therapeutischer Methoden, wie zum Beispiel Hypnose oder Psychoanalyse, wieder zugänglich gemacht werden können. Auch Laien, so konnte die Umfrage belegen, sind von diesem Trauma-Konzept überzeugt. 69 Prozent der Allgemeinbevölkerung glauben daran, daß nichts verloren-geht, was früher geschah – auch wenn keine konkrete Erinne-rung mehr daran vorhanden ist. Und sie halten große Stücke auf jene Therapeuten, denen es gelingt, das Verdrängte wieder ausfindig zu machen.[3] Aufgrund dieser weiten Verbreitung und Akzeptanz der Trauma-Theorie kann also davon ausge-gangen werden, daß viele Menschen, die sich in eine psycho-therapeutische Behandlung begeben, erwarten, daß ihre Kindheit »aufgearbeitet« und erforscht wird.

Die Annahme, daß schreckliche Erlebnisse der frühen Kindheit ins Unterbewußtsein abgeschoben werden, weil sie für das kleine Kind unerträglich sind, und daß dieses Ver-drängte sich in Form von bestimmten Symptomen im Leben des Erwachsenen bemerkbar macht, geht auf die frühe Trauma-Theorie Sigmund Freuds zurück. Er hatte zusam-men mit Josef Breuer Ende des 19. Jahrhunderts die Hysterie erforscht, eine Krankheit, die als typische Frauenkrankheit galt (unter ihr litten vor allem Frauen der mittleren und obe-

44

ren Gesellschaftsschichten) und deren Ursache lange Zeit in der Gebärmutter vermutet wurde (Hystera = griech. Gebärmutter). Freud und Breuer aber gelangten durch ihre Studien zu der Auffassung, »daß die hysterischen Symptome Dauerwirkungen von psychischen Traumen sind, deren zugehörige Affektgröße durch besondere Bedingungen von bewußter Bearbeitung abgedrängt worden ist und sich darum einen abnormen Weg in die Körperinnervation gebahnt hat.«[4]

Die Symptome der Hysterie – Lähmungen, Zwangshandlungen, Halluzinationen und vieles mehr –, so glaubten Freud und Breuer damals, sind durch seelische Verletzungen entstanden, die von den Erkrankten nicht verarbeitet worden waren und deshalb verdrängt werden mußten. Wenn man nun die »Aufmerksamkeit des Kranken vom Symptom aus auf die Szene (zurückleitet), in welcher und durch welche das Symptom entstanden ist«, und wenn man gleichzeitig »eine nachträgliche Korrektur des damaligen psychischen Ablaufes durchsetzt«, dann, so die Freudsche Annahme, verschwindet auch das Symptom.[5]

Im Laufe seiner Arbeiten zur Hysterie entdeckte Freud, was sich hinter den »gewissen traumatisch wirksamen Erlebnissen des Kranken« verbirgt, nämlich immer »ein oder mehrere Erlebnisse von vorzeitiger sexueller Erfahrung, die der frühesten Jugend angehören«.[6] In »sämtlichen 18 Fällen« von Hysterie, die er analysiert habe, so teilte er 1896 seinen erstaunten Kollegen vom Wiener »Verein für Psychiatrie und Neurologie« in seinem Vortrag »Zur Ätiologie der Hysterie« mit, sei er »zur Kenntnis solcher sexueller Erlebnisse des Kindesalters gelangt«. Diese sexuellen Erlebnisse teilte er in drei Gruppen ein: »In der ersten Gruppe handelt es sich um Attentate, einmaligen oder doch vereinzelten Mißbrauch meist weiblicher Kinder von seiten erwachsener, fremder Individuen (die dabei groben, mechanischen Insult zu vermeiden verstanden), wobei die Einwilligung der Kinder nicht in Frage kam und als nächste Folge des Erlebnisses der Schreck überwog. Eine zweite Gruppe bilden jene weit zahlreicheren Fälle, in denen eine das Kind wartende erwachsene Person – Kindermädchen, Kindsfrau, Gouvernante, Lehrer, leider auch allzuhäufig ein naher Verwandter – das Kind in den sexuellen Verkehr einführte und ein … förmliches Liebesverhältnis, oft durch Jahre, mit ihm unterhielt. In die dritte Gruppe endlich gehören die eigentlichen Kinderverhältnisse, sexuelle Beziehungen zwischen zwei Kindern verschiedenen Geschlechts, zumeist zwischen Geschwistern, die oft über die Pubertät hinaus fortgesetzt werden und die nachhaltigsten Folgen für das betreffende Paar mit sich bringen.«[7]

Zunächst mit Hilfe der Hypnose, sehr bald aber allein durch die Methode der freien Assoziation – der *talking cure*, wie Breuers berühmte Patientin Anna O. die Behandlung nannte – glaubte Freud, »den psychischen Traumen, von denen sich die hysterischen Symptome ableiteten, immer weiter« nachspüren und zu jenen Erlebnissen gelangen zu können, »welche der Kindheit des Kranken angehörten und sein Sexualleben betrafen … Ohne diese sexuellen Traumen der Kinderzeit in Betracht zu ziehen, konnte man weder die Symptome aufklären, deren Determinierung verständlich finden, noch deren Wiederkehr verhüten. Somit schien die unvergleichliche Bedeutung sexueller Erlebnisse für die Ätiologie der Psychoneurosen als unzweifelhaft festgestellt, und diese Tatsache ist auch bis heute einer der Grundpfeiler der Theorie geblieben.«[8]

Sehr lange hielt Freuds Überzeugung, daß es sich bei verdrängten sexuellen Traumata um reale Erlebnisse handele, allerdings nicht an. Bereits ein Jahr später korrigierte er sich selbst. Er glaubte nun, die Häufigkeit des sexuellen Mißbrauchs überschätzt und die Berichte seiner Patienten und Patientinnen fälschlicherweise für real gehalten zu haben. Die Akte sexuellen Mißbrauchs, so erklärte Freud, »erschienen nun nicht mehr als direkte Abkömmlinge der verdrängten Erinnerungen an sexuelle Kindheitserlebnisse, sondern zwischen die Symptome und die infantilen Eindrücke schoben sich nun die (meist in den Pubertätsjahren produzierten) Phantasien (Erinnerungsdichtungen) der Kranken ein, die auf der einen Seite sich aus den und über die Kindheitserinnerungen aufbauten, auf der anderen sich unmittelbar in die Symptome umsetzten.«[9]

Freud veränderte seine Theorie der »infantilen Sexualtraumen« zu einer Theorie des »Infantilismus der Sexualität«[10] und erweiterte seine Trauma-Theorie zu einer allgemeinen psychosexuellen Entwicklungstheorie. Das einzelne, »akzidentelle« Trauma tritt nun in den Hintergrund; zu einer neurotischen Entwicklung kommt es – so seine neue Annahme –, wenn der Sexualtrieb und die mit ihm verbundenen Affekte, der sich auf verschiedenen Entwicklungsstufen auf jeweils unterschiedliche Objekte richtet, abgewehrt und verdrängt werden muß. In seinem bekannten Phasenmodell unterschied er drei psychosexuelle Entwicklungsphasen – die orale, die anale und die phallische Phase. In jeder dieser Phasen, so seine Annahme, sind ganz bestimmte Triebwünsche vorherrschend; werden diese nicht angemessen befriedigt oder kommt es zu Triebkonflikten (traumatischen Erfahrungen), können in jeder einzelnen Phase ganz bestimmte Störungen entstehen. Was in den einzelnen Entwicklungsphasen der ersten Lebensjahre an Konflikten und Problemen auftaucht, wird vom kleinen Kind verdrängt. Der Erwachsene erinnert sich später nicht mehr an das, was ihn als Kind erschreckt, gedemütigt, geschmerzt – kurz: was ihn traumatisiert hat –, sondern er leidet an bestimmten Symptomen, von denen auf das frühe Trauma geschlossen werden kann.

In der *oralen* Phase (Geburt bis etwa 18 Monate) geht es um die Befriedigung durch Nahrungsaufnahme. Bereits in dieser frühen Phase ist es wichtig, daß das Kind keine Entbehrungen leidet, zum Beispiel nicht zu früh abgestillt wird. Wird seine orale Lust nicht gesättigt, erlebt es Enttäuschung – und wird später zu einem aggressiven, ängstlichen Pessimisten. Wird das Kleinkind dagegen oral verwöhnt, kann es sich – so die Theorie – zu einem Optimisten entwickeln.

Kommt es in der *analen* Phase, in der es um das Sauberkeitstraining der Kinder geht, zu Störungen, dann entsteht der anale Charakter, dessen Kennzeichen Ordnungsliebe, Starrsinn und extreme Sparsamkeit bis hin zum Geiz sein sollen.

Die *phallische* Phase beginnt etwa mit dem vierten Lebensjahr und endet mit dem 6. Lebensjahr. Das Kind entdeckt nun, daß Jungen einen Penis haben, daß Mädchen aber dieses Organ fehlt. Beim Jungen führt diese Entdeckung zu Kastrationsängsten, denn er begehrt die Mutter, fürchtet die Rache des Vaters – der Ödipuskomplex entsteht. Beim Mädchen nahm Freud ähnliche Vorgänge an: Das Mädchen begehrt den Vater, muß sich aber – gleichgeschlechtlich – mit der Mutter identifizieren. Diesen Konflikt gilt es zu lösen, wenn das nicht gelingt, leidet das Mädchen am Elektrakomplex. Vor allem in der phallischen Phase, so die Annahme der Freudschen Entwicklungstheorie, werden die Grundlagen für spätere Neurosen gelegt, wenn das Kind die Konflikte nicht lösen kann, die aus seinen rivalisierenden und aggressiven Gefühlen dem gleichgeschlechtlichen Elternteil gegenüber und den positiven Gefühlen, die es dem gegengeschlechtlichen Elternteil entgegenbringt, entstehen.

Wenn der Übergang von einer Phase zur anderen gestört wird, bleibt der Mensch auf die betreffende Entwicklungsphase fixiert, die weitere Persönlichkeitsentwicklung ist behindert. Er reift sozusagen nicht weiter. Je nachdem, in welcher Phase ein Mensch durch Fehlverhalten seiner Eltern steckenbleibt, spricht man vom »oralen«, »analen« oder »phallischen« Charakter. Hat der Phasenwechsel zwar stattgefunden, ist aber nicht problemlos verlaufen, dann kann es in Krisen zu einem »Rückfall«, zu einer Regression auf eine frühere Phase kommen. Bestimmte psychische Störungen werden mit der Regression auf bestimmte Entwicklungsphasen in Zusammenhang gebracht: Hysterie und Angstneurosen sollen zum Beispiel ein Zeichen dafür sein, daß ein Mensch auf die phallische Phase regrediert; wer unter Verfolgungswahn oder Zwangsvorstellungen leidet, regrediert auf die anale Phase; eine depressive Erkankung verweist auf Störungen in der späten oralen Phase und so weiter und so fort.

Die frühen Traumata sind nach der psychoanalytischen Theorie bestimmend für das spätere Leben. Kurt R. Eissler formulierte noch 1975 ohne einen Hauch von Zweifel: »Es ist die grundlegende Erkenntnis der psychoanalytischen Forschung, daß, eine durchschnittliche Konstitution vorausgesetzt, die Ereignisse der ersten fünf Lebensjahre darüber entscheiden, ob aus dem Kind später ein Verbrecher oder ein Heiliger wird, ein Durchschnittsbürger oder ein Spitzenkönner, ein gesunder, angepaßter Mensch oder einer, den Neurose oder Depression zerreißen.«[11]

Freuds Entwicklungsmodell und seine Traumatheorie haben auch über den therapeutischen Rahmen hinaus einen enormen Einfluß auf das psychologische Denken und die Vorstellung von der kindlichen Entwicklung gehabt. Und dies, »obwohl Freuds Ideen und Vorstellungen nicht aus ›systematischer‹ Forschung oder gar aus strikt kontrollierten Experimenten erwachsen sind. Sein grandioses Theoriegebäude ist das geistige Produkt eines Denkers, der andere Menschen und sich selbst genau und gut beobachtete«, schwächt Philip Zimbardo, Professor für Psychologie an der Stanford University, den wissenschaftlichen Wert der psychoanalytischen Theorie ab.[12] Akademische Psychologen wie er und Sozialwissenschaftler haben immer wieder darauf hingewiesen, daß die Freudsche Theorie als Basis für eine Wissenschaft von der kindlichen Entwicklung wenig geeignet ist.

Für den Hypnotherapeuten Milton H. Erickson ist die Psychoanalyse nichts weiter als eine »Religion«. Er kritisiert, daß es »nach der Freudschen Psychologie ... beim Einzelkind ebenso Geschwisterrivalitäten (gibt) wie bei einem Kind mit zehn Brüdern und Schwestern. Es hat eine Mutterfixierung und eine Vaterfixierung, auch wenn das

Kind seinen Vater nie gekannt hat. Es gibt immer eine orale Fixierung, eine anale Fixierung, einen Ödipuskomplex und einen Elektrakomplex. Die schlichte Wahrheit ist dabei Nebensache. Es ist eine Religion.«[13]

In jüngster Zeit ist die psychoanalytische Theorie durch den Berner Psychologieprofessor Klaus Grawe erneut unter Beschuß geraten. Aufgrund einer Metaanalyse von über dreieinhalbtausend Therapiestudien kam Grawe zu dem – für Psychoanalytiker natürlich empörenden – Ergebnis, daß die Psychoanalyse es versäumt hat, »Qualitätsnachweise für die Analyse zu erbringen.« Fest steht für Grawe auch, daß sich »das Modell von den Triebstadien während der kindlichen Entwicklung, von oral, anal, ödipal, nicht als fruchtbar erwiesen (hat). Säuglingsforscher und Entwicklungspsychologen haben herausgefunden, daß diese Phasen nicht die wesentlichen Merkmale der Entwicklung sind. Die Einteilung der Psyche in Über-Ich, Ich und Es ist ebenfalls vollkommen überholt. Die Forschung hat gezeigt, daß Einsicht durchaus nicht Voraussetzung für Veränderungen ist, wie es die Analyse fordert.«[14]

Diese kritischen Einwände gegen die psychoanalytische Theorie sind nicht neu, und sie sollen hier auch nicht vertieft werden, da dies an anderer Stelle bereits ausführlich geschehen ist.[15] Innerhalb der Psychoanalyse hat diese Kritik durchaus zu Veränderungen und Erweiterungen der Trauma-Theorie geführt. So wurde das Augenmerk von frühkindlichen Frustrationen des Sexualtriebs auf das soziale Umfeld des Kindes gelegt und auf das familiäre Milieu, in dem es heranwächst. Die Lebenswelt der Kleinfamilie wurde zunehmend als hemmend, blockierend und neurosefördernd erkannt. Daneben wurde auch dem Verlauf der Schwangerschaft und dem Geburtserlebnis selbst Bedeutung für die psychische Entwicklung eines Menschen zuerkannt.

All diese Erweiterungen der ursprünglichen Freudschen Trauma-Theorie kumulierten im Psychoboom, der in den 70er Jahren aufkam. Wie Hansjörg Hemminger feststellt,

»spielt in der Psychowelle die tiefenpsychologische Trauma-theorie eine beherrschende Rolle, sie findet sich dort in nahezu jeder denkbaren Form«. Die Psychowelle, so Hemminger, ist »in Wirklichkeit eine Welle von Traumatheorien. Große Bereiche der Psychologie, zum Beispiel die kognitive oder die experimentelle Psychologie, wurden durch den Psychorummel kaum oder gar nicht bekannter, und selbst die anderen Teile der Tiefenpsychologie (zum Beispiel die Persönlichkeitstheorien) treten gegenüber den Traumatheorien eindeutig in den Hintergrund.«[16]

Der Psychotherapeut Wolfgang Schmidbauer sprach 1978 freudig von einer »Wiederentdeckung der Traumatheorie«[17], wobei sich vor allem Eric Berne mit seiner Transaktionsanalyse, Arthur Janov mit der Primärtherapie und Alice Miller mit ihren Büchern als besonders einflußreiche Wiederdecker erwiesen. Sie alle verbreiteten die Geschichte vom verletzbaren Kind, das sozusagen von der Zeugung über die Geburt bis zu seinen ersten Kinderjahren ständig von traumatischen Erfahrungen bedroht ist, wobei der Begriff des »Traumas« sehr weitgefaßt wurde. Folge dieses Booms der Trauma-Theorie ist, daß inzwischen zahlreiche Faktoren benannt werden können, welche die Entwicklung eines Menschen zu einer psychisch stabilen Persönlichkeit nach Ansicht von Trauma-Therapeuten behindern können: zu wenig Liebe, zu wenig Bindung, zu starke Vereinnahmung, die Suchtkrankheit eines Elternteils, die Scheidung der Eltern, frühe Gewalterfahrungen, frühe Trennungserlebnisse, eine depressive Mutter – die Liste der (angeblich) beeinträchtigenden Kindheitserfahrungen ist inzwischen endlos lang. Einige der erforschten Faktoren sollen im folgenden etwas näher betrachtet werden.

Abenteuer Kindheit:
Was und wer Kindern angeblich schadet

Die Psychotherapeutin Paula J. Caplan analysierte vor einigen Jahren 125 Artikel, die im Verlauf von zwölf Jahren in verschiedenen psychologischen Fachzeitschriften veröffentlicht wurden. Sie wollte herausfinden, welche Rolle der Mutter bei verschiedenen Entwicklungsproblemen von Experten zugeschrieben wird. Ihre Zusammenfassung dieser Analyse fällt eindeutig aus:

»Wir fanden, daß die im Bereich der psychischen Gesundheit arbeitenden Fachleute unabhängig von Geschlecht und Tätigkeit als Psychoanalytiker/innen, Psychiater/innen, Psychologinnen und Psychologen oder Sozialarbeiter/innen allesamt gerne der Mutter die Schuld geben. In den 125 Artikeln wurden die Mütter für 72 verschiedene Problemfelder ihrer Sprößlinge verantwortlich gemacht, vom Bettnässen bis zur Schizophrenie, von der Unfähigkeit, mit ihrer Farbenblindheit zurechtzukommen, bis zu aggressivem Verhalten, von Lernproblemen bis zu ›mörderischem Transsexualismus‹.«[18]

Daß diese einige Jahre zurückliegende Untersuchung auch heute noch aktuell ist, bestätigt ein Leserbrief, den die Zeitschrift STERN auf einen Artikel zum Thema »Kindesmißbrauch« erhielt. Der Verfasser, der sich als Diplomsoziologe und Diplompsychologe ausweist, läßt sich darin über die Verantwortung der Mütter aus:

»Aus meiner mehrjährigen Tätigkeit mit psychiatrischen Patienten kann ich versichern, daß der sexuelle Mißbrauch durch Männer nur einen winzigen Bruchteil des Mißbrauchsproblems ausmacht. Viel wichtiger ist, daß fast alle Kinder völlig schutzlos ihren Müttern ausgeliefert sind, die – wie jedermann anhand der Geräusche aus seiner Nachbarwohnung und aus Beobachtung einer Mutter mit ihrem Kind beim Einkaufen erkennen kann – mit unglaublicher Aggressivität Wesen und Willen ihrer Kindesopfer brechen, was als ›normal‹ gilt. Die deutsche Bevölkerung ist mittlerweile eine Gesellschaft psychisch oder körperlich chronisch Kranker: Die frühkindlichen seelischen Mißhandlungen durch liebesunfähige und aggressive Mütter ... kostet uns jährlich viele Milliarden.«[19]

Dieser Brief dürfte Wasser auf die Mühlen all derer sein, die schon immer gewußt haben, daß die Mütter im Grunde an allem schuld sind. Die psychologische Forschung hat durch ihre Traumafixierung und ihre Konzentration auf die Rolle und das Verhalten der Mütter der »Mutterbeschimpfung« die wissenschaftliche Grundlage geliefert.

Die Tatsache, daß Frauen »muttern«, daß die Verantwortung für die Kindererziehung bei den Müttern liegt, hat das Augenmerk der Psychologen seit jeher auf die Frage gelenkt, inwieweit Mütter durch richtiges oder falsches Verhalten die psychische Gesundheit ihrer Kinder – vor allem ihrer Töchter – beeinflussen können. Die Mutter-Tochter-Literatur, die Veröffentlichungen zum mangelnden Selbstwertgefühl von Frauen, ihren Eßstörungen und Sexualproblemen sind voll von Analysen über die besondere Qualität des Verhältnisses von Müttern und Töchtern. Einige nach dem Zufallsprinzip ausgewählte Zitate aus der Mutter-Tochter-Literatur belegen die Fixiertheit auf die Mutter, wenn es um die Erklärung aktueller Probleme geht:

– »Gerade in der Pubertät kann sich beim Mädchen auf überwältigende Weise das Gefühl einstellen, von der Mutter verschlungen zu werden ...«
– »Die Tochter fürchtet die Schwäche, die sie mit der Mutter verbindet, ihre weibliche ›Schlaffheit‹.«
– »Frauen leiden an einem Mangel an Getrenntheit von ihren Müttern, der bei jungen Männern und ihren Vätern nicht vorhanden ist.«

– »Frauen, die sich über Gefühle der Leere beklagen, geben
oft an, daß sie eine ›nahe‹ Beziehung zu ihrer Mutter haben.
Aber diese ›Nähe‹ ist nicht die ›zwischen zwei eigenständi-
gen interagierenden Personen.«
– »Die Grundlage der narzißtischen Störung liegt zu einem
großen Teil in einer nicht geglückten Mutter-Kind-Beziehung, die sich in mangelnder Liebe und Einfühlung zum
Säugling oder in Verwöhnung und Überbehütung äußert.«
– Die Ambivalenz der Frauen ihrer eigenen Person gegenüber liegt darin, »daß Kinder seit Generationen in erster
Linie von Frauen erzogen werden ... Die intensive Bindung
zwischen Mutter und Kind ist Kern des Problems«.«.

Mütter sind aber nicht nur schuld, wenn ihren Töchtern das
Leben nicht gelingen will, sie schaden auch ihren Söhnen.
In einer 1993 veröffentlichten Studie wies der Bremer
Soziologe Gerhard Amendt den Müttern eindeutig die Verantwortung zu, wenn Männer zu Egomanen und Machos
werden. Durch allzu große Zärtlichkeit, die sich auf den
Penis ihres kleinen Sohnes konzentriert, würden sie ihn
verwöhnen. Irgendwann einmal aber empfindet das der
heranwachsende Knabe als sexuellen Übergriff, er entwik-
kelt Aggressionen gegen die zärtliche Mutter – Aggressionen, die er ihr gegenüber nicht ausleben kann. Statt dessen
trägt er diese Aggressionen und Aversionen in seine eigenen
Beziehungen zu Frauen hinein und straft seine Partnerinnen
stellvertretend für die Mutter mit Desinteresse, Lieblosig-
keit und Distanzverhalten.[20]

Es sind vor allem zwei Mutterbilder, die zum festen Bestand-
teil psychologischer Theorien wie auch dem Alltagsdenken
wurden und ganze Generationen von Müttern verunsicher-
ten: die »überbehütende« und die »vernachlässigende« Mutter. Zwischen den Polen »zu viel« Liebe und »zu wenig«
Liebe schien sich das psychische Schicksal der Kinder abzu-
spielen. Heute werden diese Etiketten von Fachleuten zwar

nicht mehr verwendet, doch geistert die Vorstellung vom Fehlverhalten der Mütter auch durch die neuere Entwicklungsforschung.

Überbehütende Mütter, depressive Kinder

Kinder ängstlicher, überbehütender Mütter sollen ein großes Risiko haben, später als Erwachsene eine neurotische Depression zu entwickeln. Aus der frühen symbiotischen Bindung an die Mutter, die für den Säugling lebensnotwendig ist, werden sie nicht entlassen. Spätestens vom zweiten Lebensjahr an beginnt das Kind, sich von der Mutter wegzubewegen, seine Umwelt mit Neugierde zu erkunden. Wird es dabei von der Mutter unterstützt, kann es das Fremde voller Vertrauen erkunden und seine Individualität entfalten.

Mütter, für die ihr Kind der ganze Lebensinhalt ist, reagieren bereits in dieser frühen Phase mit Ängsten und Einschränkungen, die das Kind verunsichern. Da es die Liebe der Mutter nicht verlieren darf, lernt es, nicht zuviel für sich selbst zu wollen. Es wird zu »Mutters Liebling«, zum braven Kind, das sich den Wünschen der Mutter unterordnet und die eigenen Bedürfnisse verleugnet. Kinder, die so auf die mütterliche Verunsicherung reagieren, sind »narzißtisch besetzt«. Dieser Begriff geht auf den Psychoanalytiker Heinz Kohut zurück und bedeutet, daß diese Kinder zur »Verlängerung« ihrer Mutter werden und kein Eigenleben, keine eigenen Bedürfnisse und Wünsche haben dürfen.

Als Folge der Verleugnung eigener Bedürfnisse entwickeln Kinder ein »falsches Selbst«, wie der Psychoanalytiker D. W. Winnicott beschrieb. Sie tun alles, um die Zuwendung und »Liebe« der Mutter nicht zu verlieren, und erwerben eine erstaunliche Fähigkeit, deren Wünsche zu erraten und zu erfüllen. Mit der Zeit erreichen sie darin eine solche Perfektion, daß sie oft von ihrer Mutter ins Vertrauen gezogen werden, sie trösten und stützen müssen. Alice Miller spricht von einer »Als-ob-Persönlichkeit«, die für all jene Menschen charakteristisch ist, die sich an die Bedürfnisse der Mutter oder der Eltern anpassen mußten. Weil sie immer nur auf die Wünsche der anderen achten, können sie kein Gefühl für die eigenen Bedürfnisse entwickeln. Sie leben so, als ob die Bedürfnisse der anderen auch ihre wären, und erfahren deshalb nicht, was ihr wahres Selbst ist. Der Preis, den der Erwachsene für die frühe Anpassung zahlen muß, ist hoch. Gefühle der Leere, der Sinnlosigkeit und Hoffnungslosigkeit und schließlich die Depression sollen die Folge sein.

Die Last, ein unerwünschtes Kind zu sein

Das Schicksal, ein unerwünschtes Kind zu sein, hat unmittelbare Folgen für das ungeborene wie für das geborene Leben und kann einen Menschen bis ins Erwachsenenalter hinein prägen. »Die Leidensformen sind vielfältig«, fassen die Sozialwissenschaftler Gerhard Amendt und Michael Schwarz das Ergebnis ihrer umfangreichen Literaturstudie zusammen.[21] Psychische Störungen, Charakterstörungen, Delinquenz, soziale Unangepaßtheit, psychosomatische Krankheiten oder Beziehungsprobleme sind mögliche Folgen der frühen Ablehnung. Und es besteht die Gefahr, daß die einst unerwünschten Kinder ihre eigenen Kinder auch wieder ablehnen und ihnen keine Liebe geben können. Diese Aussagen stützten sich auf Befragungen von jungen Müttern und auf die Beobachtung von Lebensläufen. Zum Beispiel wurden in einer schwedischen Untersuchung 120 Menschen von der Geburt bis zu ihrem 21. Lebensjahr begleitet. Die Wissenschaftler interessierten sich vor allem für die Entwicklung der unerwünschten Kinder, die sie mit der von Wunschkindern verglichen. Sie konnten deutliche Unterschiede feststellen:

– Unerwünschte Kinder hatten fast doppelt so häufig wie erwünschte eine unsichere Kindheit. 19 Prozent der Eltern

56

ließen sich scheiden, bevor das ungewollte Kind das fünfzehnte Lebensjahr vollendet hatte.

– Ein Viertel der unerwünschten Kinder wuchs in Kinderheimen auf, von der Kontrollgruppe wuchsen nur 8,3 Prozent nicht bei ihren Eltern auf.

– Nur 14,2 Prozent der unerwünschten Kinder, aber 33,3 Prozent der erwünschten konnten eine weiterführende Schule besuchen.

– Unerwünschte Kinder suchten als Erwachsene im Vergleich zur Kontrollgruppe doppelt so häufig Hilfe bei einem Psychiater.

– 18,3 Prozent der unerwünschten Kinder wurden straffällig; von der Kontrollgruppe kamen nur 8,3 Prozent mit dem Gesetz in Konflikt.

Abweisende Mütter, unsicher gebundene Kinder?

Zu der Überzeugung, daß eine konstante, verläßliche und einfühlsame Bezugsperson in den ersten Lebensjahren gar nicht hoch genug eingeschätzt werden kann, trug vor allem auch die Bindungsforschung bei. Begründet wurde diese Forschungsrichtung von der Engländerin Mary Ainsworth, die, beeinflußt von den Arbeiten von René Spitz und John Bowlby, eine Theorie des Bindungsverhaltens entwickelte. Spitz und Bowlby befaßten sich mit der Entwicklung von Heimkindern und stellten fest, daß die Hospitalisierung dieser Kinder zu schweren psychischen Störungen bis hin zu Verwahrlosung und Kriminalität führen kann. John Bowlby schlußfolgerte 1951 aus seinen Forschungsarbeiten, daß als »wesentliche Voraussetzungen für die psychische Gesundheit die Bedingung gelten (muß), daß das Kleinkind eine warme, innige und dauerhafte Beziehung zu seiner Mutter (oder zu einer ständigen Ersatzmutterfigur) besitzt«.[22]

Ausgehend von dieser Erkenntnis, entwickelte Mary Ainsworth die Bindungstheorie, die von der Grundannahme

ausgeht, daß enge Bindungen für Kinder von Anfang an lebensnotwendig sind. Nur wenn diese Bindung stabil ist,
können sie ihre Umgebung erkunden und die sozialen Spiel-
regeln der Gemeinschaft erlernen. Das Kind besitzt sogenannte Bindungsverhaltensweisen, welche die Fürsorge der
Eltern auslösen können: Weinen, Rufen, Protestieren, Den-
Eltern-Nachlaufen – das sind einige der Signale, welche die
Zuwendung der Eltern auslösen sollen. Je nachdem, wie die
Eltern auf diese Signale reagieren, entwickelt sich das Kind
zu einem sicher gebundenen oder unsicher gebundenen
Kind.

Mary Ainsworth hat eine besondere Forschungsmethode
entwickelt, um feststellen zu können, ob ein Kind sicher
oder unsicher gebunden ist: die Methode der »fremden
Situation«. Mutter und Kind befinden sich dabei in einem
Raum, der von Wissenschaftlern durch eine Einwegscheibe
(später wurde auch mit Videoaufzeichnungen gearbeitet) beobachtet werden kann. Für kurze Zeit verläßt die Mutter
dann den Raum, und die Forscher beobachten die Reaktion
des Kleinkindes, wenn die Mutter weggeht und wenn sie
wiederkommt. Diese Szene wird mehrmals wiederholt. Zwi-
schendurch wird auch eine fremde Person in den Raum
geschickt, um zu überprüfen, ob die Reaktionen des Kindes wirklich der Mutter gelten oder ob es ihm nur darauf
ankommt, daß jemand mit im Raum ist. Auf diese Weise
konnten deutliche Reaktionsunterschiede festgestellt werden, die von der Bindungsforschung als sicheres beziehungsweise unsicheres Bindungsverhalten interpretiert wurden.

Sicher gebundene Kinder zeigen deutlich, daß sie ihre
Mutter vermissen, wenn sie den Raum verläßt, und sie
freuen sich, wenn sie wiederkommt. Unsicher gebundene
Kinder dagegen zeigen kaum Reaktionen – weder wenn die
Mutter weggeht, noch wenn sie wieder den Raum betritt.

An diese Arbeiten anknüpfend, hat das Psychologenehe-
paar Karin und Klaus Großmann eine Langzeitstudie mit
Kindern im Alter von ein, fünf und zehn Jahren durchge-

58

führt. Das Resümee ihrer höchst detaillierten Untersuchungen: Erfahren Kleinkinder keine stabile Bindung an einen Erwachsenen, dann werden diese negativen Erfahrungen verinnerlicht und können die weitere Entwicklung der Kinder – bis hinein ins Erwachsenenleben – negativ beeinflussen.

Unsicher gebundene Kinder haben bereits im Alter von einem Jahr eine »besondere Geschichte« mit ihrer Mutter, wie Karin und Klaus Großmann feststellten. Diese Kinder mußten erleben, daß die Mutter ärgerlich oder abweisend reagierte, wenn das Kind weinte, schrie oder Nähe suchte. Unsicher gebundene Kinder lernen sehr schnell, daß es wenig nutzt, wenn sie ihre Hilflosigkeit zeigen, weil die Mutter gar nicht oder nur ablehnend darauf reagiert. Um das nicht zu riskieren, verbergen sie ihre Bedürfnisse und tun so, als ob sie die Zuwendung der Mutter nicht bräuchten.

Sicher gebundene Kinder dagegen wachsen mit Müttern auf, die akzeptieren und verstehen, wenn ihr Kind leidet, und die ihre eigenen Bedürfnisse den Bedürfnissen des Kindes unterordnen können. »Feinfühligkeit« nennen die Bindungsforscher elterliches Verhalten, das zu einer sicheren Bindung führt.

Die Studien der Bindungsforscher sind eindrucksvoll und ihre Aussage zunächst überzeugend. Doch ist die Schlußfolgerung, die aus diesen Arbeiten gezogen wird, wirklich haltbar? Kann unsichere oder sichere Bindung sich auf die weitere Entwicklung eines Menschen auswirken? Zunehmend wird Kritik an dieser Annahme geübt.

Die Qualität der Bindung hängt, so lautet ein Einwand, nicht nur von den Bindungsangeboten der Eltern ab, sondern auch davon, ob die Kinder diese Angebote annehmen. In einer Studie mit 100 Kindern konnte gezeigt werden, daß unsicher gebundene Kinder auf die Anregungen der Mütter weniger intensiv reagierten als die sicher gebundenen. Sie zeigten Defizite in ihrer motorischen Entwicklung und waren leicht störbar. Das Verhalten der Kinder verunsicherte wiederum die Mütter, die durch die fehlende Reaktion nicht mehr wußten, wie sie sich verhalten sollten.[23] Offensichtlich gibt es komplexe Wechselwirkungen zwischen Erziehungsperson und Kind, welche die Qualität der Bindung bestimmen; Wechselwirkungen, die in den Experimenten der Bindungsforschung kaum erfaßt werden können.

Gezweifelt wird inzwischen auch daran, ob die Ergebnisse der Bindungsforschung verallgemeinert und auf die weitere Entwicklung »hochgerechnet« werden dürfen. Rolf Oerter, Professor für Psychologie und Pädagogik an der Universität München, hält die Annahme, daß unsicher gebundene Kinder zeitlebens benachteiligt sein sollen, für »sehr fraglich«.[24] Auch der Psychotherapeut Hansjörg Hemminger betont »ausdrücklich«, daß mangelnde Bindungsqualität »keineswegs immer auf lange Sicht zu Verhaltensstörungen« führt. »Günstige Umstände« könnten selbst einem sehr unsicher gebundenen Kind eine gesunde psychische Entwicklung ermöglichen. Und er fügt hinzu: »Auch die Langzeituntersuchungen, die Bowlby selbst anführt, zeigen langfristige Schäden nur dann auf, wenn das gesamte Milieu der Kindheit ungünstig war und so die Verarbeitung von Bindungsdefiziten nicht zuließ.«[25]

Daß allein aus der Beobachtung, ob ein Kind unsicher gebunden ist, nicht auf bleibende Langzeitfolgen geschlossen werden kann, belegt auch eine neuere Langzeitstudie. 200 Kinder wurden über einen Zeitraum von zwölf Jahren hinweg beobachtet und als »sicher« oder »unsicher« gebunden eingeschätzt. Kinder, die mit zwölf Monaten als unsicher gebunden galten, zeigten später keinerlei psychische Auffälligkeiten oder Verhaltensstörungen. Sie hatten ebenso gute schulische Leistungen und waren genauso gut angepaßt wie Kinder, die vor Jahren als sicher gebunden galten.[26]

Eine sichere Bindung in der frühen Kindheit kann also nicht das alleinige Kriterium für eine gesunde psychische Entwicklung sein. Wie sie auch umgekehrt keine Garantie dafür sein kann, daß »man künftig gegen jedes Leiden gefeit ist«, wie der Entwicklungspsychologe Jerome Kagan meint. Sicher gebundene Kinder können sich möglicherweise zu sehr in Sicherheit wiegen und dadurch bestimmte Fähigkeiten nicht erwerben, die nötig wären, um den Anforderungen der Gesellschaft gewachsen zu sein. Eine starke sichere Bindung an die Mutter kann dem Kind das Gefühl vermitteln, daß immer jemand da ist, um seine Bedürfnisse zu befriedigen, um es zu trösten und alles Unangenehme fernzuhalten. Das ist gut für die Entwicklung des Kleinkindes, doch wenn es mit dieser Erwartung heranwächst, dann fehlen ihm später vielleicht die nötige Frustrationstoleranz und die Fähigkeit zur Selbstverantwortung. Noch als Erwachsener erwartet das ehemals sicher gebundene Kind die Verwöhnung, die es von seiner Mutter gewohnt war. Jerome Kagan verdeutlicht die unter Umständen negative Wirkung der sicheren Bindung an einem Beispiel:

»Ein kleines Mädchen, das in Boston heranwächst und eng an seine Mutter gebunden ist, die ihm Passivität, Abhängigkeit, Unterdrückung intellektueller Neugier und übertriebene sexuelle Zurückhaltung nahebringt, wird Eigenschaften besitzen, die für Frauen im Amerika von heute nicht adaptiv sind.«[27]

Zweifel an den Erkenntnissen der Bindungsforschung und vor allem an der angeblich großen Bedeutung der Bindungsqualität für das spätere Leben sind also angebracht (wie insgesamt der prägende Einfluß früher Erfahrungen in Frage gestellt werden muß, was im nächsten Kapitel gezeigt wird). Doch alle Einwände gegen die These vom Determinismus der frühen Jahre und die langfristige Wirkung sogenannter traumatischer Erfahrung haben die Akzeptanz und Beliebtheit der Trauma-Theorie nicht geschmälert. Im Gegenteil: Begrüßte Wolfgang Schmidbauer Ende der 70er Jahre die »Wiederentdeckung der Trauma-Theorie«, so kann man heute von einer »Tyrannei der Trauma-Theorie« sprechen, die in den 80er Jahren begann und heute – mit der Diskussion um sexuellen Mißbrauch – ihren Höhepunkt erreicht hat.

Die Tyrannei der Trauma-Theorie

Die Korrektur, die Sigmund Freud an seiner frühen Trauma-Theorie vornahm, schlug späte Wellen. Mit der Entdeckung, daß sexueller Kindesmißbrauch in den westlichen Gesellschaften ein lange gehütetes Geheimnis war, daß sehr viele Kinder (in Deutschland geschätzte 200 000 pro Jahr) Opfer sexueller Übergriffe durch Väter, Onkel, Brüder werden, besannen sich Psychoanalyse-Kritiker auf diese, wie sie es nennen, Abkehr Freuds von der Wahrheit. Sie warfen ihm vor, aus Angst vor der Kritik seiner Kollegen, aus eigener Betroffenheit (weil sein Vater angeblich selbst ein Mißbraucher gewesen ist) oder weil er von einer »jahrtausendealten kinderfeindlichen Tradition«[28] geprägt war, die Opfer verraten und zur weiteren Verdrängung des sexuellen Kindesmißbrauchs beigetragen zu haben. Freuds Zweifel, ob die Berichte seiner Patienten über sexuellen Mißbrauch der Wahrheit oder der Phantasie entspringen, sind für die heutigen Trauma-Therapeuten nicht mehr relevant. Sie halten die frühe Trauma-Theorie für absolut richtig und orientieren sich in ihrer Arbeit mit traumatisierten Menschen ausschließlich daran. Wie Freud damals von den Symptomen der Hysterie, so schließen auch sie von bestimmten Symptomen auf sexuellen Mißbrauch und leiten ihre Klienten dazu an, ihre Vergangenheit nach entsprechenden Vorkommnissen zu erforschen. Dabei ist es vollkommen unwichtig, ob sich die Betroffenen an sexuelle Übergriffe erinnern können oder ob sie diese Erinnerungen erst im Laufe der Therapie zurückgewinnen. Der sexuelle Mißbrauch, so die feste Überzeugung der Trauma-Therapeuten, hat auf jeden Fall real stattgefunden.

Weil es inzwischen zu einer wahren Erinnerungsepidemie in diesen Trauma-Therapien kommt, werfen Kritiker den Therapeuten und Therapeutinnen vor, sie würden ihren Klientinnen den sexuellen Mißbrauch einreden, ein Vorwurf, den diese natürlich empört von sich weisen. Im Verbandsblatt der Amerikanischen Psychologenvereinigung ereifert sich ein Therapeut, die Kritiker würden »kompetente Kollegen als Clowns hinstellen und die ganze Profession in Mißkredit bringen.«[29] Andere sprechen vom »Gegenschlag«, zu dem angeblich gegen Trauma-Therapeuten und deren Klienten ausgeholt wird. Ziel dieses »Backlash« sei es, Schweigen über die Realität sexuellen Kindesmißbrauchs zu erzwingen. Die Verteidiger der Trauma-Theorie Freuds befürchten, daß das Leiden der Menschen, die als Kind sexuell mißbraucht wurden, verharmlost werden könnte.

Dies ist ein Argument, das auch in zahlreichen Leserbriefen auftauchte, die die Zeitschrift PSYCHOLOGIE HEUTE auf einen Artikel erhielt, der die Frage erörterte, ob Erinnerungen an sexuellen Mißbrauch in der Kindheit wirklich verdrängt und erst Jahrzehnte später in Trauma-Therapien wiedererinnert werden können. Der Artikel, verfaßt von der renommierten Wissenschaftsjournalistin Carol Tavris, wurde als »grausam und lügenhaft«, als »schlecht und ungerecht«, als »unwissenschaftlich und undifferenziert« und als »täterschützend und mißbrauchsfördernd« bezeichnet. Ein Leser empfand ihn gar als »Schlag ins Gesicht«, eine Leserin reagierte »maßlos wütend«.[30] Obwohl der Artikel nicht leugnete, daß sexueller Mißbrauch von Kindern leider stattfindet, und obwohl in keiner Zeile die wirklichen Opfer diffamiert oder gar als Lügner hingestellt wurden, schwappte eine Welle empörter Gefühle über Autorin und Redaktion herein. Die frühe Trauma-Theorie Freuds darf offensichtlich nicht noch einmal in Frage gestellt werden.

Den Anhängern der Trauma-Theorie wird sicherlich nicht gefallen, was die kanadischen Sozialwissenschaftler Russell A. Powell und Douglas P. Boer in einer Analyse der Freudschen Schriften zutage gefördert haben. »Verleitete Freud seine Patienten dazu, Erinnerungen an sexuellen Mißbrauch zu erfinden?« fragen sie in einem Fachartikel und kommen zu dem Schluß: Freud setzte »häufig hoch suggestive Techniken ein, um seinen Patienten Erinnerungen an sexuellen Mißbrauch in der Kindheit zu entlocken.«[31]

Die beiden Sozialwissenschaftler glauben belegen zu können, daß sich Freud dieses Problems bewußt war und daß dies ihn unter anderem zur Korrektur seiner frühen Trauma-Theorie veranlaßt hat. In seinem Vortrag »Zur Ätiologie der Hysterie« stellt er selbst die Frage, »ob es denn nicht sehr wohl möglich sei, daß entweder der Arzt solche Szenen als angebliche Erinnerung dem gefälligen Kranken aufdrängt oder daß der Kranke ihm absichtliche Erfindungen und freie Phantasien vorträgt, die jener für echt annimmt«.[32] Allerdings weist Freud diese Möglichkeit sofort zurück.

Powell und Boer dagegen belegen mit diversen Zitaten aus Freuds Arbeiten, daß dieser durchaus suggestive, manipulative Techniken angewandt hat, um seinen Patienten zu den Erinnerungen zu verhelfen, die er erwartete. So sagt er zum Beispiel in seinem bereits erwähnten Vortrag: »Die Kranken wissen vor Anwendung der Analyse nichts von diesen Szenen, sie pflegen sich zu empören, wenn man ihnen etwa das Auftauchen derselben ankündigt; sie können nur durch den stärksten Zwang der Behandlung bewogen werden, sich in deren Reproduktion einzulassen . . .«[33]

In den *Studien über Hysterie* beschreibt Freud, wie er normalerweise vorgeht, um traumatische Erinnerungen aufzudecken: »Solche Leistung erfolgt zuerst durch ›Drängen‹, Anwendung eines psychischen Zwanges, um die Aufmerksamkeit der Kranken auf die gesuchten Vorstellungsspuren zu lenken . . .« Was aber, wenn die Patienten trotz dieses »psychischen Zwanges« keine traumatischen Erinnerungen produzieren wollen und behaupten, es falle ihnen einfach nichts ein? »Man darf ihnen das nicht glauben«, sagt Freud, »man muß dann immer annehmen und auch äußern, sie hielten etwas zurück, weil sie es für unwichtig halten oder peinlich empfinden. Man besteht darauf, man wiederholt den Druck, man stellt sich unfehlbar, bis man wirklich etwas zu hören bekommt.«[34]

Für Powell und Boer sind Aussagen wie diese ein untrügliches Zeichen dafür, daß Freud seinen Patienten offensichtlich einschlägige Erinnerungen abverlangt hat und von ihnen erwartete, daß sie diese Erinnerungen auch als wahr betrachteten. Dieses Verhalten stellt das klinische Material, das Freud in dieser Zeit sammelte, sehr in Frage, wie die beiden Sozialwissenschaftler meinen. Sie vermuten, daß Freud selbst sich seines suggestiven Vorgehens bewußt war und daß dies ein Grund für seine Abkehr von der frühen Trauma-Theorie gewesen sein könnte.

Die modernen Vertreter der Trauma-Theorie werden diese Vermutung mit großer Wahrscheinlichkeit als falsch zurückweisen. Dennoch gilt inzwischen als erwiesen, daß die Überzeugungen des Therapeuten auch sein Vorgehen beeinflussen. Je mehr er daran glaubt, daß verdrängte Erinnerungen seelische Schäden hervorrufen, desto größer ist die Wahrscheinlichkeit, daß diese Überzeugung im Sinne einer sich selbst erfüllenden Prophezeiung Realitäten erst schafft. Die theoretische Basis, auf der ein Therapeut behandelt, beeinflußt seine Fragestellung.

Auch auf das therapeutische Vorgehen trifft eine Warnung zu, die der Physiker Werner Heisenberg im Hinblick auf die Naturwissenschaften geäußert hat: »Und wir müssen uns daran erinnern, daß das, was wir beobachten, nicht die Natur selbst ist, sondern Natur, die unserer Art der Fragestellung ausgesetzt ist.« Das heißt, wie Paul Watzlawick diese Äußerungen Heisenbergs erläutert: »Die Frage erzeugt gewissermaßen die Antwort.«[35]

Viele der heute praktizierenden Trauma-Therapeuten betrachten sich jedoch als über diesen Verdacht erhaben. Sie halten es für ausgeschlossen, daß sie ihren Klienten möglicherweise durch die Art ihrer Fragestellung bestimmte Erinnerungen suggerieren und sie auf der Suche nach den Ursachen ihrer Probleme beeinflussen könnten. Die Beunruhigung, die Sigmund Freud empfunden haben mag angesichts seines direktiven Vorgehens, ist ihnen fremd.

Fremd ist ihnen auch die Forderung der orthodoxen Psychoanalyse, über das, was in der analytischen Therapie auftaucht, nicht mit anderen zu sprechen. Jahrzehntelang galt das Schweigegebot als eine wichtige Regel der Psychoanalyse. Die modernen Trauma-Therapeuten halten nichts mehr davon. Sie fordern ihre Klienten sogar dazu auf, die »Wahrheit«, auf die sie in Trauma-Therapien stoßen, schonungslos mitzuteilen. »Der Patient wird beraten, den Eltern oder anderen angeblichen Tätern einen zornigen Brief zu schreiben, weiteren Kontakt mit ihnen jedoch zu verweigern, außer vielleicht, um sie zu verklagen. Typischerweise weigert sich auch der Therapeut, die beschuldigten Eltern zu treffen«, erklärt die Psychologin und Wissenschaftspublizistin Carol Tavris das Vorgehen der Trauma-Therapeuten.[36]

Was diese Veröffentlichung der »Wahrheit« für die Beschuldigten bedeutet, davon geben zwei Berichte – der eines betroffenen Vaters und der einer Mutter – einen Eindruck. Ihre Erfahrungen sind längst keine Einzelfälle mehr; was sie erlebten, das kennen inzwischen viele Eltern aus eigener Erfahrung.

Der Vater: »Wir sind nicht mehr innig ...«

»Ich bin 52 Jahre alt und Vater von drei Töchtern. Jane, Cindy und Caroline sind 30, 29 und 27 Jahre alt. Meine Frau Maggie und ich sind seit 31 Jahren miteinander verheiratet. Ich dachte immer, wir seien eine besonders innige Familie. Wir sind nicht mehr innig ...

Cindy wurde Gefangene einer Massenbewegung, die unter verschiedenen Namen bekannt ist: Zwölf-Schritte-Selbsthilfe, Co-Abhängigkeit oder Erwachsene-Kind-Bewegung. Sie wurde indoktriniert. Von ihrem Therapeuten, den Treffen der Erwachsenen Kinder und ihrer Lektüre erhielt sie ein und dieselbe Botschaft.

Sehr verkürzt lautet diese Botschaft: Wir leben in einer

zwanghaften/abhängigen Gesellschaft. Das bedeutet, daß die meisten von uns in dysfunktionalen Familien aufwachsen. Wir sind Schamgefühlen, körperlichem Mißbrauch, sexuellem Mißbrauch, einer ›giftigen‹ Erziehung, emotionalem Mißbrauch und Inzest ausgesetzt. Diese Mißbrauchsformen sind alle miteinander verbunden. Wenn du einen Mißbrauch erfahren hast, leidest du wahrscheinlich auch unter allen anderen. In vielen Fällen können sich die Menschen an die schlimmsten Verbrechen, die ihnen angetan wurden, nicht erinnern. Es benötigt Zeit und Therapie, um die schlimmsten Prügel oder den Schmerz oder die sexuellen Übergriffe zu erinnern. Wenn du ein niedriges Selbstbewußtsein hast, wenn du völlig betäubt durchs Leben gehst, wenn du Probleme mit Nähe hast, dann bist du ein Erwachsenes Kind. Das bedeutet, du wurdest wiederholt mißbraucht. Du wurdest beschämt. Du durftest dich nicht entfalten. Dein ›inneres Kind‹ war zu Tode erschrocken. Um den Schrecken deiner Kindheit überwinden zu können, ist es notwendig, daß du mit deiner Ursprungsfamilie brichst. Der einzige Weg, um zu dir zu finden, liegt darin, zu akzeptieren, daß du ein Erwachsenes Kind bist. Ein freudvolles und erfüllendes Leben wartet auf dich.

Wie konnten diese widerwärtigen Ideen von einer normalen Person akzeptiert werden, die in einer liebevollen familiären Umgebung aufgewachsen ist? Das ist die Frage, die ich mir in den letzten Jahren immer und immer wieder gestellt habe.

Über einen Zeitraum von ein oder zwei Jahren lernte ich von meinen Töchtern folgende Begriffe kennen: dysfunktionale Familie, inneres Kind, emotionaler Inzest, mißbrauchende Familie, Recovery, Co-Abhängigkeit, Verleugnung.

Mit der Zeit wurden alle meine Kinder immer mehr von dieser Bewegung gefangengenommen, und man sagte ihnen, daß Erwachsene Kinder dazu neigen, ihre Eltern zu idealisieren. Sie erfuhren weiter, daß Widerstand gegenüber den

Ideen der Bewegung zu erwarten sei und daß man dies als ›Verleugnung‹ bezeichnet. Mit der Zeit gelang es allen dreien, die Idealisierung ihrer Eltern zu überwinden.«

Die Mutter: Ich hatte drei Töchter ...«

»Ich hatte drei Töchter, Ann, Betty und Carol, nun habe ich nur mehr zwei ... Betty ging einmal die Woche zu einem Therapeuten. Eines Tages rief sie mich an und bat mich um einen Gefallen. ›Was kann ich tun?‹ fragte ich. Sie antwortete: ›Würdest du bitte einen Therapeuten aufsuchen?‹ Ich fragte: ›Warum?‹ Sie sagte: ›Weil ich dir etwas sagen muß, und ich fühle, daß du die Unterstützung eines Therapeuten brauchst.‹ Mein Herz hörte für einen Moment auf zu schlagen. ›Vater hat mich vergewaltigt‹, weinte sie ... Die nächsten zwei Tage waren für mich und meinen Mann so, als ob der Tod über uns schwebte. Ich sprach mit Betty jeden Tag, um ihr meine Fürsorge zu zeigen, aber auch um zu verstehen, was vorgefallen war. Ich weinte viel am Telefon mit ihr. Sie riet mir, ein Buch zu kaufen mit dem Titel *Trotz allem*. Sie sagte, dieses Buch würde mir helfen. Und sie gab mir die Telefonnummer eines Zentrums für Inzest-Überlebende ... Ich rief dort an. Und sie bestätigten mir, daß der Inzest an meiner Tochter tatsächlich stattgefunden hat ...

Mein Mann und ich trafen unsere beiden anderen Töchter, weil Betty sagte, auch sie seien sexuell mißbraucht worden. Beide versicherten uns, daß dies niemals stattgefunden habe ... Sie sagten, Betty lüge ...

In meinen Telefongesprächen mit Betty fragte ich sie: ›Wie alt warst du, als all das geschah? Wie oft geschah es?‹ Sie sagte: ›Ich war vielleicht drei oder vier Jahre alt. Es geschah einmal, vielleicht dreimal.‹ Ich sagte: ›Aber Vater war nie zu Hause, er arbeitete nachts und schlief tagsüber. Ich war immer zu Hause. Ich war nicht berufstätig. Wo war ich, als all das geschah?‹ Keine Antwort. Nach Wochen wurden die Geschichte und die Dauer des Mißbrauchs immer länger. Mein Schwiegersohn erzählte mir, daß Betty sich nun an sieben Jahre des Mißbrauchs erinnern konnte ...

All dies begann, als meine Tochter bei einem Psychotherapeuten Hilfe suchte – einem, der von ihrer Verwundbarkeit Besitz ergriff, der Erinnerungen an Dinge weckte, die niemals geschehen sind. Er und mit ihm viele andere sind ebenso gefährlich, wie Hitler es in den späten 30er und frühen 40er Jahren war. Viele Familien werden wie die unsere zerstört sein, ehe die Gesellschaft diesen Holocaust wahrnimmt.

Also, ich hatte drei Töchter, und nun habe ich nur noch zwei.«

Diese beiden Berichte zeigen eindrucksvoll, wie die Anschuldigungen der Erwachsenen Kinder das Leben ganzer Familien zerstören können. Lange wußten sich die Eltern in ihrer Scham und Verwirrung nicht zu helfen, doch langsam formiert sich Widerstand. In den Vereinigten Staaten haben sich betroffene Eltern zur »False Memory Syndrome Foundation« zusammengeschlossen und wehren sich gegen die – wie sie meinen – haltlosen Vorwürfe ihrer erwachsenen Kinder. Auch in Deutschland ist inzwischen eine Diskussion über den »Mißbrauch des Mißbrauchs« durch allzu eifrige Therapeutinnen und Beraterinnen und deren Klientinnen entbrannt, und auch hier schließen sich betroffene Eltern in Interessengruppen zusammen oder wagen es, mit ihrem Fall an die Öffentlichkeit zu gehen. Wie zum Beispiel jener Vater, der einen offenen Brief an die Therapeutin seiner Tochter schrieb:

»Es fällt schwer, noch einmal, zum tausendundeinsten Mal durch den Schmutz zu stapfen, in den Sie mich gezerrt haben. Denn niemand anders als Sie waren es, die meiner Tochter frühkindliche sexuelle Übergriffe suggeriert hatten. Ihre Bemerkung, meine Tochter reagiere auf diese Dinge so extrem, als sei sie selbst betroffen, stieß den Prozeß an: Und schon nach wenigen Sitzungen stellte sich auch der erwünschte therapeutische Erfolg ein. Sie verbuchten endlose Mißbrauchsgeschichten, erst durch Nachbarn, dann zwangsläufig auch durch mich, den Vater, und dank Ihrer therapeutischen Intervention wurden daraus reale pornographische Tatabläufe. In meiner Bestürzung trug ich Ihnen an, mich zu einem Gespräch mit hinzuzuziehen. Sie lehnten das als unzulässige Einmischung ab.

Aber haben Sie jemals in diesen zwei Jahren darüber nachgedacht, was Ihre therapeutischen Interventionen mir angetan haben? Verständlicherweise schlug sich meine Frau auf die Seite meiner Tochter, und nun stand ich plötzlich vor ihr als Kinderschänder und Sexualtäter da. Möchten Sie mit so jemandem verheiratet, intim sein? Also! Im Bunde mit Ihnen haben mich meine Tochter, meine Frau gemeinsam kastriert. Aus ihrer Sicht mochte das die gerechte Strafe für mein abscheuliches Verbrechen sein – was aber, wenn Ihr Opfer vielleicht doch unschuldig war? . . .

Nach einiger Zeit stellte ich mit Schrecken fest, daß die Realphantasien meiner Tochter begannen, auf mich abzufärben. Vielleicht war ich ja tatsächlich ein Kinderschänder, und meine Erinnerung, die an meiner Unschuld festhielt, war womöglich nur gerade Selbstbetrug? Wer weiß? Ich denke, Sie kennen vom Hörensagen die Wodu-Rituale auf Haiti: bei denen ein Mensch kraft magischer Intervention aus der Entfernung totgetrommelt wird. Ja, so fühlte ich mich, gleichsam als Ihr therapeutisches Wodu-Opfer. Will sagen, irgendwie blieben die Beschuldigungen meiner Tochter langsam an mir hangen. Mein Selbstbild verfärbte sich, wurde trübe. Unvermeidlich, im Lauf der Monate. Denn mich wehren, den Unschuldsbeweis antreten, konnte ich nicht . . .«[38]

Wer nun im Recht ist, die angeblich mißbrauchten erwachsenen Kinder oder die angeblich zu Unrecht beschuldigten

Eltern – wer kann das beurteilen? Die Berichte der beschuldigten Eltern sind ebenso eindringlich wie die der anklagenden Kinder. Beide Seiten leiden, beide Seiten reklamieren für sich, im Besitz der Wahrheit zu sein. Ein Außenstehender hat so gut wie keine Möglichkeit, hier eine eindeutige Entscheidung zu treffen.

Zu denken geben muß allerdings, daß in dieser verworrenen Situation die behandelnden Therapeuten und Therapeutinnen völlig frei von Zweifel sind. Ganz gleichgültig, wie klar die Erinnerungen an das Geschehene auch sind, ob sie bereits vor der Therapie vorhanden waren, erst in der Therapie auftauchten oder gar überhaupt keine Erinnerungen, sondern nur »typische« Symptome vorhanden sind, die Trauma-Therapeuten und Beraterinnen sind vollkommen überzeugt davon, daß ein irgendwie gearteter Mißbrauch stattgefunden haben muß. Sie sind so sicher in ihrem Urteil, daß sie ihre Klienten mit dieser Sicherheit anstecken. Und selbst wenn ein Patient nicht glauben kann, daß derart Schreckliches in seiner Kindheit vorgefallen ist, dann ist das für die Trauma-Therapeuten oft nur ein Beweis dafür, daß der Patient aus Furcht immer noch verleugnen muß. Denn die Trauma-Theorie hat immer recht, sie ist, wie Paul Watzlawick mit Verweis auf Karl Popper sagt, eine »selbstimmunisierende Proposition«. Das heißt, die Richtigkeit der Trauma-Theorie wird sowohl durch den Erfolg therapeutischer Maßnahmen wie auch durch ihren Mißerfolg bestätigt, wie Watzlawick erklärt.

»Bessert sich der Zustand des Patienten aufgrund einer einsichtsorientierten Therapie, die die Gründe der Vergangenheit analysiert, dann beweist das die Richtigkeit und Wirksamkeit dieser Annahme. Bessert sich der Zustand des Patienten aber nicht, beweist dies nur, daß die Suche nach den Ursachen in der Vergangenheit nicht weit genug ... zurückverfolgt worden war.«[39]

Erinnern sich Patienten im Verlauf einer Trauma-Therapie an Mißbrauch und Vernachlässigung in der Kindheit, bestätigt das die Trauma-Theorie; erinnern sie sich nicht, dann ist das nur der Beweis dafür, daß sie noch nicht tief genug in die Vergangenheit, das heißt in ihr Unbewußtes, hinabgestiegen sind.

Zu denken gibt weiter, daß es ausgerechnet in den letzten Jahren zu einer »Renaissance« der Trauma-Theorie gekommen ist und die Zahl der Menschen, die sich bereitwillig auf die Suche nach verschütteten Erinnerungen machen, enorm gestiegen ist. Die Trauma-Theorie ist 100 Jahre alt – und war niemals so aktuell und beliebt wie heute.

Was aber nicht bedeutet, daß sie deshalb die richtigen Antworten auf die Frage gibt, ob die Kindheit das spätere Leben determiniert. Im Gegenteil: Die Stimmen mehren sich, die ein Ende der »Tyrannei der Kindheit« fordern. Aus der traurigen Tatsache, daß Kinder oftmals nicht die Zuwendung und Liebe erhalten, die sie brauchen, daß Entbehrungen, Vernachlässigungen und Mißbrauch Erfahrungen sind, die viele (zu viele) Kinder auch in der westlichen Wohlstandsgesellschaft noch machen müssen, kann nicht geschlossen werden, daß diese Kinder von vornherein keine Chance haben oder ihr Leben lang benachteiligt bleiben müssen.

Wie viele andere verweist zum Beispiel der amerikanische Psychologie-Professor Robin M. Dawes auf die neuen Erkenntnisse der Wissenschaft, die den angeblich so großen Einfluß der frühen Kindheit sehr zusammenschrumpfen lassen. Für Dawes ist der Glaube an den determinierenden Einfluß früher Geschehnisse vergleichbar mit dem Glauben an einen Berggott: Für beides gibt es seiner Meinung nach keinerlei Grundlagen. Beide Glaubenssysteme ziehen die Menschen in ihren Bann, indem sie ihnen einreden, sie könnten sich von ihren Problemen freikaufen – entweder, indem sie einem mächtigen Berggott opfern, oder, indem sie einem Kindheitstherapeuten, den sie fürstlich entlohnen, über die Schrecken ihrer Kindheit berichten. Aber es sind eben Glaubenssysteme, die mit der Realität nicht allzuviel zu tun haben.[40]

Den weitverbreiteten Glauben an die Macht der Kindheit erklärt Dawes mit unserer großen Bereitschaft, Autoritäten ungefragt anzuerkennen und uns der Meinung von Experten zu unterwerfen. Wenn uns diese Experten Dinge erzählen, die wir ohnehin schon denken und glauben, dann führt das zu einer Verfestigung und Stärkung dieses Glaubens. Da wir umzingelt sind von Aussagen über den Einfluß der Kindheit, rennen die Psychoexperten offene Türen ein, wenn sie uns immer und immer wieder davon erzählen, welch negative und schreckliche Auswirkungen bestimmte Erlebnisse in der Kindheit haben können. Aber, so warnt Robyn M. Dawes, wir sollten aufhören, weiter daran zu glauben. Statt dessen sollten wir jenen Psychologen und Psychiatern vertrauen, die psychologisches Wissen an Menschen weitergeben wollen, damit diese mehr über sich erfahren und durch dieses Wissen unabhängiger von Autoritäten und Experten werden.

Diesem Rat des Professors folgend, sollen nun jene Erkenntnisse aus den Wissenschaften vom Menschen vorgestellt werden, die überzeugend belegen, daß wir nicht die Gefangenen unserer Kindheit sind und daß menschliche Entwicklung sehr viel diffiziler verläuft, als dies der Kausalschluß von »damals« auf »heute« suggeriert. Die gängige Schlußfolgerung, daß ein Erwachsener, der als Kind nicht geliebt, sondern vernachlässigt oder mißhandelt worden ist, auf jeden Fall unglücklich wird und dieses Unglück nur durch einen langen, mühsamen therapeutischen Prozeß langsam überwinden kann, diese Schlußfolgerung läßt sich nicht mehr länger aufrechterhalten. Wir müssen heute anerkennen, daß sich in der Zeit zwischen früher Kindheit und Erwachsenenleben noch sehr viele Dinge ereignen können, die den Entwicklungsverlauf eines Menschen zum Teil nachhaltiger beeinflussen als die Ereignisse der frühen Kindheit.

III. DAS NEUE BILD DER KINDHEIT
Frühe Erfahrungen müssen nicht Schicksal sein

Alle Psychologen, alle Therapeuten, alle selbsternannten Psychoexperten, die ohne den geringsten Zweifel die These »Kindheit ist Schicksal« vertreten, geben vor, dies nur zum Wohle der Betroffenen zu tun. Die Anwälte des inneren Kindes loben sich selbst als mutige Vertreter der Wahrheit, sie halten sich zugute, daß sie uns durch ihre Informationen von unserer »Blindheit« und damit auch von dem Leid, das uns zugefügt worden ist, erlösen. Zu diesem Zwecke überschütten sie uns mit Informationen darüber, was und wer uns zu welchem Zeitpunkt in unserer Kindheit schädigen kann, sie werden nicht müde, das Versagen der Eltern anzuprangern, sie sorgen dafür, daß wir in endlos langen Therapien die Schmerzen der Kindheit wiedererleben und unsere Wunden pflegen – manchmal jahrelang, manchmal jahrzehntelang und manchmal sogar ein Leben lang. Wenn wir bereit dazu sind, können wir jederzeit ausreichend Material dazu finden, daß wir in unserer Kindheit beschädigt, mißbraucht, vernachlässigt wurden, kurz: daß wir Opfer sind.

Der Schwerpunkt der »Aufklärung« liegt immer nur auf den möglichen negativen Einflüssen und schädigenden Faktoren. Die positiven Entwicklungen, die möglicherweise selbst unter schwierigsten Bedingungen möglich sind, sind dagegen kaum Thema. Das liegt zum einen daran, wie der amerikanische Psychotherapeut Bernie Zilbergeld meint, daß viele Psychoexperten nur gelernt hätten, das Negative zu betrachten, aber auch daran, daß sie durchaus ein Interesse haben, nur die negativen Seiten zu sehen. »Je mehr Pathologie, desto größer ist das Bedürfnis nach mehr Forschungen, mehr Therapeuten und mehr Therapie.«[1]

Vernachlässigt wurde durch diese einseitige Betrachtung der frühen Kindheit und der Ursachen psychischer Störungen die Frage, ob es nicht auch kompensatorische Prozesse geben kann, ob eine schlimme Kindheit wirklich immer schlimm enden muß. Wie es scheint, hat man uns wichtige Informationen vorenthalten. Wir erhielten zwar ausreichend Informationen über die negativ prägende Wirkung früher Erfahrungen, doch wir erfuhren in der Regel wenig oder gar nichts darüber, daß eine negative Kindheit nur unter ganz bestimmten Umständen die weitere Entwicklung eines Menschen determiniert.

Zu unserem eigenen Nutzen und Wohlbefinden sollten wir uns jenen Erkenntnissen öffnen, die geeignet sind, die »Tyrannei der Kindheit« zu beenden und eine sachlichere, weniger emotionsgeladene Betrachtung unserer Anfangsjahre ermöglichen. Wenn wir die Scheuklappen ablegen, die uns durch die Trauma-Theoretiker angelegt wurden, dann können wir zum Beispiel sehen, daß es durchaus Faktoren gibt, die wie ein Schutzschild wirken und ein Kind vor den Unbillen seiner frühen Lebenswelt bewahren können.

Schützende Inseln und alternative Spiegel

Eine Reihe von Langzeitstudien, die nicht rückblickend einen Zusammenhang zwischen aktuellen Problemen und früher Kindheit konstruieren und die nicht nur, wie die Bindungsforschung, auf die Mutter-Kind-Dyade achten, konnte belegen, daß Entwicklung ein Leben lang möglich ist. Hilarion Petzold, Wissenschaftlicher Direktor der Europäischen Akademie für psychosoziale Gesundheit und Professor an der Universität von Amsterdam, kommt aufgrund dieser Studien zu dem Schluß: »Die Frühkindheit stellt die Weichen nicht oder nicht so allumfassend, wie es besonders in der neueren Psychoanalyse das Theorem der ›frühen Störung‹ suggerierte.« Diese Studien erteilen seiner Ansicht nach »auf jeden Fall eindimensionalen oder linearkausalen Erklärungsmodellen eine Abfuhr«.[2] Allein die Tatsache, daß nicht alle Kinder mit traumatischen Erfahrungen zu neurotischen, psychisch kranken Erwachsenen werden und daß umgekehrt nicht automatisch jede glückliche Kindheit in ein glückliches Erwachsenenleben mündet, verweist auf das Wirken weiterer Faktoren, die bislang außer acht gelassen wurden.

Die Ansicht, daß die Entwicklung eines Menschen nicht ausschließlich von seiner frühen Kindheit abhängt, sondern vielfältigen Einflüssen ausgesetzt ist, vertritt unter anderem die Schweizer Psychologin und Ärztin Cécile Ernst. Ihre Erkenntnis aus langjährigen Forschungsarbeiten und praktischer Tätigkeit: »Kinder werden nicht in ihren frühesten Jahren durch Traumen geprägt, sondern – bei entsprechender Vulnerabilität – nach der frühesten Kindheit durch anhaltenden Druck verbogen.«[3]

Worin dieser »anhaltende Druck« bestehen kann bzw. welche Faktoren trotz eines frühen Traumas eine positive Entwicklung möglich machen, das zeigt zum Beispiel die Längsschnittstudie des Erlanger Psychologen Friedrich Lösel und seiner Kollegen. Er begleitete 146 Jugendliche, die in Heimen aufgewachsen waren, über einen Zeitraum von mehreren Jahren hinweg.[4] Nach ausführlichen Interviews und psychologischen Untersuchungen faßte er 80 dieser Jugendlichen, die deutliche Verhaltensstörungen zeigten, in die Gruppe der »Auffälligen« zusammen. Bei 66 Jugendlichen aber konnte Lösel keinerlei Fehlentwicklungen und Auffälligkeiten feststellen; sie bildeten die Gruppe der »Resilienten«. Mit »Resilienz« wird in der psychologischen Forschung das Phänomen bezeichnet, daß sich Menschen trotz oft extremer Belastungen in der Kindheit zu psychisch gesunden Menschen entwickeln oder sich nach schweren Traumata ohne sichtbar bleibenden Schaden schnell erholen.

Friedrich Lösel interessierte sich für die Unterschiede zwischen seinen beiden Gruppen: Was hatten die »Resilienten«, daß sie besser mit den Heimerfahrungen und ihrer

negativen Kindheit fertig wurden, was fehlte den »Auffälligen«? Warum zum Beispiel ist der 17jährige Klaus heroinabhängig geworden, und warum hat sich Madeleine, die aus
ähnlich schlimmen Verhältnissen kommt, so positiv entwik-
kelt?

Es waren oft schreckliche Szenen, die der kleine Klaus
miterleben mußte: die alkoholabhängige Mutter, die aus
Furcht vor dem prügelnden Vater nackt auf die Straße
rannte; der Vater, der der Mutter einen Spiegel nachwarf und
dessen Scherben ihre Hände und ihr Gesicht zerschnitten.
Den Nachbarn tat der Junge leid, der immer freundlich und
bescheiden wirkte. Er schaffte es sogar aufs Gymnasium,
aber er hielt nicht durch. Der Abstieg begann, als er vom
Gymnasium flog, auch in der Realschule scheiterte und
schließlich die Hauptschule ohne Abschluß verlassen mußte.
Die Folge: mit 17 war er heroinabhängig.

Madeleines Kindheit war ebenfalls alles andere als glücklich. Der Vater hatte die Familie verlassen, als Madeleine
sechs Jahre alt war; die Mutter war heroinabhängig. Madeleine, völlig verlassen, vernachlässigt und auf sich allein
gestellt, hatte alle Voraussetzungen, um abzugleiten. Doch
sie konnte sich dem elenden Milieu ihrer Kindheit entziehen:
Sie ist weder drogensüchtig noch kriminell geworden. Sie
will Bürokauffrau werden, hat einen festen Freund und
denkt daran, später zu heiraten und Kinder zu bekommen.[5]

Klaus und Madeleine, zwei Beispiele aus Friedrich Lösels
Untersuchungsgruppe, zwei Lebensläufe, die unterschied-
licher nicht sein könnten, obwohl die Kindheit ähnlich
schrecklich und belastend verlief. Was machte Madeleine
stark, was gab ihr die Kraft, diese frühen Belastungen heil zu
überstehen? Was ließ Klaus scheitern?

Friedrich Lösel konnte im Laufe seiner Langzeitstudie
eine Reihe von persönlichen und sozialen Faktoren identifizieren, die offensichtlich eine schützende Funktion ausüben:

– Eine stabile emotionale Beziehung zu einem Erwachsenen in der Kindheit. Idealerweise ist das ein Elternteil, aber auch Onkel, Tanten, Großeltern oder Nachbarn können diese Funktion übernehmen.

– Wichtig sind auch soziale Modelle, also Menschen, die dem Kind und Heranwachsenden als positives Beispiel dienen können. Das können ältere Geschwister sein, eine Lehrerin, der Pfarrer oder andere Personen in der nahen Umwelt, die dem Kind zeigen, wie Probleme konstruktiv gelöst werden können, und die es sozial unterstützen.

– Weiter ist wichtig, daß an ein Kind, das in zerrütteten Verhältnissen aufwachsen muß, früh Leistungsanforderungen gestellt werden und es Verantwortung entwickeln kann (z. B. indem es für kleinere Geschwister sorgt oder ein Amt in der Schule übernimmt).

– Auch intellektuelle Fähigkeiten spielen eine Rolle dabei, wie Kindheitstraumata bewältigt werden;

– und schließlich hängt es auch vom angeborenen Temperament ab, wie die weitere Entwicklung verläuft.

Es sind also ganz unterschiedliche Faktoren, die dem Leben eines traumatisierten Kindes eine positive Wendung geben können – und zwar zu jedem Zeitpunkt im Laufe seiner Entwicklung. Die Ergebnisse der Lösel-Studie verdeutlichen, daß sehr viele Einflüsse zusammenwirken müssen, damit aus einer negativen Kindheit ein dauerhaft positives oder – im schlimmsten Fall – ein negatives Schicksal wird.

Friedrich Lösel ist nicht der einzige, der diese Faktoren identifizieren konnte. Inzwischen liegen eine ganze Reihe von Untersuchungen vor, welche die gängige Vorstellung von »Kindheit ist Schicksal« nicht bestätigen, sondern die nach protektiven Faktoren Ausschau halten und den angeblichen Determinismus der frühen Jahre in Frage stellen.

Bereits der Schweizer Psychiater Manfred Bleuler (1857–1939) konnte in einer beeindruckenden Langzeitstudie belegen, daß es keine zwangsläufige Kausalität zwischen belastender Kindheit und negativer Entwicklung gibt. Bleuler beobachtete 208 Schizophrene und deren Familien über einen Zeitraum von 30 Jahren hinweg und stellte fest, daß nur eine kleine Minderheit der in diesen Familien aufgewachsenen Kinder selbst eine psychische Störung zeigte. Obwohl ihre Kindheit alles andere als glücklich war, entwikkelten sich die meisten zu gesunden Erwachsenen. Bleuler war selbst davon überrascht, daß die Kinder keine Störung zeigten, obwohl sie jahrelang zum Teil extremsten Bedingungen ausgesetzt waren. Die Schmerzen und Leiden der Kindheit, so schlußfolgerte er aus seinen Studien, können unter Umständen offensichtlich einen stärkenden Effekt auf die Persönlichkeitsentwicklung dieser Kinder haben, so daß es ihnen möglich wird, ihr Leben trotz aller Widrigkeiten zu meistern.[6]

In diesem Zusammenhang müssen vor allem die Arbeiten des Psychologen Norman Garmezy erwähnt werden. Er hatte den Entwicklungsverlauf von Kindern beobachtet, bei denen das Risiko, daß sie an Schizophrenie oder anderen seelischen Leiden erkranken würden, aufgrund ihrer Kindheitssituation besonders hoch war. Bei seinen Längsschnittuntersuchungen zeigte sich aber, daß selbst in der Gruppe der hohen Risikofälle nur zehn bis zwölf Prozent der Kinder später tatsächlich psychisch krank wurden. Er prägte in den 70er Jahren den Begriff von den »unverletzlichen« Kindern, die auch schwerste Beeinträchtigungen bewältigen können. Aufgrund heftiger Kritik hat sich Garmezy später von dem Begriff »unverletzlich« distanziert und selbst nicht mehr von »unverletzlichen« Kindern gesprochen, weil dieser Begriff – wie er selbst einräumte – zu Mißverständnissen führen kann.

Natürlich gehen schwerste Beeinträchtigungen in der Kindheit nicht spurlos an den Betroffenen vorüber. Die Kinder leiden sehr wohl unter den schlimmen Erfahrungen ihrer Kindheit. In diesem Sinne sind sie nicht »unverletzlich«. Aber Garmezys Studien zeigen, daß die zugefügten Verletzungen nicht ein Leben lang offene Wunden bleiben und sich nicht zwangsläufig in psychischen Störungen manifestieren müssen. »Unverletzliche« Kinder haben die Möglichkeit, sich den negativen Einflüssen zu entziehen, wenn sie außerhalb ihres Elternhauses die für sie so notwendige Zuwendung und Unterstützung erhalten.[7]

Auch die Kinderpsychologin Emmy Werner konnte bestätigen, daß fehlende Geborgenheit und Liebe in der Kindheit nicht zwangsläufig ein Leben lang Wirkung haben. Zusammen mit ihrer Kollegin Ruth Smith hat sie fast 700 Kinder, die auf der Insel Kauai in Hawaii geboren wurden, über Jahrzehnte hinweg wissenschaftlich begleitet. Alle diese Kinder wuchsen in Armut auf; fast ein Drittel war entweder vor oder nach der Geburt erheblichen Streßfaktoren ausgesetzt und lebte in Familien, in denen Streitereien, oftmals bedingt durch Alkoholismus, an der Tagesordnung waren. Viele der Kinder mußten die Scheidung ihrer Eltern erleben oder wurden von den Eltern vernachlässigt, weil diese in irgendeiner Form selbst belastet waren. Dennoch entwickelte sich ein Großteil der Kinder zu völlig gesunden Erwachsenen: Sie waren liebes- und arbeitsfähig. Emmy Werner und Ruth Smith schlußfolgern daraus:

»Risikofaktoren und eine belastende Umwelt führen nicht unweigerlich zu einer schlechten Anpassung. Es scheint klar, daß zu jedem Zeitpunkt der individuellen Entwicklung, von der Geburt bis ins Erwachsenenleben, es ein sich veränderndes Gleichgewicht zwischen belastenden Ereignissen, die die Verletzlichkeit erhöhen, und schützenden Faktoren gibt, die die Widerstandskraft erhohen.«[8]

Zu den schützenden Faktoren zählen, so die Forscherinnen, Personen in der näheren Umgebung der Kinder, die sie in irgendeiner Form unterstützen; aber auch das Eingebundensein in eine Kultur- und Religionsgemeinschaft kann den Einfluß negativer Erfahrungen abmildern.

Soziale Unterstützung und emotionale Zuwendung müssen dabei nicht permanent vorhanden sein. Oftmals reicht es aus, wenn den Kindern durch singuläre positive Erfahrungen ein Lichtblick aufgezeigt wird, wenn sie andere Verhaltensmuster als die in der eigenen Familie üblichen kennenlernen. Hilarion Petzold spricht von »schützenden Insel-Erfahrungen«, die, selbst wenn sie nur kurze Zeit andauern, stabilisierende Funktion bekommen können:

»Das Erleben einer liebevollen Erzieherin, die eine harte und kalte Kollegin für ein paar Wochen vertritt, mag ›aus der Kontrasterfahrung‹ das eine Kind in eine noch tiefere Verzweiflung stürzen, dem anderen Kind aber einen Hoffnungshorizont eröffnen, weil es – wenn auch nur für kurze Zeit – sich liebevoll angenommen und gemeint fühlte.«[9]

In Krisensituationen können die Kinder auf diese positiven Erfahrungen zurückgreifen und daraus Kraft für den Widerstand schöpfen.

Die Familientherapeuten Steven und Sybil Wolin meinen das gleiche wie Petzold, wenn sie von »alternativen Spiegeln« sprechen, die den Kindern ein positiveres Selbstbild vermitteln als die Spiegel, die ihnen in ihrer eigenen, belasteten Familie entgegengehalten werden. Während die Kinder in ihren Familien durch das Verhalten der Eltern oder die belastenden Umstände ein negatives Selbstbild entwickeln (»Ich bin schlecht«, »Ich tauge nichts«), kann dieses zum Beispiel durch das Lob und die Akzeptanz einer Lehrkraft verändert werden (»Ich kann ja was!«). Ein anderer »alternativer Spiegel« kann ein Nachbar sein, der das Kind freundlich behandelt. Und manchmal gelingt es belasteten Kindern auch, sich selbst eine alternative Sichtweise zu vermitteln, indem sie in der Lage sind, sich von dem negativen Spiegel ihres Elternhauses frei zu machen und sich so zu sehen, wie sie wirklich sind: Wenn zum Beispiel ein Junge Erfolge auf dem Fußballplatz hat oder ein Mädchen sich freut, daß es sein Fahrrad selbst reparieren konnte, dann können schon solch kleine Erfolgserlebnisse als »alternative Spiegel« dienen.[10]

Die Vorstellung, daß eine schlimme Kindheit immer Schaden zufügt, ist also nur dann zutreffend, wenn ein Kind über seine gesamte Entwicklung hinweg ausschließlich negative Erfahrungen machen muß, keinerlei positive Zuwendung und Unterstützung erhält und möglicherweise durch seine biologische Ausstattung benachteiligt ist. Rolf Oerter schlußfolgert aus den vorliegenden Studien: »Kinder sind ohne weiteres in der Lage, ungünstige Einflüsse aufzufangen, wenn die Anzahl der Risikofaktoren nicht zu groß wird.«[11] Wer mit einem alkoholkranken, psychisch gestörten, labilen, gewalttätigen oder mißbrauchenden Elternteil groß werden mußte, *kann* Schaden an Leib und Seele nehmen, er kann diese Situation aber auch als Herausforderung begreifen, an der er wachsen und Eigenschaften entwickeln kann, die ihm später im Leben möglicherweise Vorteile verschaffen.

Der Gedanke, daß eine schlimme Kindheit auch positive Aspekte haben kann, liegt den meisten Trauma-Therapeuten völlig fern. Sie konzentrieren sich auf die Schäden, nicht aber auf das Bewältigungsverhalten der Betroffenen. Inzwischen aber verlagert sich das Forschungsinteresse mancher Wissenschaftler und auch Psychotherapeuten: Sie fragen nun verstärkt nach den Voraussetzungen, die gegeben sein müssen, damit eine negative frühe Kindheit ohne größeren Schaden überwunden werden kann.

Das Therapeutenpaar Steven und Sybil Wolin gehört zu den Kritikern der Trauma-Theorie und hat sich daher weniger für die schädlichen Auswirkungen früher Kindheitserfahrungen interessiert als vielmehr für die Frage, wie es Kindern gelingt, die schlimme Zeit zu überstehen. Sie fanden bei den von ihnen interviewten erwachsenen »Überlebenden« Gemeinsamkeiten: Wer »heil« aus vergiftenden Elternhäusern herausgefunden hat, hat sich nicht als Opfer gesehen und hat nicht ständig darüber nachgedacht, welches Unrecht ihm geschehen ist. Vielmehr ist es diesen Menschen gelungen,

– sich von dem Geschehen zu Hause emotional und auch räumlich zu distanzieren;
– sich mit Kreativität und Humor immer wieder selbst zu motivieren; und
– unterstützende Beziehungen zu anderen Menschen aufzubauen.[12]

»Resiliente« Menschen haben sich sehr früh von ihren Eltern distanziert, indem sie viel »herumstreunten«, bereits in ganz jungen Jahren irgendwelche Jobs annahmen und dadurch sowohl einen Grund hatten, das Haus zu verlassen, als auch früh eigenes Geld verdienten und sich damit Unabhängigkeit verschafften. Andere Kinder nahmen jede Extraaufgabe in der Schule an, besuchten zusätzliche Kurse oder schliefen häufig bei ihren Freunden. Und nicht selten zogen sie, als sie erwachsen waren, mehrere hundert Kilometer von zu Hause weg, um die Distanz aufrechtzuerhalten.

Aber nicht nur die äußere Distanz ist wichtig, hinzukommen muß noch eine gewisse innere Distanz. Sie ermöglicht es den Kindern, sich von ihren Ängsten und Unsicherheiten nicht überwältigen zu lassen. Die Kinder beweisen dabei oft sehr viel Phantasie, um diese innere Distanz zu erreichen.

Manche, so stellten Wolin und Wolin fest, halfen sich, indem sie sich einredeten, sie seien adoptiert worden und hätten mit der Familie, in der sie aufwuchsen, nichts gemeinsam. Andere verschafften sich Informationen, um das Verhalten ihrer Eltern zu verstehen. Sie gingen der Frage nach, was ein Alkoholiker ist, wie eine Depression sich äußert, und sie beruhigten sich selbst, indem sie sich sagten: Mutter ist nicht böse, Mutter ist krank.

Anderen Kindern gelang es, nichts mehr von den Eltern zu erwarten. Sie gaben die Hoffnung auf, daß sie zu Hause jene Zuwendung und Anerkennung bekommen könnten, die sie so sehr brauchten.

Statt dessen konzentrierten sie sich auf die Beziehungen zu

anderen Menschen – Lehrern, Nachbarn, Geschwistern –, die sie als unterstützend erlebten.

Und schließlich war es für »resiliente« Kinder ein Lichtblick, daß sie eines Tages das Elternhaus würden verlassen können. Sie blickten in die Zukunft und wußten, daß sie irgendwann unabhängig sein und ihre Kindheit hinter sich lassen konnten. Sie schmiedeten Pläne für die Zeit danach. »Bereits mit elf Jahren ging ich meine eigenen Wege. Ich wußte, ich würde das durchstehen und ich würde meine Familie und das schreckliche Leben, das sie führte, verlassen. Ich war dabei, zu jemand zu werden, wie sie es sich niemals hätten träumen lassen, und ich konzentrierte alle meine Energien auf dieses Ziel.«[13]

Vielen »resilienten« Kindern gelang es auch, sich durch phantasievolle Spiele oder Kreativität aus der belastenden Realität zu entfernen. Sie hatten die Fähigkeit, imaginäre Spielkameraden zu erfinden, deren Funktion es war, sie in ihrer eigenen Wahrnehmung zu bestärken. Ähnlich der Comicfigur Calvin, dem kleinen Jungen, der in seiner Phantasie seinen Stofftiger Hobbes zum Leben erweckt und mit ihm alle seine Sorgen und Gedanken durchspricht, schaffen sich auch belastete Kinder in ihrer Phantasie unterstützende Partner. Diesen unsichtbaren Begleitern erzählen sie ihre Sorgen, mit diesen schmieden sie gemeinsam Rache- und Fluchtpläne oder katapultieren sich mit deren Hilfe einfach aus der unerträglichen Realität in eine Traumwelt.

»Spielen verhilft dem Kind zu einem erweiterten Bild von sich selbst, seinen Kapazitäten und seiner Fähigkeit, die Realität, in der es lebt, zu verändern«, erklärt der Psychoanalytiker Albert Solnit. »In diesem Sinne befähigt das Spiel das Kind, zu erproben, in welcher Weise es seine Welt verändern kann und sich nicht mehr länger hilflos und abhängig fühlen muß.«[14]

Mit Hilfe der Kreativität gelingt es den verschreckten und verängstigten Kindern, sich eine neue Welt auf den Ruinen der alten aufzubauen, eine Welt, in der sie sich nicht mehr hilflos und ausgeliefert fühlen, sondern in der sie die Kontrolle ausüben und in der sie Erfahrungen machen, die ihnen zu der Überzeugung verhelfen: Ich bin etwas wert.

Kreativität, Phantasie und soziale Unterstützung können den Kindern also helfen, eine schützende Distanz zu ihren chaotischen Familien herzustellen. Aber: Nicht alle vernachlässigten und mißbrauchten Kinder können diese Quellen nutzen, nicht allen stehen sie zur Verfügung. Wie die Studien zur »Resilienz« von belasteten und mißhandelten Kindern zeigen, sind es nicht nur externe Schutzfaktoren, die den rettenden Rückzug ermöglichen.

Die Rolle der Gene:
konservativer Rückschlag oder Entlastung?

»Die schützende Ausstattung, die Kinder besitzen, zeigt sich bereits bei der Geburt«, schreibt der Psychologe und Pädagoge Rolf Oerter.[15] Bereits Neugeborene besitzen die »Kompetenz«, durch entsprechende Signale und Verhaltensweisen die notwendige Zuwendung der Eltern zu bekommen. Und auch später sorgen sie durch ihr Verhalten dafür, daß sie mit ihrer Umwelt in Kontakt kommen. Im Abschnitt über die Bindungsforschung klang aber bereits an, daß nicht alle Kinder gleichermaßen in der Lage sind, den Kontakt mit ihren Bezugspersonen herzustellen bzw. auf die Bindungsangebote und die Zuwendung der Eltern zu reagieren. Manche Kinder benötigen sehr viel mehr Anregung und Aktivierung, während andere von sich aus aktiv und initiativ sind. Es sind also nicht nur externe Faktoren, die die Entwicklung eines Kindes – stützend oder belastend – beeinflussen, sondern ganz offensichtlich spielt auch die biologische Ausstattung eine ebenso große Rolle: Erbfaktoren, die Gene eines Menschen sowie sein angeborenes Temperament können den Verlauf einer individuellen Entwicklung mindestens im gleichen Maße beeinflussen wie Umweltfaktoren.

Der sogenannte »Wiederholungszwang«, der nach Ansicht der Trauma-Theoretiker immer dann droht, wenn frühere Erfahrungen nicht therapeutisch aufgearbeitet werden, muß nicht unbedingt psychologisch begründet sein, er kann auch biologische Ursachen haben. Wenn ein Sohn von seinem Vater geschlagen wird und später seinen eigenen Sohn auch schlägt, dann hat der Vater seinem Sohn möglicherweise die Neigung zur Aggression vererbt. Wenn das Kind einer depressiven Mutter später selbst depressiv wird, dann kann das eine Folge der niederdrückenden Kindheitserfahrungen sein; ebenso denkbar aber ist, daß die Mutter ihre Anfälligkeit für die Depression an das Kind vererbt hat. Wenn das Kind einer schizophrenen Mutter selbst an Schizophrenie erkrankt, dann ist es wahrscheinlicher, daß es diese Krankheit von der Mutter geerbt hat, als daß sie sich durch Erziehungserfahrungen entwickelt hat.

Beeinflußt von der psychoanalytischen Theorie, machte in den 50er und 60er Jahren der Begriff von der »schizophrenogenen Mutter« die Runde, die durch ihr kaltes, uneinfühlsames Verhalten ihr Kind in die Schizophrenie treibt. Inzwischen ist man in der Fachwelt von diesem Erklärungsansatz abgekommen, weil unübersehbar war, daß längst nicht alle Kinder solch »kalter« Mütter eine Psychose entwickelten und viele Kinder selbst in der feindlichsten Umgebung zu psychisch gesunden Persönlichkeiten heranwachsen konnten. Die These von der »schizophrenogenen« Mutter wurde von dem amerikanischen Psychologen George H. Frank bereits Mitte der 60er Jahre widerlegt. In einer Metaanalyse von 150 Studien zum Thema stellte er fest, daß die typischen Merkmale einer sogenannten »schizophrenogenen« Mutter (besitzergreifend, ablehnend, kalt) auch bei Müttern festgestellt wurde, die geistig gesunde Kinder hatten. Frank schlußfolgerte damals aus seiner Analyse: »Die Annahme, die Familie sei der entscheidende Faktor der Persönlichkeit, hat sich nicht bestätigt.«[16]

Daß noch andere Faktoren als der mütterliche Einfluß bei

der Entstehung psychischer Krankheit wirksam sein müssen, zeigt auch das Beispiel von drei amerikanischen Geschwistern, die mit einer schizophrenen Mutter aufwuchsen: Die Mutter erzählte ihren Kindern, sie würde das Essen vergiften. Das älteste Kind, ihre Tochter, glaubte ihr und verweigerte von da an jede Mahlzeit zu Hause. Die zweitgeborene Tochter aß nur noch, wenn der – psychisch gesunde – Vater anwesend war. Das jüngste Kind, der siebenjährige Sohn, aber blieb von der ganzen Geschichte völlig unbeeindruckt. Da er bis jetzt noch nicht vergiftet sei, könne er auch weiteressen, begründete er seine Sorglosigkeit. Obwohl alle drei Geschwister die gleiche »verrückte« Situation erlebten, reagierten sie dennoch sehr unterschiedlich.[17]

Der Fall dieser drei Geschwister zeigt, daß Umwelteinflüsse durchaus begrenzt sind – und zwar durch die Gene. Es ist sehr wahrscheinlich, daß die beiden Töchter mehr Gene von ihrer kranken Mutter geerbt haben als der siebenjährige Junge. Die Tatsache, daß nur etwa zehn Prozent aller Kinder von einem schizophrenen Elternteil ebenfalls an Schizophrenie erkranken, verweist auf eine genetische Disposition.

Biologische Erklärungsansätze wie diese gelten allerdings als nicht »political correct«. Sie rufen in der Regel bei Psychologen und Sozialwissenschaftlern – und erst recht bei Trauma-Therapeuten – heftige Abwehr hervor. Die biologische Forschung erscheint ihnen obsolet, sie sehen darin einen konservativen »Backlash«, einen Gegenschlag, der psychische Probleme wieder dem medizinischen Modell zuordnet und den Einflüssen der Umwelt ihre Kraft abspricht. Vor allem für die Verfechter der Trauma-Theorie ist die Suche nach dem »Schizophrenie-Gen« nichts anderes als der Versuch, die Eltern von Schuld freizusprechen.

Dieser durch keine ernsthafte Studie belegten Einschätzung setzen nüchterne Wissenschaftler, wie zum Beispiel der Psychiater Florian Holsboer, Direktor des Max-Planck-Instituts für Psychiatrie in München, die Erkenntnisse der Forschung entgegen. Für Holsboer »besteht überhaupt kein

Zweifel daran, daß die großen psychiatrischen Erkrankungen eine genetische Grundlage haben. Es gibt keinen wissenschaftlichen Hinweis dafür, daß das alles nur der jeweiligen Lebensgeschichte zuzuschreiben ist.«[18]

Auch die heftigsten Gegner des »Biologismus« können nicht umhin, anzuerkennen, daß bestimmte psychische Krankheiten und Störungen durch biologische Maßnahmen positiv beeinflußt werden können. Zum Beispiel haben Antidepressiva, richtig dosiert und angewandt, eine erleichternde Wirkung auf schwere Depressionen. Angstzustände können durch angstlösende Medikamente erträglich werden. Und auch bei Psychosen helfen in 60 Prozent aller Fälle entsprechende Medikamente. Nicht zuletzt zeigt das als »Glückspille« gepriesene Antidepressivum Prozac (Fluctin), daß sich Menschen allein durch den Einfluß bestimmter chemischer Stoffe »besser als gut« fühlen können.[19] Auch wenn diese Medikamente umstritten und auf keinen Fall »Wundermittel« sind – die meisten haben erhebliche, zum Teil gesundheitsschädliche Nebenwirkungen, und manche führen zu einer unangenehmen Persönlichkeitsveränderung –, so weisen sie doch auf eine biologische Komponente psychischer Störungen hin. Die Betonung liegt dabei auf dem Wort »Komponente«, denn es wäre falsch, die Gene ausschließlich für bestimmte Entwicklungen verantwortlich zu machen. Damit würde nur eine pauschale Erklärung (»Die Kindheit ist schuld«) durch eine andere (»Die Gene sind schuld«) ersetzt.

So wenig psychische und Verhaltensstörungen als Kindheitsschicksal bewertet werden können, so wenig stimmt die Behauptung, daß »alles« biologisch und damit eben nicht zu verändern ist. Auch für Florian Holsboer liegt nicht alles ausschließlich in den Genen begründet. Er verweist darauf, daß es immer auch der Umwelteinflüsse bedarf, »um das, was an Verletzlichkeit im Genom niedergeschrieben ist, soweit zu stimulieren, daß es zu einer psychischen Erkrankung kommt«. Eine psychische Krankheit entsteht also aus einer

Wechselwirkung zwischen genetischer Veranlagung und spezifischen Erfahrungen.

Trauma-Theoretiker wollen von diesem Wechselspiel allerdings nicht viel wissen, sondern betonen einseitig die Umwelteinflüsse. Diese Einseitigkeit hat dazu geführt, daß den meisten Menschen die Vorstellung schwerfällt, daß neben äußeren Merkmalen wie Augenfarbe, Aussehen, Haarfarbe auch Persönlichkeitseigenschaften vererbt sein können. Wenn sie Geschichten hören, wie jene von den eineiigen Zwillingen Tony und Roger, die als Säuglinge zur Adoption freigegeben wurden, halten sie diese für sensationell und erstaunlich, machen sich jedoch selten Gedanken darüber, was diese für ihr persönliches Leben bedeuten könnte.

Tony wuchs in einer warmherzigen italienischen Arbeiterfamilie in Philadelphia auf. Roger wurde von strengen, sehr gebildeten jüdischen Eltern in Florida aufgezogen. Als Tony etwa Mitte 20 war, führten ihn seine Geschäfte, er war inzwischen Vertreter geworden, nach New Jersey. Und dort wurde er, als er in einem Lokal zu Mittag aß, von einer Frau sehr aufdringlich angesprochen. »Roger, wo warst du? Warum hast du nicht angerufen?«, fragte sie vorwurfsvoll. Tony, der gar nicht wußte, wie ihm geschah, hatte alle Mühe, die Frau davon zu überzeugen, daß er weder Roger hieß noch einen Roger kannte. Doch die Hartnäckigkeit der Frau hatte ihn neugierig gemacht – er wollte diesen Roger, der ihm so ähnlich sehen sollte, kennenlernen. Als sich die beiden trafen, trauten sie kaum ihren Augen: Die Ähnlichkeit war mehr als frappierend. Sie verglichen ihre Geburtsdaten und stellten fest: gleiches Jahr, gleicher Tag, gleiche Uhrzeit. Ihre weiteren Nachforschungen ergaben: Sie waren eineiige Zwillinge. Nach und nach stellten sich immer mehr Übereinstimmungen heraus. Tony und Roger sahen nicht nur völlig identisch aus, sie hatten auch identisch klingende Stimmen, und auch in ihrem Intelligenzquotienten unterschieden sie sich nicht. Sie benutzten sogar die gleiche Zahnpastamarke und verwendeten das gleiche After-Shave. Beide waren sie Atheisten, ihre Schulabschlüsse waren gleich, sie hatten den gleichen Frauengeschmack und ähnliche Jobs. Obwohl sie in zwei völlig verschiedenen Familien aufgewachsen waren, unterschieden sie sich in so gut wie gar nichts.[20]

Der Fall von Tony und Roger ist eine »typische« Geschichte: Berichte über eineiige Zwillinge, die sich nach früher Trennung später wiederbegegnen und verblüffende Ähnlichkeiten aufweisen, gehen immer wieder durch die Presse. Wissenschaftlich und systematisch verfolgt wurde das Schicksal von getrennt aufgewachsenen eineiigen Zwillingen unter anderem von einem Psychologenteam an der *University of Minnesota*. Inzwischen haben die Wissenschaftler 110 eineiige Zwillingspaare und 27 zweieiige Zwillinge zusammengeführt, und immer wiederholte sich die Geschichte von der frappierenden Ähnlichkeit, obwohl die Lebensläufe und Lebenshintergründe meist sehr verschieden sind. Die Psychologen konnten feststellen, daß folgende Persönlichkeitseigenschaften bei eineiigen Zwillingen deutlich erblich bedingt sind:

Intelligenzquotient, Religiosität, Alkohol und Drogenmißbrauch, Kriminalität, Jobzufriedenheit, Depression, Frohsinn, Risikofreudigkeit, Neurotizismus, Wohlbefinden, Selbstkontrolle, Selbstakzeptanz, Extraversion, Autoritätsgläubigkeit.[21]

Neben der Zwillingsforschung sind Studien mit adoptierten Kindern eine zweite Quelle, um die Erblichkeit bestimmter Eigenschaften zu überprüfen. Alle diese Studien konnten immer wieder belegen, daß genetisch nicht miteinander verwandte Adoptivgeschwister, die in derselben Familie aufwachsen, sich völlig unterschiedlich entwickeln. Die gemeinsame Umwelt und Erziehung ist weniger einflußreich, als es die genetischen Anlagen sind. Eine dieser Adoptionsstudien soll hier als Beispiel für viele andere beschrieben werden. Sie wurde von dänischen Wissenschaftlern durchgeführt, die klären wollten, inwieweit kriminelles Verhalten

90

durch eine veränderte Umwelt vermieden werden kann bzw. ob auch für Kriminalität genetische Faktoren eine Rolle spielen.[22]

Für diese Studie wurden alle 1953 in Kopenhagen geborenen und zur Adoption freigegebenen Jungen sowie deren leibliche und Adoptivväter erfaßt. Forschungsschwerpunkt war die Frage: Gibt es einen Zusammenhang zwischen einer eventuellen kriminellen Entwicklung dieser Jungen und der Kriminalität ihrer biologischen Väter oder ihrer Adoptivväter? Das Ergebnis war eindeutig:

– Wenn weder der Adoptivvater noch der biologische Vater mit dem Gesetz in Konflikt gekommen sind, lag die Kriminalitätsrate bei den Söhnen bei 10,5 Prozent.
– Wenn der Adoptivvater kriminell war, der leibliche Vater aber nicht, lag die Rate bei 11,5 Prozent. Wenn der leibliche Vater kriminell war (zu dem die adoptierten Kinder in der Regel seit ihrem sechsten Lebensmonat keinen Kontakt mehr hatten), der Adoptivvater aber nicht, dann wurden 22 Prozent der Söhne ebenfalls kriminell.
– Wenn sowohl der biologische als auch der leibliche Vater kriminell waren, dann stieg die Rate auf 36,2 Prozent.

Kriminalität scheint also, wie so manche andere Verhaltenseigenschaft, nach dieser Studie bis zu einem gewissen Grad erblich zu sein.

»Wir wissen inzwischen«, schreibt der Sozialpsychologe Martin Seligman, »daß unsere Persönlichkeit ... sehr viel mehr Produkt unserer Gene ist, als wir noch vor einem Jahrzehnt geglaubt hätten«.[23] Cécile Ernst stimmt ihm in dieser Einschätzung zu. Vor dem Hintergrund von genetisch orientierten Studien stellt sie vor allem die Ergebnisse der Bindungsforschung in Frage. Sie glaubt nicht, daß »Feinfühligkeit« der Mutter allein die »sichere Gebundenheit« der Kinder bewirkt. Mutter und Kind, so führt sie aus, »teilen ... im Mittel die Hälfte ihrer Gene. Labile Mütter haben häufiger labile Kinder als stabile Mütter, und Mutter und

Kind können wegen ihrer Labilität ... in den ersten Jahren in fast unerträgliche Interaktionszyklen hineingeraten. Das Kind erwirbt sich allmählich ein Verhalten, das sich in der Schule negativ auswirkt – nicht, weil es im Säuglingsalter durch die mangelhafte Mutter-Kind-Beziehung für den Rest seines Lebens traumatisiert worden wäre, sondern weil die negativen Interaktionen labiler Persönlichkeiten über Jahre weitergehen.«[24]

Aufgrund ihrer genetischen Disposition suchen und schaffen sich Kinder zum Teil ihr familiäres Milieu selber, das heißt, Kinder reagieren nicht nur auf ihre Eltern, sie steuern diese auch umgekehrt durch ihr eigenes Verhalten. Dieses Verhalten kann durch das genetische Erbe und auch durch das Temperament des Kindes beeinflußt sein.

Das Temperament: von Geburt an »einfach« oder »schwierig«?

Von den vier Temperamenten, die der griechische Arzt Hippokrates vor über zwei Jahrtausenden beschrieb, sind drei immer noch in unserer Alltagssprache gegenwärtig. Wir nennen einen Menschen »cholerisch«, der schnell aufbraust und aus der Haut fährt; einen eher in sich gekehrten, häufig bedrückt wirkenden Zeitgenossen bezeichnen wir als »melancholisch«, und als »Phlegmatiker« wird abgestempelt, wer wenig Energie und Antriebskraft zeigt. Nur der vierte Temperamentstyp, der Sanguiniker, der durch lebhaftes, offenes Auftreten zu erkennen ist, hat sich in der Alltagssprache nicht in diesem Ausmaß durchsetzen können.

So beliebt die Temperamentszuschreibungen im Alltagsgebrauch auch sind, die psychologische Wissenschaft wollte lange Zeit von allen vier Temperamenten nicht viel wissen – sie galten als unbrauchbar und paßten auch überhaupt nicht in die Forschungsausrichtung der modernen Sozialwissenschaften, die ihr Augenmerk auf die soziale Bedingtheit von

Persönlichkeit richtete. Lange Zeit war daher die Temperamentsforschung in Vergessenheit geraten. Doch mit dem Erstarken der biologischen Psychiatrie hat auch das Temperament wieder verstärkt Aufmerksamkeit erhalten.

Noch ist nicht endgültig geklärt, ob das Temperament eine genetische Grundlage hat. Allerdings, so der Entwicklungspsychologe Jerome Kagan, »stützen bereits zahlreiche Befunde, etwa aus der Zwillingsforschung, meine Annahme, daß Verhaltensstile in der Tat zum Teil ererbt sind«.[25] Diese Einschätzung teilt auch der Psychologe Marcel R. Zentner. Viele Befunde sprechen dafür, wie er meint, »daß die Art des Temperaments von genetischen Einflüssen abhängt, ebenso wie Haar- und Augenfarbe«.[26]

Ob genetisch bedingt oder nicht – die psychologische Forschung hat in jüngster Zeit die Bedeutung des Temperaments für die Entwicklung eines Kindes festgestellt. Alle neueren Studien beziehen sich dabei auf eine bereits 1956 begonnene Langzeitstudie, die *New York Longitudinal Study*, in der 133 Kinder der New Yorker Mittelschicht von dem Forscherpaar Alexander Thomas und Stella Chess beobachtet wurden.

Die aufgrund von Eltern- und Lehrerinterviews gesammelten Daten führten zu der Unterscheidung von drei »Temperamenten«: dem »einfachen«, dem »langsam auftauenden« und dem »schwierigen« Temperament. Kennzeichen eines »schwierigen« Verhaltensstils sind Launen, heftige Reaktionen, Unausgeglichenheit, unregelmäßige Wach- und Schlaf- und Essensrhythmen, ein schlechtes Anpassungsvermögen, Rückzugsverhalten. »Langsam auftauende« Kinder ziehen sich in neuen, ungewohnten Situationen zunächst zurück und passen sich nur zögernd an die veränderten Gegebenheiten an. Diese Kinder können auch als schüchtern bezeichnet werden. »Einfache« Kinder dagegen sind offen und anpassungsfähig, sie sind ausgeglichen und gelassen.

Wie die New Yorker Langzeitstudie zeigen konnte, sind es vor allem die Kinder mit »einfachem« Temperament, die mit widrigen Bedingungen in der Kindheit am besten fertig wer-

den. Kinder mit »schwierigem« oder »langsam auftauenden«
Temperamentseigenschaften entwickelten häufiger psychische Störungen. Konkret: Aus der Gesamtstichprobe von
133 Kindern wurden zehn Prozent als schwierig eingestuft;
75 Prozent dieser Kinder mit »schwierigem« Temperament
entwickelten eine psychische Störung. 15 Prozent wurden
als »langsam auftauend« charakterisiert, gut die Hälfte davon
entwickelte Verhaltensprobleme. Bei den »einfachen« Kindern, die 40 Prozent der Gesamtstichprobe ausmachten, also
deutlich in der Mehrzahl waren, fielen nur vier Kinder durch
eine psychische Problematik auf.

Der Zusammenhang zwischen Temperament und psychischen Problemen konnte in der Folge auch in weiteren
Studien bestätigt werden. Eine groß angelegte Untersuchung
mit immerhin 4500 Kindern belegte, daß von Geburt an
»schwierige« Kinder, die neue Situationen vermeiden, sich
sehr schwer anpassen können und eher negativer Stimmung
sind, mit großer Wahrscheinlichkeit später Verhaltensstörungen entwickeln und durch Hyperaktivität und Unangepaßtheit auffallen.[27]

Aber – und das ist eine wichtige Einschränkung – das
Temperament ist ebensowenig »Schicksal«, wie es frühe
Kindheitserfahrungen sind. Nicht alle Kinder mit schwierigem Temperament entwickeln später Verhaltens- oder psychische Probleme. Und umgekehrt ist ein »einfaches« Temperament keine Garantie für eine ungestörte Entwicklung.
Ausschlaggebend ist vielmehr die Reaktion der *Umwelt* auf
das Temperament des Kindes: Die Umwelt, so Marcel
R. Zentner, kann »entscheidend dazu beitragen ... welche
Auswirkungen ein bestimmtes Temperament auf die psychische Entwicklung hat«. Niemals könne dem Temperament
»per se ätiologische Bedeutung zuerkannt werden ... sondern immer nur der Temperament-Umwelt-Interaktion«.
Eine optimale Entwicklung kommt »am ehesten dann zustande, wenn eine Konsonanz zwischen dem Temperament,
ebenso wie Motivationen und Fertigkeiten des Kindes

einerseits und den Erwartungen, Anforderungen und Möglichkeiten der Umwelt andererseits besteht. Liegt hingegen eine Dissonanz zwischen den Möglichkeiten und Anforderungen des Umfeldes auf der einen Seite und dem Temperament, ebenso wie weiterer organismischer Eigenschaften des Kindes auf der anderen Seite vor, ist fehlangepaßtes Verhalten und eine gestörte Entwicklung zu erwarten.«[28]

Es hängt, so Zentner, von der »Passung« ab, ob sich aus einem bestimmten Temperament eine psychische Störung entwickelt oder nicht. Mit »Passung« meint Zentner, wenn Eltern begreifen, daß ihr Kind »in vielen Dingen nicht etwas anders will, sondern nicht anders kann«, und wenn sie sich auf die Eigenarten ihres Kindes einstellen und sie akzeptieren. Für Rolf Oerter ist das Modell der »Passung« hilfreich, um einen Perspektivenwechsel vorzunehmen. »Denn nun bedeutet mangelndes Anpassungsvermögen nicht in jedem Fall Entwicklungsstörung, sondern verweist auf eine unpassende Umwelt ... Die grundlegende Perspektive lautet nun: »Wenn ein Kind auf Dauer Probleme verursacht, muß seine Umwelt verändert werden.«

Diese Sichtweise bedeutet, richtig verstanden, eine enorme Entlastung für Eltern und damit auch für Kinder. Wenn Eltern wissen, daß das scheinbar »aggressive« oder »hyperaktive« Verhalten ihres Kindes keine Störung ist, sondern Hinweis auf ein besonders lebhaftes oder unruhiges Temperament, dann erleichtert ihnen das den Erziehungsalltag, indem sie nicht versuchen, das Kind an die Umgebung anzupassen, sondern die Lebensbedingungen des Kindes – seinem Temperament gemäß – zu verbessern. Mitarbeiter von Erziehungsberatungsstellen kennen das Phänomen, daß Eltern ihre »auffälligen« Kinder mit großen Schuldgefühlen in der Beratung anmelden; vor allem Mütter sind schnell bereit, sich selbst die Schuld zu geben, wenn das Kind den eigenen und vor allem den Erwartungen der Umwelt nicht entspricht. Sie akzeptieren bereitwillig die Beurteilungen, die das Kind von anderen, zum Beispiel von Kindergärtnerinnen oder Lehrern, erhält, und wollen, daß das Verhalten des Kindes geändert und im Sinne der Anforderungen verbessert wird.

Könnte die Gewohnheit durchbrochen werden, alle Verhaltensweisen eines Kindes automatisch auf Erziehungseinflüsse und die familiäre Situation zurückzuführen, dann wäre damit viel gewonnen. Wenn in Erwägung gezogen würde, daß das Verhalten des Kindes möglicherweise in seinem Temperament begründet liegt, dann könnten die Kinder in vielen Fällen davor bewahrt werden, mit dem Stigma des »Anormalen« aufzuwachsen, das einer Behandlung bedarf. Und auch Eltern könnten sich selbstbewußter auf die Seite eines »schwierigen« Kindes stellen, wenn sie wissen, daß es aufgrund seiner Veranlagung eben etwas anders ist als andere Kinder.

Für die Anhänger der These »Kindheit ist Schicksal« sind solche Argumente natürlich nur dazu angetan, die Eltern von Schuld freizusprechen. Doch damit machen sie es sich zu einfach – und den Betroffenen zu schwer. Bleiben wir beim Fall des Kindes, das als angeblich »hyperaktiv« in die Erziehungsberatung geschickt wird. Wenn es sich bei diesem Verhalten tatsächlich um eine Temperamentseigenschaft handelt, dann werden alle beraterischen und therapeutischen Bemühungen nicht fruchten. Es ist traurige Realität, daß sehr viele »hyperaktive« Kinder, wenn die Psychologen mit ihrem Latein am Ende sind, mit Psychopharmaka behandelt und ruhiggestellt werden. Dazu müßte es sicher in vielen Fällen nicht kommen, wenn nicht der Gedanke, daß es auch Unveränderbares in der Persönlichkeit eines Menschen geben kann, von der Zunft der Trauma-Theoretiker und deren Anhängerschaft unterdrückt würde.

Das bedeutet nicht, daß jedes auffällige oder unangepaßte Verhalten genetisch bedingt ist, doch sollte immer an eine Wechselwirkung zwischen einer bestimmten genetischen Konstitution eines Kindes und der Reaktion der Umwelt auf dieses Kind gedacht werden. Diese Ansicht vertrat auch Albert Ellis, der Begründer der Rational-emotiven Therapie, auf dem Jahreskongreß der Amerikanischen Psychologenvereinigung (APA) im Sommer 1994. Warum er die Annahme, wonach Persönlichkeitsstörungen ausschließlich Folge von elterlicher Ablehnung, Vernachlässigung oder Mißbrauch sein sollen, für einen »Mythos« hält, begründete er dort in drei Punkten.[29]

»Erstens: Viele Kinder verhalten sich aus genetischen Gründen auffälliger als andere. Weil sie mit ihren Familienmitgliedern und anderen Leuten so ineffektiv interagieren, erfahren sie mehr Vernachlässigung und Mißbrauch. – Zweitens: Wenn diese Kinder wegen ihres auffälligen Verhaltens Ablehnung erfahren, werden sie frustriert und geraten aufgrund dieser Frustrationen eher aus dem Gleichgewicht. Und schließlich können sie selber unter ihren Störungen leiden, sie werden vielleicht ängstlich und depressiv. Diese Folgeprobleme können wiederum ihre genetische Disposition verstärken.«

Der Einfluß der Gene sollte nicht unterschätzt werden, so Ellis. Den Genen sei es zuzuschreiben, daß nicht alle vernachlässigten Kinder Persönlichkeitsstörungen entwickeln. Den Genen sei es aber auch zuzuschreiben, daß eine glückliche Kindheit umgekehrt nicht immer vor psychischen Problemen schützt und daß sich bestimmte Persönlichkeitsstörungen in Familien häufen. »Vernachlässigung und Kindesmißbrauch durch die Eltern ist in gewisser Weise für praktisch alle Kinder schädlich«, meint Albert Ellis. Er warnt jedoch davor, einen kausalen Zusammenhang zwischen Kindesmißbrauch und Persönlichkeitsstörung herzustellen und die frühe Kindheit als einzigen Faktor zu betrachten. »Die Überzeugung, daß dies der hauptsächliche und einzige Faktor ist, ist wahrscheinlich ein Mythos.«

Modellwechsel: vom Blitzlicht – zum Schneeball

Angesichts der zahlreichen Faktoren, welche die menschliche Entwicklung zu jedem möglichen Zeitpunkt beeinflussen können, hält Martin Seligman – und mit ihm viele andere – die Zeit für einen Modellwechsel für gekommen. Bisher, so meint er, erschienen uns Kindheitserlebnisse von so großer Bedeutung, weil wir sie auf dem Hintergrund der Trauma-Theorie beurteilten und ihnen eine Art, wie er es nennt, »Blitzlicht-Wirkung« zuschrieben. So »hell« und eindringlich wie das Blitzlicht eines Fotoapparates sind nach dieser Vorstellung frühe Erlebnisse: Sie »brennen« sich sozusagen ins Gedächtnis ein.

Dieses Blitzlicht-Modell muß jedoch angesichts der vorliegenden wissenschaftlichen Erkenntnisse als widerlegt angesehen werden. Sehr viel zutreffender, so Seligman, erklärt das Modell »Schneeball« die Entwicklungsmöglichkeiten eines Menschen. Warum er gerade dieses Bild für geeignet hält? »Wenn zwei Felsbrocken einen Schneehang hinunterrollen, werden die anfänglichen geringen Unterschiede zwischen ihnen immer größer, je größer der Schneeball wird. Eine kleine Senke im Hügel kann den Weg des Schneeballs erheblich verändern. Kleine, frühe Veränderungen in der Richtung und kleine Abweichungen entlang des Weges können die Schneebälle, ehe sie unten im Tal angekommen sind, in Form und Substanz unterschiedlich gestalten.«[30]

Wie sich das Schneeball-System im wirklichen Leben auswirken kann, verdeutlicht Seligman am Beispiel zweier Schwestern: Joan und Sarah stammen von denselben Eltern ab, wachsen zusammen auf, gehen auf dieselbe Schule. Ihre Umwelteinflüsse unterscheiden sich nicht. Erst in der Schule werden Unterschiede deutlich: Joan ist sportlich begabter als ihre Schwester und wird deshalb als Teamkameradin vorgezogen. Sarah fühlt sich zurückgesetzt und gekränkt. Um ihr Selbstwertgefühl zu stärken und weil sie es der Schwester zeigen will, meldet sie sich im Schulchor an. Schließlich hat sie eine schöne Stimme! Der Schneeball ihres Lebens rollt nun, durch diese kleine, aus einem Mißerfolg heraus motivierte Entscheidung, in eine völlig neue Richtung. Sie singt voller Freude im Chor und wird ob ihrer wundervollen Sopranstimme gefördert. Am Ende der Schulzeit gibt Sarah bereits öffentliche Konzerte, während ihre Schwester zur Leistungssportlerin geworden ist.

Der Schneeball-Effekt, der aus kleinen Richtungsänderungen große Wirkungen erzeugen kann, ist natürlich auch dann wirksam, wenn es um negative Erlebnisse und Einflüsse geht. Bekommt der Schneeball auf der einmal eingeschlagenen Bahn immer wieder die gleichen Anstöße, kann er seine Spur nicht verlassen. So kann eine negative frühe Kindheit zum Ausgangspunkt für eine insgesamt negative Entwicklung werden. Wird zum Beispiel ein Kind von seinen Eltern mißhandelt und mißbraucht, bekommt es auch in der Schule keinen Anschluß und findet keinen Menschen, der es unterstützt – dann rollt der Schneeball auf der einmal eingeschlagenen negativen Bahn immer weiter.

In der – im vorangegangenen Kapitel erwähnten – Zeitungsmeldung, nach der immer mehr männliche Jugendliche ihre Eltern umbringen, stand ganz versteckt der Satz: »Viele von ihnen haben vor der Tat vergeblich versucht, Hilfe bei Lehrern oder anderen Personen zu erlangen.« Vor dem Hintergrund der Erkenntnis, daß die Auswirkungen einer negativen Kindheit durch positive, unterstützende Erfahrungen mit anderen Menschen abgemildert werden können, müssen die Schreckensmeldungen der Medien in einem anderen Licht betrachtet werden. Die Tatsache des Mißbrauchs und der Mißhandlung wird nicht verharmlost, wenn man den Blick weitet und nicht nur »die Kindheit« verantwortlich macht für – in diesem Fall – Mord, sondern auch die soziale und gesellschaftliche Situation betrachtet, die Heranwachsenden keine Chance für positive Erfahrungen auf ihrem Lebensweg bietet.

Keine Chance hatten – um ein weiteres Beispiel zu nennen

– mit großer Wahrscheinlichkeit auch jene Menschen, von denen der Psychoanalytiker Ulrich Sachsse vom Landeskrankenhaus Göttingen berichtet: Menschen, die sich oftmals in schlimmster Weise selbst Verletzungen zufügen, die sich mit rostigen Nägeln Wunden kratzen oder an ihrem Körper herumschneiden. »Viele der Betroffenen sind als Kinder nicht erwünscht gewesen und haben kein Selbstwertgefühl«, berichtet Sachsse. »Zwei Drittel wurden mißhandelt oder mißbraucht.«[31] Worüber man leider nichts erfährt: Was ist den Kindern widerfahren, als sie heranwuchsen, was mußten sie erleben, als sie erwachsen wurden?

Erschreckende Berichte, die einen kausalen Schluß von der Kindheit auf das gegenwärtige Verhalten und Erleben ziehen, gehen immer wieder durch die Medien und verstärken den weitverbreiteten Glauben an die schreckliche Macht der Kindheit. Doch die Forschungsarbeiten über »resiliente« Kinder und das »Schneeball-Modell« schärfen den Blick. Menschen, die am Leben so verzweifeln, daß sie sich durch Selbstverletzungen oder anderes destruktives Verhalten selbst zerstören müssen, gehören mit großer Wahrscheinlichkeit zu den Unglücklichen, die niemals in ihrem Leben wesentliche positive Erfahrungen machen konnten. Ihre Kindheit war die erste Hypothek, mit der ihr Leben belastet wurde, und es kamen mit großer Wahrscheinlichkeit immer neue hinzu.

Ein indirekter Hinweis darauf, daß selbst unter den widrigsten Umständen der Einfluß einer schlimmen Kindheit gemildert werden kann, findet sich in einem Bericht über Heath Wilkins, der in den USA in einer Todeszelle einsitzt.

»Er war 16, als er zusammen mit vier anderen obdachlosen Teenagern in Avondal, Missouri, bei einer Geiselnahme in einem Alkoholgeschäft eine Mutter von zwei Kleinkindern tötete. Seine eigene Kindheit war brutal; seine Mutter schlug ihn, schon im Kindergartenalter bekam er weiche Drogen verabreicht, wurde in Psychiatrien verfrachtet und hatte als Zehnjähriger schon drei Selbstmordversuche hinter sich. Sowohl Staatsanwaltschaft als auch Verteidigung erklärten, daß er zu gestört sei, um vor Gericht stehen zu können; aber der Prozeß fand statt. Nachdem er mehrere Male um die Todesstrafe bat, wurde sie ihm schließlich gewährt. Das war vor über neun Jahren. Seitdem sitzt er in Missouri in der Todeszelle und läßt seinen Anwalt jede erdenkliche Revisionsmöglichkeit ausschöpfen ... Was seinen Fall so grotesk macht, ist auch, daß der heute 25jährige nicht mehr der schwer gestörte Teenager von 1985 ist, sondern ein junger Mann, der verzweifelt um die Wiederaufnahme des Verfahrens und um einen fairen Prozeß kämpft.«[32]

Offensichtlich erfuhr Heath Wilkins' Entwicklung sogar im Gefängnis, in der Todeszelle, positive Anstöße, die ihm seinen Lebenswillen zurückgaben und ihn ermutigten, gegen Behörden anzukämpfen. Wie anders ist zu erklären, daß Heath Wilkins »nicht mehr der schwer gestörte Tennager von 1985 ist«?

Ein weiterer Beleg für das »Schneeball-Modell« ist auch das Schicksal von Kody, dem »Monster«, von dem im ersten Kapitel die Rede war. Er bezeichnet seine Kindheit als eine »vom Menschen erschaffene Hölle« und macht seine frühen Erfahrungen für seine kriminelle Entwicklung verantwortlich. Was Kody aber verschweigt: Seine vier Geschwister, die alle mit ihm zusammen aufgewachsen waren, führen ein ganz normales, von Gewalt und Kriminalität freies Leben. Alle fünf stammen von denselben Eltern ab, alle fünf schliefen jahrelang im selben Zimmer, aßen gemeinsam ihre Mahlzeiten.[33] Warum geriet nur Kody auf die schiefe Bahn? Das Schneeball-Modell bietet eine Erklärung: Bei Kody sind möglicherweise zu den frühen negativen Familienerfahrungen im Laufe seines weiteren Lebens immer mehr belastende Ereignisse dazugekommen; anders als seine Geschwister hatte er entweder weniger Chancen, andere Erfahrungen machen zu können, oder er war nicht in der Lage – durch seine biologische Konstitution, durch sein Temperament – die sich ihm bietenden Möglichkeiten zu erkennen und zu nutzen.

Wie sich Kinder entwickeln, die in ihrer Kindheit Armut, Mißbrauch und Vernachlässigung erleben müssen, kann pauschal also nicht beantwortet werden. Welche Spur der »Schneeball« einschlägt, wohin er rollt, das ist von sehr vielen Einflüssen abhängig, die auf der ganzen Bahn des Lebens einwirken. Darauf hat auch der Entwicklungspsychologe Jerome Kagan hingewiesen:

»Jede Entwicklungsreise kommt an viele Punkte, von denen aus es in verschiedene Richtungen weitergehen kann ... Die Liebe der Mutter, die Ankunft eines Geschwisters, das autoritäre Naturell des Vaters und der Erfolg in der ersten Klasse stellen aufeinanderfolgende Ereignisse dar, die ein Kind zu bestimmten Entscheidungen hin- und von anderen wegdrängen. Aber wenn eine Entscheidung gefallen ist, wird das Kind sich von dem eingeschlagenen Weg nicht mehr leicht abbringen lassen.«[34]

Das gilt im positiven wie im negativen Sinne: Aufeinanderfolgende, permanent negative Ereignisse können die Entwicklung eines Menschen in die negative Bahn lenken. Die frühen Traumata der Kindheit allein aber haben diese Auswirkung nach den vorliegenden Erkenntnissen nicht.

Auf die Frage »Warum?« kann es also keine eindeutige Antwort geben. Die Meinung, man könnte diese Antwort allein in der frühen Kindheit finden, hat sich als falsch herausgestellt. Eine Erkenntnis nach 100 Jahren Psychotherapie besteht für Martin Seligman darin, »daß zufriedenstellende Antworten auf die großen Warum-Fragen nicht einfach zu finden sind; vielleicht sieht die Lage in 50 Jahren anders aus, vielleicht auch nie«.[35]

Auf jeden Fall, so lautet sein Ratschlag, sollten wir allen

Versuchungen widerstehen, allzu einfachen Erklärungsmustern nach dem Motto: »Weil mir das und das zugestoßen ist, leide ich heute ...« auf den Leim zu gehen. Vor allem unsere Aha-Erlebnisse sollten wir skeptisch betrachten: »Wenn Sie die heftigen Gefühle ausgraben, die Sie an ihrem ersten Tag im Kindergarten empfanden, glauben Sie bloß nicht, Sie hätten jetzt die Ursache dafür gefunden, daß Sie Zeit Ihres Lebens unter Verlassenheitsängsten leiden. Der kausale Schluß kann eine Illusion sein.«[36]

Eine Warnung, die sicherlich vielen nicht gefallen wird. Sie wollen sich ihren Glauben an die Macht der Kindheit nicht nehmen lassen – und das ist sogar verständlich. Wird die Bedeutung der frühen Kindheit geschmälert, dann folgt daraus die Konsequenz, daß auch die Versprechungen der Trauma-Therapeuten nicht länger haltbar sind: Die Zauberformel – erinnern, wiederholen, durcharbeiten –, an die so viele in der Hoffnung auf Heilung geglaubt haben, ist dann möglicherweise nur noch Hokuspokus. Akzeptieren wir die sehr viel bescheidenere Rolle der Kindheit, dann bedeutet das unter anderem, daß wir uns mit bestimmten Dingen abfinden müssen:

– Aus einem schüchternen Menschen wird wahrscheinlich selbst in langjähriger Therapie kein Draufgänger, aus einem überaktiven oder hektischen Menschen kein gelassener.
– Wenn bestimmte psychische Krankheiten zu einem Teil genetisch bedingt sind, dann ist Psychotherapie allein ganz sicher nicht ausreichend.
– Und wenn eine negative Kindheit allein nicht für die Fehlschläge im Leben verantwortlich gemacht werden kann, dann lenkt das die Aufmerksamkeit sowohl auf die Eigenverantwortung als auch auf die Mitverantwortung der sozialen und gesellschaftlichen Rahmenbedingungen, in denen Kinder heute aufwachsen.

Kurz: Die Psychotherapie, in erster Linie die Trauma-Therapie, wird demontiert. Und damit wird den Hilfesuchenden ein bislang als geeignet geltendes Mittel zur »Heilung« genommen. Aus diesem Grund werden die Argumente gegen die Trauma-Theorie viele ihrer Anhänger noch nicht überzeugen. Zu lange leben sie bereits mit dem »Wissen« über den Einfluß ihrer Kindheit, als daß sie eine Relativierung des Kindheitseinflusses akzeptieren könnten. Möglicherweise haben sie sich ihr Wissen in langjährigen Therapien hart erarbeitet und sind überzeugt davon, daß dieses oder jenes Verhalten ihrer Eltern, dieses oder jenes Versagen, dieses oder jenes schreckliche Erlebnis ihre Ängste, ihre Depressionen, ihr Suchtverhalten, ihre Eßstörung oder was auch immer ausgelöst haben. Die bislang vorgestellten Erkenntnisse der Entwicklungspsychologie und der biologischen Psychiatrie werden sie vielleicht mit einem einzigen Argument vom Tisch wischen: **»Aber – ich kann mich doch erinnern!«**

Ich kann mich doch an meine Angst vor dem Vater erinnern, ich kann mich doch erinnern, daß meine Mutter mich zur Strafe immer stundenlang in der Ecke stehen ließ, ich kann mich doch an die Prügel erinnern und an die Drohungen meiner Mutter, mich zu verlassen. Ich kann mich doch erinnern, daß sich mein Onkel sexuell an mir vergangen hat! Diese Schrecken können doch nicht spurlos an mir vorübergegangen sein! Meine Erinnerung kann mich doch nicht trügen!

In vielen Fällen trügt die Erinnerung tatsächlich nicht. Vor allem dann nicht, wenn sie immer schon existierte (und nicht erst nach Jahren aus dem völligen Dunkel plötzlich wiederauftauchte) und wenn sie durch andere Menschen eine Bestätigung findet. Wer in seiner Kindheit unter prügelnden oder alkoholkranken Eltern leiden mußte, wer psychisch oder körperlich mißbraucht wurde, der hat in der Regel wirklich nicht vergessen, was ihm oder ihr angetan wurde. Und fast immer gibt es Zeugen, die miterlebt haben, was dem Kind angetan wurde. Eine 41jährige Frau erzählt, daß sie als Kind von ihrer Mutter immer wieder schwer verprügelt worden war. Sie erinnert sich in allen Einzelheiten an Szenen, in denen sie sich vor Angst in die Hose machte und lieber sterben wollte, als die Gewalt noch länger über sich ergehen lassen zu müssen. Sie war längst erwachsen, als eines Tages ihre Tante, die Schwester ihrer Mutter, sie spontan in den Arm nahm und unter Tränen sagte: »Kind, ich mache mir solche Vorwürfe, daß ich dich nicht vor deiner Mutter beschützt habe.«

In einer Studie mit weiblichen Inzestopfern stellten Forscher fest, daß 74 Prozent der betroffenen Frauen von anderen Menschen in ihrer Umgebung bestätigt erhielten, daß der sexuelle Mißbrauch wirklich stattgefunden hat.[37]

Doch selbst, wenn die Erinnerung an traumatische Erfahrungen in der Kindheit völlig ungetrübt ist und durch andere Menschen Bestätigung findet, bedeutet das nicht, daß gegenwärtige Schwierigkeiten und psychische Probleme in direkten Zusammenhang mit den Kindheitsereignissen gebracht werden können. Die frühen Schrecken können, wie in diesem Kapitel gezeigt, durch andere Einflüsse – die biologische Konstitution, soziale Unterstützung, positive Erfahrungen – in ihrer Wirkung gemindert werden. Das Argument »Aber ich kann mich doch erinnern« ist für sich genommen nicht geeignet, das neue Bild der Kindheit zu entkräften.

Hinzu kommt, daß nicht allen unseren Erinnerungen wirklich zu trauen ist. Selbst jene Erinnerungen, die durch Zeugen bestätigt werden, können durch unsere Phantasie, aber auch durch Beeinflussung im Laufe der Zeit eine neue Gestalt bekommen und müssen nicht unbedingt die Realität von »damals« widerspiegeln. Aus der Gedächtnisforschung kommen bedenkenswerte Ergebnisse, welche die Verläßlichkeit unserer Erinnerungen stark in Zweifel ziehen. Ob es sich um Erinnerungen handelt, die uns bereits ein Leben lang begleiten, oder ob wir uns erst mit Hilfe therapeutischer Methoden an früher erinnern können – wir sollten daran zweifeln, ob diese Erinnerungen wirklich »wahr« sind.

Die neuen Erkenntnisse über unser Erinnerungsvermögen und die Bedeutung der Erinnerungen für unsere Lebensgeschichte sind weitere Mosaiksteine zum neuen Bild der Kindheit. Sie zeigen, daß nicht nur der Glaube an den prägenden Einfluß früher Erfahrungen ein Mythos ist, sondern daß es sich auch um einen Mythos handeln kann, wenn wir glauben, daß unsere Erinnerungen ein reales Bild unserer Vergangenheit liefern.

IV. KINDHEITSTRAUMEN
Aber ich kann mich doch erinnern!

»An was erinnerst du dich, was fällt dir als erstes ein? fragte vierzig Jahre später die Nachtigall ihre Mutter Afra. Die dachte nach. Vielleicht mein Großvater, sagte sie, der Kilivater. Ich weiß noch, daß ich immer hinter ihm hergekrochen bin. Aber vielleicht hat mir das auch nur Aurelia erzählt. Ich weiß so vieles nur von ihr, und dann denk ich, ich hätte es erlebt. An den Stall im Winter kann ich mich erinnern und an die Schnapssackerl als Schnuller ... Das war eigentlich die beste Zeit. Noch nicht arbeiten, noch nicht in die Kirche, einfach ohne Grund auf der Welt herumkriechen.«[1]

So wie Afra, die Hauptfigur in Eva Demskis gleichnamigem Roman, erinnern sich die meisten Menschen an ihre Kindheit: Aus den Erzählungen Älterer und der eigenen vagen Erinnerung an früher ergibt sich in den meisten Fällen ein leicht vernebeltes, aber insgesamt doch idealisiertes Bild. Ab und zu ragt aus diesem Nebel ein besonderes Vorkommnis hervor: ein Ereignis, ein Gefühl, ein Mensch, ein Geruch, etwas, das uns ganz besonders im Gedächtnis geblieben ist. Nur selten sind wir uns bewußt darüber, wie dieses Nebelbild zustande kommt, und fast immer glauben wir, daß es der Realität entspricht.

Es sind jedoch Zweifel an der »Wahrhaftigkeit« unserer Erinnerungen angebracht. Wir können nicht davon ausgehen, daß sie völlig objektiv sind. Wenn wir die Geschichte unseres Lebens erzählen, sind wir nicht neutrale Berichterstatter, sondern wir sind die Autoren und Regisseure unserer Lebensgeschichte. Wir halten uns nicht nur an das Drehbuch, an die reinen Fakten, sondern wir geben den Erlebnissen im Rückblick eine eigene Gestalt. Unsere Emotionen und unsere

Phantasien gestalten die dürren Fakten des Erzählten und Erlebten erst zu einer richtigen Geschichte aus.

So erzählen wir zum Beispiel nicht nur, daß wir im Alter von sechs Jahren zusammen mit 15 weiteren Kindern in der Volksschule unseres Heimatortes eingeschult wurden, sondern wir schmücken solche nüchternen Daten auf vielfältige Weise aus. Unsere damaligen Empfindungen vermischen sich mit den erzählten Wahrnehmungen der Eltern und Verwandten (»Du sahst richtig erwachsen aus in deinem neuen Anzug«) zu einer eigenen psychischen Wahrheit. So erinnert sich der eine noch genau daran, wie das Klassenzimmer gerochen hat (nach Bohnerwachs), ein anderer empfindet immer noch das Schamgefühl, das ihn ergriff, als ihm seine Mutter vor aller Augen einen Abschiedskuß auf die Wange drückte, und wieder eine andere erinnert sich vielleicht nur noch an die riesige Schultüte, die sie fest in ihren vor Angst verschwitzten Händen hielt.

Allerdings: An was auch immer wir uns erinnern, wir sind in der Regel fest davon überzeugt, daß alles genau so und nicht anders stattgefunden hat.

Das Phänomen der »falschen Erinnerungen«: Warum dem Gedächtnis nicht zu trauen ist

Die Überzeugung, daß wir unseren Erinnerungen an früher bedingungslos Glauben schenken können, gerät jedoch durch die Arbeiten der amerikanischen Psychologin und Gedächtnisforscherin Elizabeth Loftus, die sich seit 25 Jahren mit dem Thema »Erinnerung und Wahrheit« befaßt, gehörig ins Wanken. Loftus schildert an einem Beispiel aus ihrem eigenen Leben, wie aus dürren Fakten regelrechte Geschichten oder auch Dramen werden können.[2]

»Ich erinnere mich an einen Sommer vor vielen Jahren. Ich war vierzehn Jahre alt. Zusammen mit meiner Mutter und meiner Tante Pearl besuchte ich in den Ferien meinen Onkel Joe in Pennsylvania. Eines Morgens, es war ein strahlend-sonniger Tag, wachte ich auf, und meine Mutter war tot, ertrunken im Swimming-pool.«

Die Erinnerung an dieses schreckliche Ereignis veränderte sich im Laufe der Zeit, wie Loftus schreibt: Je öfter sie darüber nachdachte, desto genauer wurde die Erinnerung an diesen Schicksalstag:

»Ich bin diese Szene in meiner Erinnerung immer und immer wieder durchgegangen, und mit jedem Mal bekam die Erinnerung mehr Gewicht und Substanz. Ich sah deutlich die schattenspendenden Kiefern, roch ihren harzigen Duft, fühlte das algengrüne Wasser des Sees auf meiner Haut und erinnerte mich an den Geschmack von Onkel Joes Eis-Tee mit frischgepreßter Zitrone.«

Erinnerungen verändern sich im Rückblick, wir geben den Geschichten unseres Lebens immer einen eigenen »Dreh«. Alfred Adler spricht in diesem Zusammenhang von einem »Verdauungsprozeß«, den das Gedächtnis leiste. Was in unser Selbstbild und Selbstkonzept paßt, wird aufbewahrt, was aber – wie Adler es formuliert – dem Lebensstil »nicht schmeckt«, wird vergessen. Wir erinnern uns also vor allem an das, was mit unserem Bild von uns selbst übereinstimmt und womit wir unser gegenwärtiges Denken und Handeln begründen können. »Ich galt innerhalb meiner Familie immer schon als intelligent, man hat mir schon als Kind eine große Karriere vorausgesagt« – mit dieser Erinnerung erklärt sich ein 36jähriger Mann sowohl sein Interesse an einer akademischen Laufbahn als auch seine Überzeugung, daß ihm im Grunde »niemand mehr was beibringen« kann.

Wenn wir unsere Vergangenheit betrachten, um mit ihrer Hilfe die Gegenwart zu erklären, gehen wir egozentrisch und selektiv vor. In dem Stück, das unser Leben heißt, besetzen wir die Hauptrolle – natürlich – immer mit uns selbst.

Alles, was geschehen ist, sehen wir nur aus unserem Blickwinkel, ordnen alle Ereignisse danach, wie es unseren Interessen und Bedürfnissen entspricht.

Wer nun denkt, wir würden die Vergangenheit in jedem Fall nur im denkbar positiven Licht betrachten, irrt. Es sind nicht zwangsläufig immer die positiven und glanzvollen Ereignisse, die wir der Erinnerung für wert befinden. Es hängt ganz von der Art unseres Selbstbildes ab, was wir speichern und was wir lieber vergessen.

Wenn unser Selbstbild das eines Menschen ist, der ständig vom Pech verfolgt wird oder wir uns seit jeher als Opfer fühlen, dann werden wir in unserem Erinnerungs-Fundus ganz sicher eine Fülle von bestätigenden Erinnerungen finden; sehen wir uns dagegen als Glückskind, ist unser Selbstbild eher das eines besonders befähigten Menschen, dann werden wir uns auf Geschehnisse konzentrieren, die diesem Selbstbild keine Kratzer zufügen.

Kindheitserinnerungen von prominenten Persönlichkeiten bestätigen diese Selbstbild-Theorie. Ob Golda Meir, Albert Einstein oder Seymour Papert, dem Erfinder von »LOGO«, einer Computersprache für Kinder – sie alle erinnern sich an frühe Begebenheiten, die eine Verbindung zu ihrem Erfolg oder Beruf im Erwachsenenleben herstellen.

Golda Meirs früheste Erinnerung gilt einem Traum, in dem eine Gruppe von Juden im zaristischen Rußland von Kosakenpferden niedergetrampelt wurde. Die ersten Erinnerungsbruchstücke von Seymour Papert drehten sich um Räder und mechanische Vorrichtungen sowie den Wunsch, herauszufinden, wozu sie gut sind und wie sie funktionieren.

Albert Einstein erzählte, daß er mit vier oder fünf Jahren einen Kompaß geschenkt bekam und von dem Drang der Nadel, immer nach Norden zu zeigen, völlig fasziniert war.

Diese Beispiele machen deutlich, daß wir als Erwachsene die Erinnerungen an früher filtern und unter ihnen jene auswählen, die am besten zu unserem Bild von uns selbst passen. Alles, worauf wir stolz sind, was uns in gutem Licht zeigt, aber auch, was uns entschuldigt, entlastet und nicht zuletzt, was uns interessant macht, all das kramen wir aus dem Gedächtnis hervor, lassen es uns immer wieder erzählen und erzählen es auch bereitwillig weiter. Ob sich dabei jemand als »geborener« Künstler darstellt oder als Opfer, dem sein Leben lang Unrecht geschah – objektiv und realistisch sind diese Erzählungen nur selten.

Eine objektive Reproduktion der Vergangenheit kann es auch deshalb nicht geben, weil unsere Erinnerungen sich nicht nur dem jeweiligen Selbstbild anpassen, sondern in hohem Maße beeinflußbar sind. Erinnerungen verändern sich nicht nur mit dem zeitlichen Abstand zum Geschehen, sondern auch durch Erzählungen und Erinnerungen anderer.

In welch großem Ausmaß unsere Erinnerungen beeinflußbar sind, belegt eindrucksvoll eine »Erinnerung« des Entwicklungspsychologen Jean Piaget. Es geht dabei um eine Episode, als er zwei Jahre alt war. »Ich sehe die folgende Szene noch genau vor mir«, erzählte er. »Ich saß in meinem Kinderwagen, mein Kindermädchen schob mich auf den Champs Elysées spazieren, als ein Mann versuchte, mich zu kidnappen. Ich wurde von den Gurten des Kinderwagens festgehalten, während das Kindermädchen sich mutig zwischen mich und den Kidnapper stellte. Sie zog sich einige Kratzer zu, ich kann sie verschwommen immer noch auf ihrem Gesicht sehen . . .« Jedenfalls konnte er das bis zu seinem 15. Lebensjahr; damals erhielten seine Eltern einen Brief des ehemaligen Kindermädchens, in dem sie zugab, die ganze Geschichte erfunden zu haben. Sie gab auch die Uhr zurück, die sie damals als Belohnung für ihr tapferes Eingreifen erhalten hatte. Daß seine Erinnerung bis dahin so klar und ohne Zweifel war, erklärte sich Piaget damit, daß er diese Geschichte als Kind wohl oft gehört und sich mit Hilfe seiner kindlichen Phantasie die entsprechenden Bilder dazu gemacht hatte.[3]

Wie aber verhält es sich mit Erinnerungen an tatsächliche Ereignisse? Ist Piagets Erfahrung so ohne weiteres auf reale, bedrohliche Erlebnisse übertragbar? Kann die Erinnerung an tatsächlich Geschehenes ebenfalls im Rückblick verfälscht werden?

Dies ist durchaus möglich, wie Elizabeth Loftus anhand ihrer bereits erwähnten Erinnerung an den Tod ihrer Mutter beschreibt. Diese Erinnerung wurde mit dem zeitlichen Abstand nicht nur immer »bunter« und ausführlicher, sie erfuhr sogar 30 Jahre später eine völlig neue inhaltliche Wendung. Bis dahin war Loftus' letzte Erinnerung an ihre Mutter, daß diese am Abend ihres Todes leise ins Zimmer ihrer Tochter kam, sie küßte und flüsterte: »Ich liebe dich«. 30 Jahre später, am 90. Geburtstag ihres Onkels Joe, »informierte mich ein Verwandter darüber, daß ich es gewesen sei, die meine Mutter tot im Swimmingpool entdeckte. Nach dem ersten Schock – ›Nein, das war Tante Pearl, ich schlief doch, ich habe keine Erinnerung daran‹ – begann sich die Erinnerung langsam zu verändern. Ich konnte mich sehen, ein dünnes, dunkelhaariges Mädchen, das in den flimmernden blau-weißen Pool blickt. Meine Mutter trieb, nur mit einem Nachthemd bekleidet, mit dem Gesicht nach unten im Wasser. ›Mutter? Mutter?‹ fragte ich mehrere Male, voller Angst immer lauter. Schließlich schrie ich. Ich erinnere mich an die Polizeiautos, deren Blaulichter und die Bahre mit dem sauberen, weißen Tuch, das die Leiche bedeckte.«[4]

Loftus hatte das Gefühl, daß diese Erinnerung immer schon in ihr war, daß sie aber bislang nicht an sie herankommen konnte, weil das Erlebnis so schrecklich war. Erst der Hinweis des Verwandten wies ihr den Weg zu der – wie sie nun überzeugt war – verschütteten Erinnerung. Nun hatte sie endlich eine Erklärung für ihre obsessive berufliche Beschäftigung mit dem menschlichen Gedächtnis, für ihre Arbeitssucht, für ihre extreme Sehnsucht nach Sicherheit und bedingungsloser Liebe. »Drei Tage lang«, so Loftus, »weitete sich meine Erinnerung immer weiter aus und schwoll an.«

Doch dann erhielt sie einen Anruf und erfuhr, daß der Verwandte sich geirrt hätte und die ursprüngliche Version der Geschichte doch richtig sei: Loftus' Mutter wurde nicht von ihr, sondern von ihrer Tante Pearl gefunden. Schlagartig fiel nun die neue Erinnerung an den Tod der Mutter in sich zusammen. Was blieb, so Loftus, war die tiefe Verunsicherung darüber, daß eine einzige Bemerkung eine derartige Suggestivkraft haben konnte.

Diese Erfahrung ist kein Einzelfall. Erinnerungen an tatsächlich Geschehenes können sich im Laufe der Zeit und durch Beeinflussung von außen verändern. Dafür gibt es in der Gedächtnisforschung zahlreiche Hinweise, ein besonders beeindruckender stammt von dem bekannten Gedächtnisforscher Ulric Neisser und seiner Kollegin Nicole Harsch.

Als im Jahre 1986 das Space Shuttle »Challenger« kurz nach dem Start explodierte, wußten die beiden Wissenschaftler: »Das war *die* Gelegenheit!« Das Unglück, so war ihnen sofort klar, war eine einzigartige Gelegenheit, die Erinnerungsfähigkeit zu erforschen. Niemand würde dieses Unglück so schnell wieder vergessen, vor allem deswegen nicht, weil sich das Ereignis ganz sicher durch das damit verbundene Entsetzen tief ins Gedächtnis eingegraben hat.

Am Tag nach der »Challenger«-Explosion ließen Neisser und Harsch 44 Studenten und Studentinnen einen kurzen Fragebogen ausfüllen. Darin sollten sie darüber Auskunft geben, wie und von wem sie von der Explosion erfahren, wo sie sich zum Zeitpunkt des Unglücks aufgehalten und was sie gerade getan hatten. Die ausgefüllten Fragebögen sammelten die Forscher dann ein und ließen das ganze Projekt drei Jahre lang ruhen.[5]

Nach Ablauf von etwa drei Jahren wurden die befragten Studenten und Studentinnen ausfindig gemacht und wiederum gebeten, den gleichen Fragebogen noch einmal auszufüllen. Drei Jahre nach der »Challenger«-Explosion gaben die Studenten also wieder Auskunft darüber, wo sie waren, als das Unglück geschah, womit sie gerade beschäftigt waren, wer sie informierte. Zusätzlich sollten sie jetzt aber noch einschätzen, für wie zuverlässig sie ihre Erinnerung hielten. Sie hatten die Wahl zwischen »Ich vermute, daß es so war« bis zur Einschätzung »Ich bin absolut sicher, daß meine Erinnerung stimmt.«

Neisser und Harsch verglichen dann die Aussagen der ersten Fragebogenaktion mit der zweiten – und erlebten eine ziemliche Überraschung: Nicht *eine* Erinnerung der zweiten Befragung stimmte völlig mit denen der ersten überein, und über ein Drittel der Antworten waren nach Neissers Aussage »ziemlich unstimmig«. Im Januar 1986 gab zum Beispiel einer der befragten Studenten zu Protokoll:

»Ich befand mich gerade im Religionskurs, als ein paar Leute hereinkamen und über die Explosion redeten. Mir waren keine Details bekannt, außer daß sie explodiert ist . . . Nach dem Seminar ging ich in mein Zimmer und schaute mir die Fernsehberichterstattung an und erhielt von dort alle näheren Informationen.«

Fast drei Jahre später, im September 1988, war in der Erinnerung desselben Studenten keine Rede mehr vom Religionsseminar. Jetzt notierte er im Fragebogen: »Als ich von der Explosion hörte, saß ich mit meinem Zimmergenossen zusammen und sah fern. Die Meldung wurde eingeblendet, und wir waren völlig geschockt. Ich war wirklich total verstört und ging dann nach oben, um mit einem Freund zu sprechen, und dann rief ich meine Eltern an.«

Gleichgültig, ob sich die Studenten ihrer zweiten Erinnerung eher unsicher oder völlig sicher waren – in jedem Fall gab es erhebliche Unterschiede zwischen den Erinnerungen von 1986 und denen von 1988.

Diese erheblichen Unstimmigkeiten waren allerdings für Ulric Neisser und Nicole Harsch nur die erste Überraschung. Die zweite, nicht weniger beeindruckende erlebten

114

sie, als sie die Studenten mit ihren voneinander abweichenden Aussagen konfrontierten. Die Forscher erwarteten, daß sich die Studenten nun an ihre erste Aussage erinnern und ihre zweite revidieren würden. Doch dies geschah in keinem Fall. Die Studenten waren zwar verwirrt (»Das ist meine Handschrift, dann muß ich das wohl so geschrieben haben«), blieben aber entschieden bei der Erinnerung der zweiten Befragung. Diese hielten sie – über jeden Zweifel erhaben – für völlig zutreffend und richtig. Neisser schlußfolgert aus dieser Studie: »Soweit wir sagen können, sind die Originalerinnerungen völlig verschwunden.«

Wie konnten sich die Erinnerungen so dramatisch verändern? Die Antwort darauf ist schwierig, meint Neisser und kann selbst nur darüber spekulieren: Wer von einem anderen Menschen über die Katastrophe unterrichtet worden war, hat später ganz sicher die eindrucksvollen Fernsehaufnahmen von der Explosion gesehen. Möglicherweise hat diese visuelle Information die zunächst nur verbale überlagert. Im Gedächtnis geblieben ist nicht der erste Informant, sondern eingegraben haben sich die Fernsehbilder. Doch diese Theorie kann nicht alle Erinnerungsveränderungen erklären.

Eine Studentin erinnerte sich am Tag nach dem Unglück, sie habe von der Explosion gehört, als sie in der Cafeteria gesessen habe. Bei der zweiten Befragung gab sie an, sich in ihrem Zimmer aufgehalten zu haben, als sie unten in der Halle ein Mädchen habe schreien hören: »Das Space Shuttle ist explodiert.« Neisser ist überzeugt, daß es niemals ein schreiendes Mädchen in der Halle gegeben hat: »Vielleicht hat sie ursprünglich selbst innerlich vor Schreck geschrien. Später wurde dieses Gefühl zum lebendigsten Teil ihrer Erinnerung – und sie begann schließlich an das schreiende Mädchen zu glauben.«[6]

Die »Challenger«-Studie ist ein überzeugender Beleg dafür, daß die Erinnerung an ein einziges Ereignis, selbst wenn es einen tiefen Eindruck hinterlassen hat, sich mit der Zeit verändern kann. Die Studie zeigt aber noch mehr: Wenn

Menschen von ihren Erinnerungen überzeugt sind, dann halten sie auch daran fest – selbst wenn es eindeutige Beweise für deren Unrichtigkeit gibt. Das kann sogar so weit gehen, daß Menschen glauben, sich an etwas zu erinnern, das in Wirklichkeit niemals geschehen ist.

Wie kommen derartige »falsche« Erinnerungen zustande? Diese Frage war Thema einer Fachkonferenz, die im Juni 1994 an der *Harvard Medical School* stattfand. »Falsche Erinnerungen«, so war dort von den versammelten Wissenschaftlern zu hören, sind möglicherweise Folge eines fehlenden »Quellennachweises« im Gehirn. Wenn das Gehirn Schwierigkeiten hat, Erinnerungsbruchstücke zu einer sinnvollen Geschichte zusammenzufügen, weil der Kontext und die notwendigen Informationen dazu fehlen, konstruiert es ganz einfach einen sinnvollen Zusammenhang. Die Wissenschaftler sprachen sich auf dieser Tagung einhellig gegen die Vorstellung aus, das Gehirn speichere Erinnerungen wie auf einer Diskette ab, die dann bei Bedarf auch wieder komplett »abgerufen« werden könnten.

Ein Ereignis spricht fast immer alle Sinne an – wir haben eine Geruchserinnerung, eine Berührungsempfindung, wir erinnern uns an das Gehörte und das Gesehene. So vielfältig die Sinneseindrücke sind, so vielfältig sind auch die Erinnerungen daran; und diese werden in ganz unterschiedlichen Gehirnarealen abgespeichert: Was wir gehört haben, landet zum Beispiel im auditorischen Kortex hinter der Schläfe, das Gesehene im visuellen Kortex im Hinterhaupt, die Erinnerung an Berührung im Scheitellappen der Großhirnrinde und so weiter. Zusätzlich zu den einzelnen Aspekten eines Erlebnisses werden auch noch Zusatzinformationen gespeichert: An welchem Ort fand es statt, zu welcher Jahreszeit, in welchem Rahmen? Diese sogenannten »Quellennachweise« werden vermutlich im Frontallappen des Großhirns gespeichert. Patienten, bei denen zum Beispiel durch einen Schlaganfall diese Gehirnregion nicht mehr funktionsfähig ist, haben meist noch ein intaktes Erinnerungsvermögen. Doch manchmal wissen sie nicht mehr, wo und wann ein bestimmtes Ereignis stattgefunden hat. Sie finden den Kontext nicht mehr, in den sie ihre Erinnerungen einordnen könnten.

Solche »Quellenamnesien« kennen auch Menschen ohne Hirnverletzungen: Wie oft geschieht es, daß einem ein Mensch bekannt vorkommt, man aber nicht mehr weiß, wo man ihn schon einmal gesehen hat? Wenn der Quellennachweis nicht mehr möglich ist, konstruiert sich das Gehirn einen neuen Sinn, es stellt die Erinnerungsbruchstücke in einen neuen Gesamtzusammenhang. »Der Laie erwartet, daß alles, was wir erinnern, wahr ist – aber das Gedächtnis arbeitet nicht wie eine Videokamera«, erklärte auf der Tagung Marsel Mesulam, Chef der neurologischen Abteilung am *Beth Israel Hospital* von Harvard. »In der Sicht der Neurowissenschaften ist jede Erinnerung eine zerbrechliche Rekonstruktion dessen, was das Nervensystem ursprünglich erlebte.«[7]

Wenn die »Quellennachweise« fehlen oder nicht auffindbar sind, dann bastelt sich das Gehirn einen neuen Erzählrahmen, um die einzelnen Erinnerungsfragmente zu einem sinnvollen Ganzen zu verweben. Dies geschieht um so leichter, wenn von außen »nachgeholfen« wird, und selbst dann, wenn gar keine Erinnerungen gespeichert sind, wie Gedächtnisforscher mit empirischen Untersuchungen belegen, von denen nur einige wenige hier vorgestellt werden können[8]:

Eine dieser Studien ist an über 100 amerikanischen Schulkindern durchgeführt worden, die auf dem Schulgelände von einem Heckenschützen angegriffen worden waren. Ein Kind und ein Erwachsener wurden getötet, 13 Kinder und ein Aufpasser erlitten zum Teil schwere Verletzungen. Etwa sechs Wochen nach dem Attentat wurden alle Kinder, die den Angriff miterlebten, von Wissenschaftlern befragt, um das Ausmaß des traumatischen Erlebnisses zu erforschen.

Die Erinnerungen der Kinder stellten sich als eine Mischung aus Realität, Phantasie und Wunschdenken heraus. Jene Kinder, die den Angriff relativ weit weg vom Geschehen beobachteten, phantasierten sich in der Erinnerung näher an den Ort des Dramas und erhöhten so die Gefahr, in der sie sich angeblich befanden. Eine Junge, der in Wirklichkeit an diesem Tag Ferien hatte, erzählte den Wissenschaftlern in allen Einzelheiten, wie er die Schüsse gehört, wie er den Attentäter auf dem Boden liegen gesehen habe und wie er dann voller Angst nach Hause gelaufen sei. Tatsächlich war er überhaupt nicht in der Nähe der Schule.

Auch Schüler, die am Tag des Unglücks nicht in der Schule waren und den Schulhof erst am nächsten Tag neugierig inspizierten, gaben auf Nachfrage zu Protokoll, daß diese Inspektion gleich am Unglückstag selbst stattgefunden habe. Jene Kinder aber, die tatsächlich in extremer Gefahr waren, neigten dazu, sich in der Erinnerung weiter weg vom Geschehen zu plazieren.

Auch der Psychologe Jeffrey Haugaard hat in einem Gedächtnisexperiment, das er mit vier- bis siebenjährigen Kindern durchführte, den Glauben an die Wahrhaftigkeit von Erinnerungen erschüttert. Er zeigte den Kindern ein kurzes Videoband, das folgende Geschichte erzählt: Ein Mädchen spielt am Teich eines Nachbarn, obwohl ihr dies vorher verboten worden war. Der Nachbar entdeckt sie am Teich, geht auf sie zu, erklärt, daß er es der Polizei melden wird, und schickt sie nach Hause. Der Nachbar bedroht das Mädchen in keiner Weise, er steht so weit weg von ihm, daß er es überhaupt nicht berühren kann.

In der nächsten Szene konnten die Kinder sehen, wie der Polizist zu dem Mädchen nach Hause kommt und es zur Rede stellt. »Ja«, gibt das Mädchen wahrheitsgemäß zu, »ich habe an dem Teich gespielt.« Aber es fügt hinzu: »Der Nachbar hat mich zweimal geschlagen, ehe er mich nach Hause gehen ließ.«

Ein Teil der kleinen Zuschauer dieses Videobandes, danach gefragt, was *sie* gesehen hätten, meinten, sie hätten genau gesehen, wie der Nachbar das Mädchen geschlagen habe. Sie erinnerten sich nicht nur an die niemals verabreichten Schläge, sondern sie schmückten das Ganze noch mit eigenen Details aus. Ein Kind erinnerte sich, daß der Nachbar das Kind unmittelbar am Teich attackiert hätte, ein anderes verlegte die »Tat« vor die Haustür des Mädchens.

Ein weiterer Beleg für die Veränderbarkeit und Manipulierbarkeit von Erinnerungen stammt von einem Psychologenteam der *University of California*. Die Psychologen ließen eine Gruppe von Fünf- und Sechsjährigen einen Mann beobachten, der entweder eine Puppe wusch oder ziemlich grob mit ihr spielte. Nachdem sie beide Szenen gesehen hatten, wurden die Kinder von Psychologen befragt. Vor manchen Kindern beschuldigten die Forscher den Mann, mit der Puppe gespielt zu haben, anstatt seine Aufgabe (die Puppe zu waschen) zu erledigen. Danach gefragt, was der Mann mit der Puppe getan habe, schilderten jene Kinder, vor denen der Mann nicht beschuldigt worden war, die Situation realitätsgetreu. Ein großer Teil der Kinder, denen die suggestive Frage gestellt worden war, produzierten Erinnerungen an die Wasch- und Spielszene, die dieser Suggestion entsprachen. Sie berichteten von Grobheiten, obwohl sie dem Mann nur dabei zugeschaut hatten, wie er die Puppe wusch.[9]

Ein besonders eindrucksvolles Gedächtnisexperiment wurde von Elizabeth Loftus und ihren Kollegen durchgeführt: das Gedächtnisexperiment mit Chris Coan.[10] Teil des Experiments war es, daß der 14jährige Chris von seinem Bruder Jim eine Geschichte aus seiner Kindheit erfuhr, die er bislang noch nicht kannte (und auch nicht kennen konnte, denn sie war von Loftus erfunden worden). Jim erzählte also seinem Bruder Chris, daß er im Alter von fünf Jahren in einem Kaufhaus verlorengegangen war.

»Es war 1981 oder 1982. Ich erinnere mich, Chris war fünf. Wir waren einkaufen im Einkaufszentrum. Wir gerieten in Panik, doch dann fanden wir Chris, der von einem großen, alten Mann durch das Einkaufszentrum geführt wurde. (Ich glaube, er trug ein Flanellhemd.) Chris weinte und hielt die

Hand des Mannes. Der Mann erklärte uns, daß er Chris ein paar Augenblicke zuvor gefunden habe, als dieser schrecklich weinend herumirrte, und daß er ihm helfen wollte, seine Eltern zu finden.«

Chris sollte, nachdem ihm die Geschichte erzählt worden war, in den darauffolgenden fünf Tagen alles aufschreiben, was ihm an Gedanken zu diesem Ereignis durch den Kopf ging und welche Erinnerungen er an diesen Tag im Einkaufszentrum hat.

Zunächst konnte sich Chris – ganz richtig – überhaupt nicht an diese Episode erinnern. Doch bereits am ersten Tag schrieb er folgende Notiz in sein Tagebuch:

»Ich erinnere mich ein klein wenig an den Mann. Ich erinnere mich, daß ich gedacht habe ›Wow! Der ist richtig cool!‹« Am zweiten Tag stand zu lesen: »Ich war an diesem Tag so verzweifelt, ich dachte, ich würde meine Familie niemals wiedersehen. Ich wußte, daß ich in Schwierigkeiten war.« Die Eintragung am dritten Tag lautete: »Ich erinnere mich, daß Mutter mich ermahnte, so etwas nie wieder zu tun.« Und am vierten Tag konnte sich Chris genau an das Flanellhemd erinnern, und am fünften Tag schließlich notierte er: »Ich kann mich an die Geschäfte erinnern.«

Einige Wochen später wurde Chris erneut zu seinem damaligen angeblichen Erlebnis befragt. Nun konnte er sich schon sehr genau und detailreich an alles »erinnern«: »Ich wollte mich im Spielzeugladen umschauen . . . und plötzlich war ich verlorengegangen. Ich sah mich um und dachte, ›Oh, nun bin ich in Schwierigkeiten‹. Und dann dachte ich, ich würde meine Familie nie wiedersehen. Ich war wirklich verzweifelt. Und dann kam der alte Mann auf mich zu, ich glaube, er trug ein blaues Flanellhemd. Er hatte eine Glatze, wenige graue Haare, und er trug eine Brille.«

Als Chris erfuhr, daß dieses Ereignis niemals stattgefunden hatte, sondern daß er Versuchsperson in einem Gedächtnisexperiment gewesen war, wollte er dies zunächst nicht glauben. »Wirklich? Nun, nein ... Ich erinnere mich daran, verlorengangenen zu sein ... Ich erinnere mich wirklich ... Und dann habe ich geweint, und Mutter kam und sagte: ›Wo warst du? Mach so etwas nie wieder!‹«

Die hier angeführten Gedächtnisstudien belegen *nicht*, daß alle unsere Erinnerungen falsch sind oder von anderen manipuliert wurden. Allerdings machen sie uns darauf aufmerksam, daß die Möglichkeit der Verfälschung und Manipulation besteht und im Bereich des Wahrscheinlichen liegt. Beeinflussungen, Verzerrungen, Suggestionen sind durchaus möglich; wir können im Grunde niemals sicher sein, ob das, an was wir uns erinnern, auch wirklich den Tatsachen entspricht.

Diese Erkenntnis stellt alles in Frage, was man bislang über das menschliche Gedächtnis zu wissen glaubte. Vor allem müssen wir uns von der Vorstellung verabschieden, das Gedächtnis funktioniere wie ein Tonband, auf dem alle Eindrücke gespeichert und auch wieder »abspielbar« sind.

Der Angriff auf die Traumatheorie: Können Erinnerungen verdrängt werden?

Die Ergebnisse der modernen Gedächtnisforschung erhalten besondere Brisanz, wenn es um den Wahrheitsgehalt jener Erinnerungen geht, die erst im Laufe einer Therapie auftauchen, weil sie bislang »verschüttet« oder »verdrängt« waren. Wenn wir ganz offensichtlich unseren ganz normalen Erinnerungen, die uns immer zugänglich waren, nicht trauen können, wie sollen wir dann sicher sein, daß Erinnerungen an Erlebnisse, die erst im therapeutischen Prozeß auftauchen, wirklich real sind? Kann es sich dabei nicht auch um – durch entsprechende Suchstrategien hervorgerufene – sinnvolle Konstruktionen handeln?

Es ist vor allem diese Frage, ob es »falsche« Erinnerungen in Therapien gibt, welche die Gemüter von Psychotherapeuten und deren Klienten erregt und heftigen Widerspruch hervorruft. Was verständlich ist: Denn von den empirischen Ergebnissen der Gedächtnisforschung ist vor allem die Arbeit jener Seelenexperten betroffen, die in der Wieder-Erinnerung früher traumatischer Kindheitserlebnisse und deren Durcharbeitung in der Therapie die Voraussetzung für positive Änderungen in der Gegenwart sehen.

Die Richtigkeit dieser Trauma-Theorie wird von den Gedächtnisforschern nun stark in Zweifel gezogen. Für völlig unbewiesen halten sie die Annahme, Erinnerungen könnten dauerhaft gespeichert werden und durch entsprechende Maßnahmen wiederentdeckt werden. Als reine Spekulation bezeichnen sie auch die Auffassung, es gebe sichere therapeutische Wege, um verschüttete Erinnerungen auszugraben. Ob Therapeuten die psychoanalytische Methode der freien Assoziation anwenden, ob sie mit Hypnose arbeiten oder »Rückführungs-Therapien« anbieten – bislang konnte nicht belegt werden, daß das, was sie entdecken, auch tatsächlich frühe Erinnerungen sind. Der Glaube an diese »todsicheren« Methoden hat sich »als falsch herausgestellt«, meint Henry Gleitman, Psychologieprofessor an der *University of Pennsylvania*.[11]

Diese Aussage ist von erheblicher Sprengkraft. Ist doch das Konzept der »Verdrängung« weithin akzeptiert und damit auch die erwähnten Therapieformen, die versprechen, die »Verdrängung« aufheben und mit Hilfe »kathartischer Gefühle« das einst Verdrängte durcharbeiten und so bewältigen zu können. Wenn die Erkenntnisse der Gedächtnisforscher in der Öffentlichkeit auf breite Akzeptanz stoßen, dann haben »Trauma-Therapeuten« allen Grund, um ihre berufliche Existenz zu bangen. Von daher ist es verständlich, daß der heftigste Widerstand gegen die Gedächtnisforscher bis hin zu polemischen Angriffen von diesen Therapeuten kommt. Denn sie haben große Schwierigkeiten, ihre Annahmen und ihr therapeutisches Vorgehen fundiert zu begründen. Meist ziehen sie sich damit aus der Affäre, daß sie sich auf die frühe

Trauma-Theorie Sigmund Freuds berufen und seine Korrektur dieser Theorie als Irrtum und Verrat geißeln.

Auf jeden Fall wehren sich Trauma-Therapeuten heftig gegen alle Argumente, die sowohl die langfristigen Auswirkungen früher traumatischer Erfahrungen in Frage stellen wie auch die Möglichkeit der Verdrängung. Sie erklären ihren Anhängern ungebrochen, »daß verdrängte traumatische Erlebnisse der Kindheit im Körper gespeichert sind und daß sie sich, unbewußt geblieben, auf das spätere Leben des erwachsenen Menschen auswirken«.[12] Immer wieder betonen sie wortgewandt die Bedeutung der frühen Kindheit für das spätere Schicksal: »Wenn die Entwicklung eines Kindes gehemmt wird ... wenn Gefühle unterdrückt werden, vor allem Zorn oder Schmerz, trägt der Erwachsene später ein zorniges, verletztes Kind in sich.«[13]

Bereits Anfang der 80er Jahre stellte der Psychotherapeut Hansjörg Hemminger die Frage nach den Belegen für diese Annahme und kam zu dem ernüchternden Schluß: »Kaum jemand kann ... in klaren Worten angeben, durch welche Erfahrungen, Messungen oder Beobachtungen der Wissenschaft die Traumatheorie eigentlich begründet und gestützt wird. Die weite Verbreitung dieser Theorie beruht auf Gewohnheit, keineswegs auf einem allgemein verbreiteten klaren Wissen.«[14]

Heute, über ein Jahrzehnt später, liegen immer noch keine überzeugenden empirischen Belege für die Trauma-Theorie vor. Dafür aber ist es der modernen Gedächtnisforschung gelungen, die Zweifel an der Richtigkeit dieser Theorie zu stärken. Funktionierte die Verdrängung wirklich so, wie es von ihren zahlreichen Anhängern behauptet wird, dann würde das allem widersprechen, was inzwischen über die Arbeitsweise unseres Gedächtnisses bekannt ist.

David Holmes, Psychologieprofessor an der *University of Kansas*, gilt in den USA als einer der vehementesten Kritiker der Trauma-Theorie. Und das hat seinen Grund: Holmes hat sich nämlich die Mühe gemacht, alle vorliegenden Forschungsarbeiten zur Trauma-Theorie der letzten 60 Jahre zu analysieren und zu bewerten. Diese Mammutaktion machte ihn zu eben diesem entschiedenen Kritiker und veranlaßte ihn zu einer deutlichen Warnung: »Das Konzept der Verdrängung ist durch experimentelle Forschung nicht belegt, und seine Anwendung kann die genaue Interpretation klinischen Verhaltens gefährden.«[15] Was im Klartext bedeutet: Wer von einem Trauma-Therapeuten behandelt wird, läuft Gefahr, falsch behandelt zu werden.

Schützenhilfe erhält David Holmes bei diesem Generalangriff auf die Trauma-Theorie von seinem Kollegen Richard Ofshe, der diese Theorie längst als wissenschaftlich widerlegt abgeschrieben hat.

»Die Vorstellung, daß alle Erfahrungen irgendwo im Gehirn gespeichert werden, daß traumatische Erfahrungen in kristalliner Form im Unterbewußtsein aufbewahrt werden und daß Therapeuten Werkzeuge und Methoden besitzen, die uns mit dieser Vergangenheit in Kontakt bringen, das ist der zentrale Mythos, auf dem die Therapie mit verdrängten Erinnerungen beruht.«[16]

Eine der Fragen, die sich die Kritiker der Trauma-Theorie immer wieder irritiert gestellt haben, lautet: Warum können sich Menschen an ganz extreme Ereignisse aus ihrem frühen Leben erinnern, warum müssen sie andere, ebenso extreme, verdrängen? Warum wird zum Beispiel sexueller Mißbrauch in der Kindheit so oft verdrängt, die mindestens ebenso schreckliche Erinnerung an den Holocaust dagegen nicht? Während die Opfer des sexuellen Mißbrauchs ihre Erinnerung an das Geschehene angeblich verdrängen und viele sich erst mit entsprechender therapeutischer Hilfe erinnern können, haben Menschen, die als kleine Kinder den Nazi-Terror in Konzentrationslagern erleiden mußten, oft ein erstaunliches Gedächtnis.

Ein Beispiel ist die Jüdin Susan Seiler, die sich sehr genau daran erinnern kann, wie sie im Alter von drei Jahren zusammen mit ihrer Zwillingsschwester Hanna von den Nazis deportiert worden war.

»Eines Nachts Anfang 1944 brachen Männer in schwarzen Uniformen mit glänzenden Knöpfen mit lautem Krach durch die Tür. Ich war damals dreieinhalb, und ich erinnere mich an Rufe: ›Raus, raus!‹ Hanna und ich waren zu Tode erschreckt. Wir wußten, daß etwas Furchtbares geschah. Wir wurden zur Rückseite eines Lastwagens gebracht und auf einen Platz mit vielen anderen Menschen gefahren. Ein Güterzug oben auf den Gleisen sah aus wie ein großes Maul, bereit, uns zu verschlucken. Ich hatte noch nie einen Zug gesehen ... Zum ersten Mal sah ich, wie ein Mensch getötet wurde. Eine Frau ging auf einen der Männer in Schwarz zu. Als sie auf ihre Knie fiel, um etwas zu erbitten, griff der Mann nach etwas an seiner Seite. Es gab einen lauten Knall, und die Frau fiel nach vorn.«[17]

Dies alles hat Susan Seiler bis heute ebensowenig vergessen wie die barbarischen Experimente des Josef Mengele, die sie und ihre Zwillingsschwester Hanna erleiden mußten. »Das Schmerzvollste, was sie mit mir machten, war, als die Assistenten mich auf einem Tisch festhielten und Dr. Mengele mein linkes Bein aufschnitt. Er kratzte Stücke meines Schienbeinknochens weg; vielleicht wollte er Knochenmark entnehmen. Später verband er die Wunde. Die Operation war schrecklich schmerzhaft, und plötzlich fühlte sich mein Bein an wie ein Stock.«

Erschütternde Erzählungen wie diese konnte man anläßlich des 50. Jahrestages der Befreiung des Konzentrationslagers Auschwitz immer wieder hören und lesen. Die damaligen Opfer erinnern sich noch sehr genau an die Greueltaten; was auch immer geschehen war, es hat sich tief in ihr Gedächtnis eingegraben. Sie haben nichts verdrängt, schreibt die Psychoanalytikerin Karin Gäßler, die Tiefeninterviews mit Nazi-Opfern durchgeführt hat. Sie war »oft beeindruckt von dem geradezu fotografischen Gedächtnis der Überlebenden. Sie erinnerten sich selbst an kleinste Details aus der Verfolgungszeit, die ja inzwischen immerhin 50 Jahre zurückliegt. Es scheint manchmal, als ob sie nichts vergessen oder verdrängen *könnten* ... Die Erinnerungen, ja selbst die daran geknüpften Affekte sind immer präsent.«[18]

Wenn solche intensiven Schreckenserfahrungen nicht verdrängt werden können, warum soll es dann bei anderen, manchmal ähnlich schmerzhaften, aber selten derartig lebensbedrohenden Erlebnissen gelingen? Warum zum Beispiel ist die Erinnerung, als Kind sexuell mißbraucht worden zu sein, von so vielen Menschen (vor allem Frauen) verdrängt worden, wie es in den letzten Jahren durch die Mißbrauchsbewegung ans Licht gekommen ist?

Sexueller Mißbrauch, so argumentieren die Verfechter der Verdrängungsthese, ist ein einzigartiges Verbrechen. Er richtet mehr Schaden in der Psyche eines Menschen an als körperlicher Mißbrauch, Armut, der Tod eines Elternteils oder sogar der Nazi-Terror. Einen Beweis für diese Behauptung bleiben sie allerdings schuldig. Sie wiederholen nur gebetsmühlenartig ihren Spruch: »Kinder vergessen tatsächlich den Mißbrauch; sie verstauen ihn in einem Teil ihres Selbst, der für ihr Bewußtsein nicht zugänglich ist ... Dann, zehn oder zwanzig Jahre später, tauchen diese verdrängten Kindheitserinnerungen wieder auf, oft zerstören sie ihr Leben ... Der Prozeß, daß traumatische Erinnerungen Jahre nach dem ursprünglichen Trauma wiedererinnert werden, ist ein gut dokumentiertes psychologisches Phänomen.«[19]

Ist dieses Phänomen wirklich so »gut dokumentiert«? Beunruhigt von dem enormen Zuspruch, den die Trauma-Theorie in jüngster Zeit im Rahmen der Thematik »Sexueller Mißbrauch« erhalten hat, aber auch aufgeschreckt durch die ungeprüften Behauptungen, die ihre Anhänger verbreiten, haben sich in den USA renommierte Forscher mit der Frage beschäftigt: Wie begründen die Anhänger der Trauma-Theorie diesen Mechanismus? Warum sollten schwerste Prügel zum Beispiel weniger traumatisierend wirken als sexueller Mißbrauch? Und wie können kleine Kinder unterscheiden zwischen der nicht schmerzhaften Berührung durch einen Arzt und der nicht schmerzhaften Berührung eines Pädophilen? Woher sollen sie wissen, welches dieser Ereignisse sie verdrängen müssen?

Der Sozialwissenschaftler Richard Ofshe ist einer dieser »lästigen« Fragesteller, und er merkte sehr bald, daß die Suche nach Begründungen auf unsicheres Gelände führt: »Die Theorien über den Mechanismus der Verdrängung variieren deutlich von Experte zu Experte«.[20] Und nicht selten bietet ein und derselbe Experte selbst völlig unterschiedliche Erklärungsmodelle an. In einem Fall handelt es sich um eine »Expertin«, allerdings um eine selbsternannte: Ellen Bass, neben Laura Davis Mitautorin des Selbsthilfebuches *Trotz allem* (Ofshe nennt es die »Bibel« der sexuell Mißbrauchten), das auch in Deutschland zum Bestseller wurde. Bass besitzt zwar keinerlei Ausbildung in Psychologie oder Psychotherapie, was sie aber nicht davon abhält, in zahlreichen Seminaren Psychotherapeuten und andere Psychoexperten über die Folgen des sexuellen Mißbrauchs und vor allem über seine Verdrängung aufzuklären. Ellen Bass also hat auch eine Auswahl an Erklärungen parat, warum ein Kind die Erinnerung an den Mißbrauch verdrängen muß: »Ich denke, das sagt einem doch der gesunde Menschenverstand. Wenn einem etwas Schreckliches zustößt, dann fühlt man sich schrecklich, wenn man nur daran denkt. Das ist die Grundlage. Es ist ein Überlebensmechanismus. Kinder haben nicht allzu viele Bewältigungsmöglichkeiten.«

Und warum kann das Gedächtnis ausgerechnet sexuellen Mißbrauch nicht speichern, während körperliche Züchtigung zum Beispiel ein Leben lang erinnert wird? Bass: »Ich vermute, körperliche Strafen sind nicht so schambesetzt. Es ist anerkannt und deshalb weniger verwirrend. Beim sexuellen Mißbrauch dagegen weiß ein Kind nicht, was vor sich geht. Vielleicht verdrängen wir diese Erinnerungen, weil es keinen konzeptuellen Rahmen für Mißbrauch gibt. Man kann sich schlecht an Dinge erinnern, für die es kein Konzept gibt. Alles, was unbekannt ist, erscheint in gewissem Sinne unreal.«

Die Vielfalt der angebotenen Theorien ist beeindruckend: Vielleicht verdrängen Kinder sexuellen Mißbrauch, weil er traumatisch ist; vielleicht verdrängen sie, weil sie nicht verstehen, was mit ihnen geschieht; vielleicht haben sie später erfahren, daß das sexuelle Erlebnis schambesetzt ist. Doch Ellen Bass ficht ihre eigene Unsicherheit nicht an, im Gegenteil: Sie braucht keine Theorien, denn sie hat ja ihren gesunden Menschenverstand: »Ich denke wenig darüber nach, warum Menschen verdrängen. Ich kann kein überzeugendes Argument liefern. Ich kann nicht die wissenschaftliche Bestätigung geben, denn ich arbeite auch nicht auf diese Weise. Ich bin eine praktisch veranlagte Frau mit gesundem Menschenverstand.« Und für alle, die es jetzt immer noch nicht verstanden haben, fügt sie hinzu: »Schauen Sie, wenn wir auf die wissenschaftliche Bestätigung warten, können wir das alles vergessen. Meine Vorstellungen basieren auf keiner wissenschaftlichen Theorie.«[21]

Im übrigen, so wehren sich die ins Schußfeld der Kritik geratenen Anhänger der Verdrängungstheorie, könne empirische Forschung gar nicht erfassen, was im therapeutischen Rahmen vor sich gehe. Sie kritisieren an den Gedächtnisexperimenten, von denen einige im vorhergehenden Abschnitt beschrieben wurden, daß diese nichts mit der Realität zu tun hätten. Die experimentelle Situation sei immer eine künstliche, meinen sie; im Labor könne man reale traumatische Augenblicke nicht simulieren. Indem sie auf die »Unmöglichkeit« empirischer Überprüfung der Traumatheorie verweisen, glauben ihre Anhänger, den Kritikern den Wind aus den Segeln nehmen zu können. Doch selbst wenn sie damit recht hätten – woran große Zweifel bestehen –, müssen sie sich selbst fragen lassen, welche Beweise *sie* denn für die

Trauma-Theorie liefern können. Gibt es, mal abgesehen vom »gesunden Menschenverstand«, andere, überzeugende Belege?

Natürlich, sagen die Trauma-Theoretiker, und verweisen auf ihre Beobachtungen im Therapiesetting und auf die zahlreichen Fallstudien, die sie in ihren Therapien sammeln konnten. Für Richard Ofshe sind diese Fallstudien allerdings nichts anderes als »unbestätigte klinische Spekulationen« – auf keinen Fall jedoch wissenschaftlich begründete Beweise für das Vorliegen von Verdrängungen. Denn die Befürworter der Trauma-Theorie schildern nur, was sie beobachten, und ihre Beobachtung ist immer von ihrem Glauben an diese Theorie geleitet und dementsprechend beeinflußt.

Wie diese Beobachtungen aussehen und zu welch weitreichenden Schlußfolgerungen sie führen können, kann an einem Beispiel verdeutlicht werden. Anhand folgender Merkmalsliste, erstellt ausschließlich durch Beobachtungen im Therapiesetting und in keiner Weise empirisch überprüft, soll angeblich erkennbar sein, ob ein Mensch traumatische Erlebnisse der Kindheit verdrängt oder verleugnet. Kindheitstraumata liegen dann vor, wenn Kindheitsereignisse heruntergespielt werden, wenn Widerstand gezeigt wird, wenn Geschehnisse ausgeblendet oder entschuldigt werden.[22]

Den Mechanismus des *Herunterspielens* erkennt man daran, daß der Betreffende zwar weiß, was geschehen ist, dem aber keine besondere Bedeutung beimißt: »Anderen Menschen ist es noch schlechter ergangen als mir«, »Ich habe dem wenig Aufmerksamkeit geschenkt«, »Es hat mir nicht wirklich etwas ausgemacht.«

Widerstand ist am Werk, wenn jemand der Meinung ist, das Geschehene hätte keine Auswirkungen auf das Erwachsenenleben: »Das ist alles lange her«, »Das war damals, heute ist heute«, »Ich habe längst meinen Frieden damit gemacht«, »So war es eben« – an Aussagen wie diesen erkennt man angeblich, daß ein Mensch nicht wissen will, was geschehen ist.

Abblockend verhalten sich Menschen, die sich nur an die positiven Erlebnisse ihrer Kindheit oder auch an gar nichts mehr erinnern können. »Ich kann mich an nichts erinnern«, »Ich hatte eine glückliche Kindheit«, sagen Menschen, die angeblich abblocken.

Wer *ausbalanciert*, weiß zwar, was geschehen ist, glaubt jedoch, daß sich die guten und die schlechten Kindheitserlebnisse die Waage halten oder letztlich alles doch ein gutes Ende gefunden hat. »Es hat mich stark gemacht«, »Wir bekamen alles, was wir brauchten«, »Sie liebten uns trotz allem«, »Es hat den Charakter geformt.«

Zu *Entschuldigungen* greift, wer die vergangenen Ereignisse zwar als schädlich bewertet, sie jedoch rationalisiert. »Ich habe es nicht anders verdient«, »Das haben damals alle Eltern so gemacht«, »Sie haben uns geliebt, sie konnten es nur nicht zeigen«, »Sie haben ihr Bestes gegeben.«

Derart allgemeinen Aussagen ist es zu verdanken, daß immer mehr Menschen glauben, in ihrer Kindheit in irgendeiner Weise mißbraucht, mißhandelt, vernachlässigt oder nicht genügend geliebt worden zu sein. »Mißbrauch« und »Verdrängung« werden von den meisten Kindheitsanwälten sehr breit verstanden, so daß sich in der Tat viele Menschen angesprochen fühlen können. Irgend etwas wird schon geschehen sein in der Kindheit, was die heutigen Probleme verursacht hat. Wenn man zum Beispiel hört, daß nicht nur extreme Vernachlässigung, sexueller Mißbrauch und körperliche Züchtigung einem kleinen Kind bleibenden Schaden zufügen können, sondern bereits auch scheinbar »harmloses« Verhalten wie ein ärgerlicher Blick, ungerechtfertigtes Schimpfen, ein Klaps auf den Hintern, ein ungeduldiges Ziehen am Arm, dann fällt es nicht schwer, sich auch selbst als verletztes inneres Kindes zu »outen« und anzunehmen, daß im Falle fehlender Erinnerung all diese »Schreckenstaten« wohl verdrängt worden sind. Wenn man dann noch von den Vertretern der Trauma-Theorie erfährt, daß die Schwierigkeiten im Erwachsenenleben ganz sicher mit diesen Kindheitserfahrungen zu tun haben, dann haben die Trauma-Theoretiker die Menschen da, wo sie sie haben wollen: in ihren Therapieräumen, bereit zu einer »aufarbeitenden« Therapie. Für die Frage »Ist das auch alles richtig, was da über die Macht der Kindheit erzählt wird?« ist es dann meist zu spät.

Der Fall Eileen Franklin Lipsker

Auf welch schwankendem Boden sich die Verfechter der Trauma-Theorie befinden und wie groß dennoch ihr Einfluß ist, zeigt der Fall von Eileen Franklin Lipsker, der in den Vereinigten Staaten zu heftigen Diskussionen geführt hat. Eileen Franklin Lipsker hatte sich nach 20 Jahren plötzlich daran erinnert, daß sie als Achtjährige Zeugin eines Mordes war: Ihre Freundin Susan war erschlagen worden – von Eileens Vater. Auslöser für diese Erinnerung war eine Situation, die sie mit ihrer Tochter Jessica erlebte:

»Rotblonde Strähnen feinen Mädchenhaares leuchteten in der Sonne auf. Jessica wandte den Kopf, um ihre Mutter anzusehen. Um sie etwas zu fragen? Ihr Kinn reckte sich forschend in die Höhe. Sie blickte auf und über die Schulter nach hinten. Wie seltsam! Der Körper des jungen Mädchens verharrte, während sie den Kopf hob und sich umsah. Jetzt. Jetzt. Die Blicke von Mutter und Tochter trafen sich. Die Augen des Mädchens waren so klar, so blau. – Und genau in diesem Moment erinnerte sich Eileen Lipsker an etwas. Sie sah es als Bild vor sich. Sie konnte ihre rothaarige Freundin Susan Nason sehen, wie sie aufschaute, den Kopf wandte und ihren Blick suchte.«[23]

Dies war der Anfang einer ganzen Kette von Erinnerungen, die nun nach und nach aus dem Unterbewußtsein von Eileen Lipsker auftauchten. Aufgrund dieser Erinnerungen der jungen Frau wurde ihr Vater George Franklin verhaftet und des Mordes angeklagt.

Die Kinderpsychiaterin Lenore Terr wurde von der Anklage als Sachverständige berufen, um den Geschworenen Fragen zu beantworten wie »Was geschieht mit den Erinnerungen an ein Trauma, wenn das Kind heranwächst? Warum werden einige dieser Erinnerungen verschüttet? Und wenn sie verborgen sind, auf welche Weise können sie dann ein Leben beeinflussen?« Vor allem aber sollte sie die Frage klären: »Wie zuverlässig kann eine Erinnerung sein, wenn sie über viele Jahre verschüttet war?« Obwohl Terr selbst einräumt, daß »das Phänomen der verdrängten Erinnerungen experimentell nicht völlig nachgewiesen ist« (was aber ihrer Kenntnis nach die meisten Therapeuten nicht daran hindert, der Verdrängungstheorie anzuhängen), gab auch sie sich größte Mühe, um die Zweifel an der Glaubwürdigkeit von Eileens Erinnerungen auszuräumen.[24]

Als sich Eileen vor Gericht in Widersprüche verwickelte und sich an gewisse Details des Mordes erwiesenermaßen falsch erinnerte, gab Terr den Geschworenen zu verstehen, daß das ganze typisch für verdrängte Erinnerungen sei, und verwies auf eine eigene Untersuchung mit einer Gruppe von Kindern, die aus einem Schulbus entführt und von ihren Entführern in einem Lastwagenanhänger in einem Steinbruch lebendig begraben worden waren. Terr hatte festgestellt, daß sich jedes der Opfer auch Jahre danach noch genau an Details der Entführung erinnern konnte: »Keines der Kinder verdrängte, keines vergaß.« Sie entwickelte daraus ihre Theorie, wonach Opfer, die nur ein einmaliges traumatisches Erlebnis hatten, sie nennt sie »Trauma-Opfer Typ 1«, sich vollständig erinnern können, während »Trauma-Opfer Typ 2«, die sich nicht vollständig erinnern können, mehrmals traumatisiert worden sein müssen.

Eileen Franklin Lipsker war Typ 2, erklärte Terr den Geschworenen. Weil sie sich nicht mehr genau an das Geschehen erinnern konnte, mußte sie mehrfach traumatische

Erfahrungen gemacht haben. Terr: »Wenn Menschen unter extremem Streß stehen, muß ihre Sichtweise nicht immer korrekt sein. Sie können aber sowohl richtige als auch unrichtige Wahrnehmungen mit eindrucksvoller Detailgenauigkeit verbinden. Ihre Erinnerung kann gleichzeitig sowohl ›wahr‹ als auch ›falsch‹ sein. Manche Teile stimmen, andere stimmen nicht.«[25]

Was Lenore Terr für eine Bestätigung ihrer »Typenlehre« hält, kann allerdings ebensogut als eine Bestätigung für die Forschungsergebnisse der Gedächtnisforscher betrachtet werden. Denen zufolge reimt sich das menschliche Gedächtnis aus Erinnerungsbruchstücken eine sinnvolle Geschichte zusammen, die zum Teil wahre, aber auch falsche Elemente enthält.

Terr war sich offensichtlich bewußt, auf welch schwankendem Boden sie sich befand, als sie die Geschworenen von der »Wahrheit« wiedererinnerter Ereignisse überzeugen wollte. »Ich bin schon häufig als Sachverständige in Prozessen aufgetreten, aber der Fall Franklin war der erste, in dem ich meine Aussage auf reine Hypothesen beschränken mußte.« Was sie allerdings nicht davon abhielt, vor Gericht von »Tatsachen« zu sprechen. Sie erklärte den Geschworenen, »daß jede Verdrängung eine unbewußte und wirksame Abwehr von Erinnerungen darstellt«, und sie ließ keinen Zweifel daran, »daß diese Form der Abwehr die Erinnerung völlig aus dem Bewußtsein verlagert«. Anhand von Beispielen aus dem täglichen Leben, nicht anhand von Forschungsergebnissen, führte sie den Geschworenen vor, wie derart verdrängte Erinnerungen durch bestimmte Auslöser wieder ins Bewußtsein gelangen. Ähnlich wie die ihr an akademischer Bildung unterlegene Ellen Bass appellierte auch Lenore Terr an den »gesunden Menschenverstand«.

Daß die Geschworenen am Ende der wiedererinnerten Geschichte von Eileen Franklin Lipsker Glauben schenkten und ihren Vater wegen Mordes verurteilten, war selbst für Terr erstaunlich. »Diese Erfahrung machte mir klar, daß Hypothesen manchmal ebenso überzeugend sein können wie Tatsachen. Für mich war das eine umwerfende Erkenntnis.«[26] Sie ist selbstkritisch genug, ihre Überzeugungskraft auch auf Versäumnisse des Verteidigers zurückzuführen, der ihr keine präziseren Fragen gestellt hatte. Wäre sie gefragt worden: »Kann es vorkommen, daß ein Therapeut aus den Symptomen eines Patienten falsche Vermutungen über ein bestimmtes traumatisches Ereignis ableitet?« oder: »Kann eine falsche Vermutung einem Menschen eine falsche Erinnerung suggerieren?« oder: »Kommt es bei Menschen, die unter falschen Erinnerungen leiden, mitunter vor, daß sie das eine oder andere Symptom zeigen?« – dann hätte sie, so räumt sie ein, all diese Fragen mit »Ja« beantworten müssen. Ob George Franklin dann auch verurteilt worden wäre?

Ist nun der Fall Franklin Lipsker ein »Beweis« dafür, daß so etwas wie Verdrängung vorkommt und daß jahrzehntelang verdrängte Erinnerungen ganz plötzlich auftauchen können? Die Verfechter der Trauma-Theorie sind davon überzeugt und haben eine ganz einfache Erklärung dafür, warum sich jemand oft erst Jahrzehnte nach einem Erlebnis wieder daran erinnert. Erst wenn Menschen stark genug seien, die mit der Verdrängung zusammenhängenden Schmerzen zu ertragen, so ihre Erklärung, tauchen die verdrängten Erlebnisse aus dem Unterbewußtsein wieder auf.

Bedenkt man jedoch, auf welch schwankendem theoretischen Boden sich die Vertreter der Verdrängungsthese befinden, bleiben doch erhebliche Zweifel. Zweifel, die auch Lenore Terr zum Ausdruck bringt, wenn sie schreibt: »Gerade weil wir von Experten ständig Neues erfahren, sollten wir uns vor einer generellen Aussage über die Richtigkeit oder Falschheit von wiedergefundenen Kindheitserinnerungen hüten. Jeder Fall muß individuell betrachtet werden, von uns selbst und mit offenem Blick.«[27]

Ähnlich vorsichtig formuliert auch eine von der Amerikanischen Psychologenvereinigung eingesetzte Kommission ihre Empfehlungen, die etwas Ruhe in die heftige Diskussion um wiedererinnerten sexuellen Mißbrauch bringen sollen. Die Kommissionsmitglieder einigten sich nach großem Streit innerhalb der eigenen Gruppe auf folgende Ratschläge für ihre Kolleginnen und Kollegen:

»– Über den Auseinandersetzungen, ob es wiedererinnerten sexuellen Mißbrauch gibt oder nicht, sollte nicht vergessen werden, daß es tatsächlich sexuellen Mißbrauch gibt. Wer die Möglichkeit der Wiedererinnerung in Frage stellt, stellt damit nicht die Tatsache des sexuellen Mißbrauchs überhaupt in Frage.

– Die meisten Menschen, die als Kind sexuell mißbraucht worden sind, erinnern sich vollständig an das, was geschah.

– Es ist jedoch möglich, daß diese Erinnerungen lange Zeit vergessen wurden. Über die Mechanismen dieses ›Vergessens‹ ist momentan noch zu wenig bekannt.

– Es ist ebenfalls möglich, daß Erinnerungen auftauchen können an Ereignisse, die niemals stattgefunden haben. Über die Mechanismen, wie diese Pseudoerinnerungen entstehen, ist ebenfalls noch nicht genug Wissen vorhanden.

– Es gibt keine bestimmten Symptome, von denen auf sexuellen Mißbrauch geschlossen werden kann.

– Der Therapeut sollte immer eine neutrale Haltung bewahren und nicht von sich aus die Möglichkeit eines sexuellen Mißbrauchs suggerieren.

– Hilfesuchende sollten zwei ›Typen‹ von Therapeuten mit Vorsicht genießen: jene, die sofort die Diagnose ›sexuell mißbraucht‹ anbieten, und solche, die auf den vom Klienten geäußerten Verdacht überhaupt nicht eingehen.«[28]

Diese vorsichtigen Sowohl-als-auch-Formulierungen der Psychologenvereinigung sind Hinweis genug: Eine eindeutige Antwort auf die Frage »Kann den Erinnerungen, die in Therapien auftauchen, bedingungslos geglaubt werden« ist derzeit nicht möglich. Führt man sich allerdings die Erkenntnisse der empirischen Forschung zur Trauma-Theorie nochmals vor Augen, dann sind zumindest erhebliche Zweifel daran angebracht. Auf keinen Fall hat die Absolutheit, mit der Trauma-Therapeuten ihre Arbeit rechtfertigen, eine besonders stabile Grundlage.

Verdrängung oder Unterdrückung?

Zur mangelnden theoretischen Absicherung der Verdrängungshypothese kommt noch ein weiterer Kritikpunkt hinzu. Es bestehen große Zweifel, ob es sich bei dem, was als »Verdrängung« bezeichnet wird, auch wirklich um Verdrängung handelt. Das Problem mit dem Begriff »Verdrängung« besteht darin, daß inzwischen jeder etwas anderes darunter versteht. »Wenn Sie zwei verschiedene Therapeuten fragen, was Verdrängung ist und wie sie funktioniert, bekommen Sie mit hoher Wahrscheinlichkeit zwei völlig verschiedene Antworten«, meint Richard Ofshe.[29] Vor allem unterscheiden Therapeuten oft nicht zwischen unbewußter Verdrängung und bewußter Unterdrückung; sie sprechen häufig von Verdrängung, wo in Wirklichkeit Unterdrückung vorliegt.

Wenn eine erwachsene Frau sich nicht genau daran erinnern kann, wie es damals war, als ihre Mutter starb und sie selbst erst sechs Jahre alt war, muß die Erinnerung an das schreckliche Ereignis nicht verdrängt sein. Sie kann bewußt unterdrückt sein, um nicht ständig an das traurige und ängstigende Ereignis denken zu müssen. Wird diese Frau in der Therapie von einem Trauma-Therapeuten behandelt, wird dieser ihr erklären, daß es völlig normal sei, ein derart schreckliches Geschehen zu verdrängen, und er wird ihr versichern, daß es für ihr seelisches Gleichgewicht unbedingt notwendig sei, diese Erinnerungen wiederzuentdecken und zu verarbeiten. Alles, was dann im Lauf der Therapie an Erinnerungen auftaucht, wird dieser Therapeut als »wahr« bewerten.

Angenommen, der Therapeut würde die Erinnerungen an

den Tod der Mutter als »unterdrückt« bewerten, welche Auswirkungen hätte das auf den Therapieverlauf? Der Therapeut würde den Schutzmechanismus der unterdrückten Erinnerungen akzeptieren und die Wiedererinnerung stünde nicht im Mittelpunkt; auftauchende Erinnerungen würden nicht als verdrängt und »wahr« angesehen, sondern als eine Mischung aus realer Erinnerung, anderen Erlebnissen, Wünschen und Phantasien.

Dieser Unterschied zwischen der Erinnerung an ein bewußt vermiedenes und ein vermutlich völlig verdrängtes Erlebnis ist entscheidend. Ein Therapeut, der an Verdrängung glaubt, wird seine Klienten davon überzeugen, daß es völlig normal sei, überhaupt keine Erinnerung an ein Kindheitstrauma zu haben, und er wird sie davon überzeugen, daß neu auftauchende Erinnerungen völlig im Gegensatz stehen können zu den Kindheitserinnerungen, die sie vor der Therapie hatten. Das heißt konkret: Therapeuten, die Verdrängung vermuten, können ihren Klienten durch ihre theoretische Ausrichtung suggerieren, daß sie Erinnerungen an bestimmte Ereignisse verdrängt haben. (Daß selbst Freud von dieser Gefahr nicht frei war, daß er sich sogar der möglichen Beeinflussung durch die Fragestellung bewußt war, davon war bereits im zweiten Kapitel die Rede.) Allein aufgrund von vorhandenen Symptomen schließen Trauma-Therapeuten oftmals schon auf Vorkommnisse in der Kindheit, die sich ereignet haben müssen, auch wenn der Klient oder die Klientin sich nicht daran erinnert. Beispielsweise schreiben Ellen Bass und Laura Davis in *Trotz allem*: »Wenn du dich nicht an den Mißbrauch erinnern kannst, bist du nicht die einzige. Viele Frauen können sich nicht erinnern, und manche werden sich nie erinnern. Das heißt nicht, daß du nicht mißbraucht worden bist.«[30]

Von einer Therapeutin, die sich auf Inzestopfer spezialisiert hat und fast immer verdrängte Erinnerungen vermutet, wird berichtet, wie sie ihren Klientinnen diesen Verdacht mitteilt: »Meiner Erfahrung nach haben viele Menschen, die mit den gleichen Problemen kämpfen wie Sie, in ihrer Kindheit schmerzhafte Dinge erlebt – und vielleicht wurden sie geschlagen oder mißbraucht. Ich frage mich, ob Ihnen ähnliches passiert ist?« Andere Therapeuten teilen den Hilfesuchenden gleich in der ersten Stunde mit: »Ihre Symptome lassen vermuten, daß Sie als Kind mißbraucht worden sind. Was können Sie mir darüber berichten?«

Wie die oben beschriebenen Gedächtnisexperimente belegen, sind unsere Erinnerungen sehr formbar. Durch Manipulation, Suggestion und Erzählungen können sie sich leicht verändern. Das geschieht auch in Therapien, in denen Therapeuten, die der Trauma-Theorie anhängen und von vornherein Verdrängung vermuten, den Erinnerungen ihrer Klienten eine bestimmte Richtung geben. Welche Folgen das hat, zeigt das Beispiel einer Patientin:

»Vor drei Jahren begann ich eine Individualtherapie, weil ich unter Depressionen und Angstzuständen litt. Nach wenigen Monaten äußerte mein Therapeut die Vermutung, daß die Ursache meiner seelischen Probleme ein sexueller Mißbrauch in meiner Kindheit sein könnte. Nach und nach wurde er von dieser Diagnose immer überzeugter. Ich hatte keinerlei direkte Erinnerung an diesen Mißbrauch. Ich konnte keine Antwort auf die Frage finden, wie so etwas Schreckliches passieren konnte, ohne daß ich mich daran erinnerte. Die letzten zwei Jahre habe ich nicht viel mehr getan als versucht, mich zu erinnern. Ich habe es mit Selbsthypnose und leichter Trance-Arbeit mit meinem Therapeuten versucht. Und ich besuchte sogar das Haus meiner Kindheit ... Um mich endlich erinnern zu können.«[31]

Es ist also ganz entscheidend, ob Therapeuten an die Möglichkeit der Verdrängung glauben oder ob sie die Unterdrückung als einen schützenden Abwehrmechanismus betrachten. Im ersten Fall schreiben sie ganze Lebensgeschichten um, im zweiten haben sie Respekt vor der Geschichte des einzelnen. Sie suggerieren ihm nicht Erlebnisse, die vielleicht nie stattgefunden haben, und sie zwingen ihn auch nicht, sich an Dinge zu erinnern, die er, um sich zu schützen, unterdrückt hat. Der Psychiater George Vaillant zählt die Fähigkeit der Unterdrückung zu den »reifen« Abwehrmechanismen der Psyche. Unterdrückung ist für ihn die Fähigkeit, Schmerz und Leid verursachende Ereignisse und Erfahrungen bewußt nicht wahrzunehmen und im Laufe der Zeit zu vergessen. Dies wird möglich, indem über das Vorgefallene nicht mehr geredet und auch nicht ständig daran gedacht wird.[32]

Eine Studie der Wissenschaftlerin Linda Meyer Williams belegt die schützende Wirkung der Unterdrückung und läßt ebenfalls an der befreienden Wirkung von aufgedeckten Erinnerungen zweifeln. Williams befragte 100 Frauen, die als Mädchen sexuell mißbraucht worden waren. Die Tatsache des Mißbrauchs war eindeutig dokumentiert, da alle Betroffenen damals in der Notaufnahme eines Krankenhauses untersucht worden waren und ein Arzt den Mißbrauch diagnostiziert hatte. 38 Frauen konnten sich an den Mißbrauch überhaupt nicht mehr erinnern, und sie hatten auch keinerlei Erinnerung mehr an die Untersuchung in der Notaufnahme. Die Kinderpsychiaterin Lenore Terr, die über diese Untersuchung berichtet, schlußfolgert: »Wahrscheinlich ging es diesen 38 Frauen besser damit, sich nicht bewußt an das zu erinnern, was zu ihrer Notaufnahme im Krankenhaus geführt hatte. Aber um diesen angenehmeren Zustand zu erreichen, mußten sie wichtige Erinnerungen auslöschen.«[33]

Trauma-Therapeuten, die ihre Klienten dazu anleiten, sich unbedingt an alles zu erinnern, um es durcharbeiten und damit bewältigen zu können, berauben sie in vielen Fällen ihres Schutzschildes. Sie behaupten, daß erst durch das Wiedererleben der schmerzhaften Gefühle psychische Gesundheit erreicht werden kann. Doch wie im Falle der Verdrängung bleiben sie auch hier den Nachweis schuldig: Die reinigende Wirkung von wiedererinnerten Gefühlen – die Psychoanalyse spricht von Katharsis – ist bislang nicht bewiesen. Im

Film »Herr der Gezeiten« erlebt Tom Wingo in den Armen der Psychiaterin angeblich solch kathartische Gefühle, und der Zuschauer erfährt, welch heilenden Effekt dieses Erleben auf ihn und sogar auf seine suizidale Schwester hat. Doch noch so intensive Gefühle können nicht beweisen, daß die Katharsis wirklich auf Dauer funktioniert.

»Es existiert keine Dokumentation darüber, daß die kathartischen Techniken ... langfristig bei chronischen emotionalen Problemen helfen«, macht der Sozialpsychologe Martin Seligman alle Hoffnungen zunichte. Ihm zufolge ist die Wirkung der Katharsis bislang noch zu wenig dokumentiert und erforscht worden, um ihre Existenz als gesichert ansehen zu können. »Die Forschungsliteratur zur Wirkung von Katharsis ist sehr dünn«, so Seligman. »Allgemein kann man sagen: Fragt man Patienten nach der Katharsis, dann ist sie sehr erfolgreich. Geht es um meßbare Wirkungen, schneidet Katharsis schlecht ab.« Möglicherweise gebe es so etwas wie kathartische Wirkung, meint Seligman, »doch nach 100 Jahren ist ihre Wirkung immer noch nicht dokumentiert und zu wenig erforscht, und ihre Anhänger scheinen alle diesbezüglichen Bemühungen aufgegeben zu haben.« Aufgrund der unzulänglichen Forschungslage könne man zwar nicht die Methode verdammen, meint Seligman, allerdings sieht er Anlaß zur Warnung. Er findet es beängstigend, wie eine derart unbewiesene Methode bei ernsthaft kranken Menschen angewandt wird.[34]

Angesichts dieser Forschungslage und angesichts der Erkenntnis, daß Unterdrückung ein hilfreicher Abwehrmechanismus sein kann, um trotz Schicksalsschlägen und traumatischen Erlebnissen das psychische Gleichgewicht zu behalten, erscheint das Vorgehen vieler Trauma-Therapeuten unverantwortlich. Mit ihren unbewiesenen Behauptungen zwingen sie Menschen zur Vergangenheitsbewältigung, indem sie ihnen androhen, daß ansonsten ihr Leben unerfüllt und unglücklich bleiben wird. »Auch wenn Menschen sich nicht bewußt darüber sind, muß für totale Verdrängung ein

140

hoher Preis bezahlt werden, von jedem, der davon betroffen ist, und von jenen, die mit ihm oder ihr leben, vor allem von Kindern. Das Leben kann nicht emotionale Fülle und Reichtum haben, weil das Unterbewußte ständig jeden Reiz, der bedroht oder unerwünschte Erinnerungen auslösen könnte, aussortiert und abwehrt oder verändert.«[35]

Therapeuten, die Aussagen wie diese verbreiten oder unterstützen, sprechen dem Abwehrmechanismus »Unterdrückung« seine Schutzfunktion ab und zerstören ihn bewußt, indem sie ihre Klienten zur Wiedererinnerung des Geschehenen anleiten. Ihr Festhalten an der Trauma-Theorie zwingt den Hilfesuchenden einen ganz bestimmten Blick auf ihre eigene Geschichte auf. In Trauma-Therapien lernen sie unter Umständen, daß das, was sie bislang für ihre Lebensgeschichte gehalten haben, zum großen Teil Fiktion ist und daß sie ihre »wirkliche« Geschichte erst dann erzählen können, wenn sie verdrängte Erinnerungen aufgedeckt und durchgearbeitet haben. In manchen Fällen werden durch dieses Vorgehen Identitäten zerstört, wird aus einem normal leidvollen Leben eine Problemgeschichte konstruiert. Wie respektlos oftmals die Vertreter der Trauma-Theorie den Lebensgeschichten ihrer Klienten begegnen, wie sie sie dazu verleiten, ihre Geschichte umzuschreiben, das wird Thema des nächsten Kapitels sein.

V. LEBENSGESCHICHTEN
Es war einmal ...

»Die Erinnerung ist das einzige Paradies, aus dem wir nicht
vertrieben werden können«, meinte Jean Paul. Vielleicht hören wir deshalb alle so gern die Geschichten aus unserer
Kindheit, selbst wenn wir längst erwachsen sind und bereits
unseren Kindern Geschichten erzählen. »Weißt du noch damals ...« – schon bei dieser Einleitung machen wir es uns
bequem, lehnen uns zurück in freudiger Erwartung, obwohl
(oder weil?) wir doch längst wissen, was jetzt kommt. Ähnlich wie Kinder, die es niemals satt bekommen, immer
wieder ein und dasselbe Märchen zu hören, werden auch wir
nie müde, die Geschichten aus unserer Kindheit erzählt zu
bekommen oder sie selbst anderen zu erzählen. Wird dann
noch das Fotoalbum als Gedächtnisstütze zu Hilfe geholt,
wird plötzlich aus Familienangehörigen, die sich vielleicht
ansonsten nicht mehr viel zu sagen haben, wieder eine Fami-
lienbande.

Erinnerungen: der Stoff unserer Identität

»Kinder brauchen Märchen«, hatte der Kinderpsychologe
Bruno Bettelheim erkannt. Denn Märchen, wie auch Mythen, Fabelgeschichten und Sagen, »führen das Kind zur
Entdeckung seiner Identität und seines Lebenssinns; sie geben auch zu erkennen, welche Erfahrungen notwendig sind,
um den Charakter weiterzuentwickeln.« Märchen beantworten »die ewigen Fragen: Wie ist die Welt wirklich? Wie
soll ich darin leben? Wie kann ich ich selbst sein? ... Das
Märchen überläßt es der Phantasie des Kindes, ob und wie es

142

das, was die Geschichte vom Leben und vom Wesen des Menschen erzählt, auf sich selbst beziehen will.«[1]

Nelson Mandela, der erste schwarze Staatspräsident Südafrikas, beschreibt in seiner Autobiographie *Der lange Weg zur Freiheit*, was er aus den Legenden, Mythen und Fabeln lernte, die seine Mutter ihm und seinen Geschwistern regelmäßig erzählte.

»Es waren Geschichten, die meine kindliche Phantasie anregten, und meistens enthielten sie irgendeine Moral. Ich erinnere mich an eine Geschichte, die von einem reisenden Mann handelte, dem sich eine alte Frau näherte, die furchtbar an grauem Star litt. Sie bat ihn um Hilfe, doch der Reisende wendete seinen Blick ab. Dann kam ein anderer Mann des Weges, und auch an ihn trat die alte Frau heran. Sie bat ihn, ihre Augen zu säubern, und obwohl er das als unangenehm empfand, tat er, worum sie ihn bat. Dann fiel, wunderbarerweise, alles Kranke von den Augen der alten Frau ab, und sie wurde jung und schön. Der Mann heiratete sie und wurde reich und glücklich.«

Wie Nelson Mandela meint, ist dies eine »ungemein simple Geschichte, doch ihre Botschaft ist von Dauer: Tugend und Edelmut erhalten ihren Lohn auf eine Weise, die man nicht im voraus kennen kann.«[2]

Märchen, Fabeln und Mythen lehren uns, welche Normen in der Kultur, in der wir heranwachsen, gelten, sie lehren uns zwischen »richtig« und »falsch« zu unterscheiden. Eine ähnliche Funktion haben auch die Geschichten aus unserer Vergangenheit, die jedoch – anders als die Kindermärchen – als »wahr« gelten; dazu gehören die vielen Geschichten über unsere eigene Kindheit – unser Heranwachsen, unsere »Schandtaten«, unsere Erlebnisse –, dazu gehören aber auch Geschichten über unsere Familie, ihre Entwicklung, ihre Schicksalsschläge.

»Ich muß gehen! sagt das Kind. Ich muß die Mama abholen! Erzähl mir das nächste Mal von der Taufe! Das Kind machte sich wenig aus Märchen, das vom König und den Sieben Henkern kannte es schon und wußte, daß es sich nie verändern würde. Die Geschichte von der Taufe ihrer Mutter hingegen war jedesmal anders und trotzdem immer wahr.

Du brauchst nichts erfinden, sagte das Kind zum Abschied, nur erzählen. Von der Taufe!«[3]

Erzählungen der Art, wie sie »das Kind« in Eva Demskis Roman »Afra« von seiner Großmutter fordert, begleiten uns alle von klein auf. Wie »das Kind« sind auch wir begierig, diese Geschichten zu hören – immer und immer wieder. Mit manchen Erzählungen verbinden wir eigene Erinnerungen, wir waren »damals« dabei; andere konnten wir zwar nicht miterleben, doch die häufigen Berichte darüber geben uns das Gefühl, alles selbst miterlebt zu haben. Die Schilderungen der Verwandten, die eigenen Erinnerungen, die mit den Geschichten verbundenen Gefühle – all das vermischt sich mit der Zeit und wird zur Geschichte unseres Lebens.

Es sind kleine und große Erzählungen, die an uns weitergegeben werden. Ereignisse, die unsere Familie als Ganzes betreffen, sind Stoff für die »großen« Erzählungen: Damals, als die Familie ausgebombt wurde, als Mutter evakuiert oder auf der Flucht war; damals, als Vater aus der Kriegsgefangenschaft heimkam; damals, als die Tante mit einem völlig Fremden auf und davon ging; damals, als der katholische Pfarrer den Großvater nicht beerdigen wollte, weil dieser kein Kirchenmitglied war ...

»Kleine« Geschichten betreffen Ereignisse, die nur mit uns ganz persönlich zu tun haben: Damals, als du mit schwerem Fieber in die Klinik mußtest und niemand uns sagen konnte, was dir fehlt; damals, als du vom Fahrrad fielst und dir so schlimm die Stirn aufschlugst, daß noch heute eine Narbe zu sehen ist; damals, als du in der ersten Klasse warst und als einziges Kind mit dem Zigeunerjungen spielen wolltest, den alle anderen mieden; und, weißt du noch, wie groß deine Angst vor dem Nikolaus immer wieder war...?

Die »kleinen« und die »großen« Geschichten bündeln Lebenserfahrungen, singuläre Ereignisse, fremde und selbsterlebte, sowie die damit verbundenen Emotionen zu einem sinnvollen Ganzen. Wie die Märchen unserer Kindheit schaffen die Erzählungen von früher eine Struktur, geben sie Auskunft über die Welt, in der wir leben, und über unseren ganz individuellen Standpunkt in dieser Welt. Die Geschichte unseres Lebens gibt uns Halt und Orientierung, sie ist eine Möglichkeit zur Selbstvergewisserung: »Das bin ich!« Für den Heidelberger Familientherapeuten Helm Stierlin sind Geschichten, die in Familien erzählt werden, »ein Stoff – vielleicht der Stoff –, der es einem Selbst ermöglicht, sich sowohl auf Dauer seiner Identität zu versichern als auch diese Identität durch neue Erfahrungen in Frage zu stellen, zu verändern und zu bereichern.«[4]

Indem wir die Geschichte unseres Lebens erzählen, beantworten wir so existentielle Fragen wie: »Wer bin ich?« und »Wie bin ich so geworden, wie ich bin?« Autobiographische Erinnerungen haben für unser gegenwärtiges wie auch zukünftiges Leben wesentliche Bedeutung. Sie sind die Grundlage unseres Selbstgefühls – des Gefühls, über die Zeit hinweg ein und dieselbe Person mit bestimmten Eigenschaften, Fähigkeiten und Qualitäten zu sein. Wo die Wurzeln unserer politischen und sozialen Identität, unserer psychischen Struktur, unseres »Charakters«, unserer Eigenheiten und Vorlieben liegen, das können wir durch den Blick in die Vergangenheit, durch Erinnern, aufdecken. »Dieses aufbrausende Temperament, das habe ich von meiner Großmutter«, »Schon als kleines Kind habe ich mich für Pflanzen interessiert, deshalb bin ich wohl auch heute so eine begeisterte Hobbygärtnerin«, »Mein Vater war Landesmeister im Geräteturnen, von ihm habe ich gelernt, was Ausdauer ist« – solche Aussagen zeigen, wie selbstverständlich wir eine Verbindung herstellen zwischen Vergangenheit und Gegenwart.

Die Geschichte unseres Lebens liefert Begründungen – uns und anderen – für unser Denken und Verhalten. Ohne den Blick zurück blieben wir uns selbst oft eine Erklärung schuldig – und das würde zu Verunsicherung und Unklarheit führen.

Ein 45jähriger Mann, der bei der letzten Bundestagswahl »eigentlich« die Partei »Bündnis 90/Die Grünen« wählen wollte und mit diesem Vorsatz auch in die Wahlkabine ging, gestand danach fast beschämt: »Ich habe es nicht fertiggebracht. Mein Leben lang habe ich SPD gewählt, ich hätte es als Verrat betrachtet.« Nicht als Verrat an der Partei, sondern als Verrat an seiner Familie. Selbst längst nicht mehr der Arbeiterschicht angehörig, fühlt sich dieser Mann – ohne daß es ihm bewußt gewesen wäre – immer noch dem Milieu verbunden, aus dem seine Familie stammt. Die Familiengeschichten von sozialdemokratischen Versammlungen, auf denen Großvater und Vater sich als engagierte Redner hervorgetan hatten, die stolzen Berichte vom – wenn auch kleinen – Widerstand gegen die Nationalsozialisten haben seine politische und soziale Identität geformt. Diese Identität konnte und wollte er nicht preisgeben – obwohl die sozialdemokratische Arbeiterpartei, die seinen unmittelbaren Vorfahren eine politische Heimat gab, in dieser Form längst nicht mehr existiert. Der Rückblick auf seine Familiengeschichte, auf seine politischen »Prägungen« liefert ihm eine beruhigende Erklärung für sein Verhalten in der Wahlkabine: Er ist sich selbst nicht untreu geworden, indem er seinen Vorsatz, »Grün« zu wählen, nicht umgesetzt hat, im Gegenteil, er hat die Kontinuität seiner persönlichen Geschichte gewahrt.

Die Erinnerung an »früher« ist eine Art Leitsystem, das uns Verlauf und Individualität unserer Entwicklung plausibel macht. Nicht nur für die große Lebenslinie sind Erinnerungen hilfreich. Oftmals sind es gerade kleine, wenig spektakuläre Ereignisse, die haftenbleiben und langfristige Wirkung haben. Im Rahmen einer Befragung konnten die amerikanischen Psychologen Alida S. Westman und Gary Wautier die Bedeutung früher Erinnerungen für das gegenwärtige Leben bestätigen. Sie fragten 58 junge Erwachsene, welche Rolle frühe Kindheitserinnerungen in ihrem Leben spielen. Nur fünf Prozent der Befragten maßen ihren Erinnerungen keinerlei Bedeutung bei; für 38 Prozent sind ihre Kindheitserinnerung eine Orientierungshilfe oder auch eine Warnung.

Zum Beispiel erinnerte sich ein Befragter daran, ein bestimmtes Verhalten seines Bruders, den er bewunderte, nachgeahmt zu haben und dadurch in Schwierigkeiten geraten zu sein. Aus dieser Erinnerung lernte er: »Was für einen anderen gut ist, ist noch lange nicht gut für mich.« 36 Prozent der Befragten sagten, daß ihre Erinnerungen ihnen emotionale Unterstützung und Zuversicht geben (zum Beispiel erinnerten sie sich an die Liebe und Zuwendung, die sie als Kind von ihren Eltern oder anderen Bezugspersonen erfahren hatten). Und für einen weiteren Teil bedeuten ihre Erinnerungen auch eine Orientierungshilfe in der physischen Welt. Ein Befragter erinnerte sich, daß er fast ertrunken wäre, als er einen Ball aus dem Wasser holte; ein anderer verbrannte sich schmerzhaft am heißen Motor eines Motorrades. Seither, so meinen sie, seien sie sensibler für drohende Gefahren.[5]

Erinnerungen an Kindheitsgeschehnisse und Familienereignisse, so bestätigt diese Befragung, sind Lehrmeister, Mahner und Wegweiser, sie sind die Basis für unser gegenwärtiges Leben. Menschen, die durch einen Unfall ihr Gedächtnis verloren haben, nicht mehr wissen, wer sie sind, wie sie bisher gelebt haben, mit welchen Menschen sie ihr Leben geteilt und welche Erfahrungen sie gemacht haben, haben ihre Identität verloren. Ohne die Erinnerung an frühere Zeiten können wir heute nicht sein.

Dabei ist es zunächst völlig gleichgültig, ob diese Erinnerungen auch wirklich »wahr« sind. Wie im vorherigen Kapitel gezeigt, sind sie das mit ziemlicher Sicherheit nicht. Ihre Funktion als Orientierungshilfe wird dadurch nicht geschmälert. Die Frage, ob Erinnerungen »wahr« oder »verfälscht« sind, bekommt erst dann Bedeutung, wenn unsere Erinnerungen uns dauerhaft belasten und formen. Erinnerungen sind nicht in jedem Fall unsere Freunde; nicht immer geben sie uns eine sichere Identität, und nicht immer sind sie so geartet, daß sie für uns ein sicherer Boden wären, um darauf unsere Zukunft zu gestalten. Erinnerungen können feindlich sein, sie können uns blockieren, in die Irre führen, unser Selbstbild verzerren und damit unsere eigene weitere Entwicklung negativ beeinflussen. »Die Erinnerung ist eine Schatzkammer, in der unter Staub und dem gefallenen Laub vieler Jahre genau das liegt, was wir gegenwärtig brauchen«, meint der Psychotherapeut Wolfgang Schmidbauer. »Vorausgesetzt, wir finden es.«[6]

Ob wir finden, was wir brauchen, und ob das, was wir finden, auch brauchbar, das heißt für unsere Entwicklung, für unser psychisches Wohlbefinden sinnvoll ist, das hängt ganz davon ab, *wie* und *was* wir uns erzählen. Welche Form wir wählen, welche Schwerpunkte wir setzen, an was wir uns erinnern und welche Gefühle mit diesen Erinnerungen verbunden sind – all das entscheidet darüber, ob der Blick zurück sinnstiftend und identitätsfördernd oder hemmend und verunsichernd wirkt. Daß Erinnerungen nicht nur positive Erlebnisse und Gefühle betreffen, sondern auch schmerzhafte Erfahrungen, Mißerfolge, Niederlagen, Enttäuschungen zum Inhalt haben, das ist selbstverständlich. Wie aber bewerten wir das Gute, das wir erlebt haben, und das Schlechte, das wir aushalten mußten? Überdeckt die negative Erinnerung die Erinnerung an das Positive? Glauben wir gar, im Rückblick nichts Positives entdecken zu können? Oder sind wir in der Lage, trotz schlimmer Erfahrungen, auch das Gute zu sehen? An was erinnern wir uns überhaupt?

Wie unsere Erinnerungen beschaffen sind, welche Qualität und »Brauchbarkeit« sie für unser gegenwärtiges und zukünftiges Leben haben, das hängt vor allem von zwei Dingen ab:

148

1. Von der Gestaltung unserer Geschichte. Wie erzählen wir sie, das heißt, in welche Form kleiden wir unsere Erinnerungen. Erzählen wir eher eine Tragödie, eine Komödie oder eher eine neutrale Geschichte? Erzählen wir ein Heldenepos oder eine Verliererstory? Wer glaubt, die Gestaltung hinge ganz allein von den tatsächlichen Geschehnissen ab, wird – wie gezeigt – von der modernen Gedächtnisforschung eines Besseren belehrt. Nicht nur die Fakten formen unsere Erinnerungen, sondern ebenso wichtig sind

2. die Einflüsse, denen Erinnerungen ausgesetzt sind. So werden Erinnerungen beispielsweise durch die Erzählungen anderer geformt. Aber auch wenn wir uns bei der Suche nach der »Schatzkammer« der Erinnerungen helfen lassen, zum Beispiel durch Therapeuten, werden wir mit großer Wahrscheinlichkeit anders geartete Erinnerungen finden, als wenn wir allein danach geforscht hätten.

Tragödie, Komödie, Heldenepos: Wie wir unsere Geschichte gestalten

Es gibt verschiedene Möglichkeiten, wie wir die Geschichte unseres Lebens erzählen können. Die ungarische Soziologin Agnes Hankiss hat vier grundlegende Erzählstrategien identifiziert, die sie als »dynastisch«, »antithetisch«, »kompensatorisch« und »selbst-entlastend« bezeichnet.[7]

Die »dynastische Strategie« ist typisch für Lebensgeschichten, die unter dem Motto »Ich hatte eine gute Kindheit, und dieser Kindheit verdanke ich, daß es mir heute auch gut geht« erzählt werden. Menschen, die ihre Geschichte auf diese Weise erzählen, leben im Vertrauen auf die Kontinuität des Guten, sie führen ihr Leben auf der Basis eines gesunden Optimismus.

Die »antithetische Strategie« liegt jenen Geschichten zugrunde, die zwar von einer schlechten Vergangenheit erzählen, die Gegenwart aber dennoch – oder gerade deswegen –

als positiv charakterisieren. Obwohl die Startchancen schlecht waren, obwohl die Erinnerungen an die Kindheit eher negativ gefärbt sind, wird diese Vergangenheit dennoch nicht als schlecht und belastend empfunden. Im Gegenteil: Ohne diese spezifische Vergangenheit wäre man nicht das, was man heute ist.

Der Schriftsteller Albert Camus zum Beispiel erzählt die Geschichte seines Lebens »antithetisch«. Wenngleich er seine Kindheit in Armut verbrachte, zusammen mit einer schwerbehinderten Mutter – sie war schwerhörig und sprechbehindert –, sind seine Erinnerungen nicht negativ. »Auf jeden Fall hat die herrliche Wärme, die über meiner Kindheit herrschte, keinerlei Ressentiment in mir aufkommen lassen. Ich lebte in beschränkten Verhältnissen, aber auch in einer Art Genuß. Ich verspürte unendliche Kräfte in mir und mußte nur herausfinden, wo ich sie einsetzen könnte.« Camus war überzeugt, daß er es der Behinderung seiner Mutter zu verdanken hatte, daß er Schriftsteller wurde. Stellvertretend für die Mutter wollte er das Wort ergreifen, an ihrer Statt sprechen, all dem, was sie selbst nicht ausdrücken konnte, Ausdruck verleihen, all ihre Empfindungen und Gedanken in Sprache umsetzen.[8]

Wer für die Geschichte seines Lebens einen »kompensatorischen« Erzählstil wählt, schildert seine Vergangenheit in den höchsten Tönen und schillerndsten Farben. »Damals« war alles noch in Ordnung, doch die gute, alte Zeit ist längst vergangen, nichts davon konnte in die Gegenwart hinübergerettet werden. Trotz guter Startchancen und einer glücklichen Kindheit ging im Erwachsenenleben dann alles schief.

Ein Beispiel für einen »kompensatorischen« Erzählstil findet sich in Eugene O'Neills Schauspiel »Eines langen Tages Reise in die Nacht«. Darin klagt Mary Cavan Tyrone, Ehefrau von James Tyrone, bei ihrem Hausmädchen Cathleen über ihre schmerzenden Hände und ihr verpfuschtes Leben: »Arme Hände! Du würdest es nicht glauben, aber früher waren sie mal das Hübscheste an mir, zusammen mit meinen

Haaren und meinen Augen, und eine sehr gute Figur hatte ich auch ... Richtige Musikerhände. Ich war ja wie versessen aufs Klavierspielen ... Mein Vater ließ mir Privatstunden geben. Er verwöhnte mich. Er hätte alles getan, was ich wollte. Er hätte mich zum Studium nach Europa geschickt, als ich mit der Schule fertig war. Ich wäre wahrscheinlich auch gegangen – wenn ich mich nicht in Mr. Tyrone verliebt hätte.«[9]

Eric Berne, Begründer der »Transaktionsanalyse«, hat Geschichten der kompensatorischen Art als »Wenn-du-nicht-wärst-Geschichten« bezeichnet. Diese Geschichten suchen die Verantwortung für ein als gescheitert empfundenes Leben in der Existenz eines anderen. »Wenn du nicht wärst ...«, dann hätte ich Karriere machen können, »Wenn du nicht wärst ...«, wäre ich ausgewandert und wäre heute glücklich ...

Mit noch eindeutigeren Schuldzuweisungen arbeitet der vierte Erzählstil, den Hankiss als »selbst-entlastend« bezeichnet. Probleme der Gegenwart, Mißerfolge oder auch Krankheiten werden damit erklärt, daß Vergangenheit und frühe Kindheit unglücklich verlaufen sind. Weil damals liebevolle, fürsorgende Eltern gefehlt haben, weil man psychisch oder physisch mißbraucht worden ist, weil der Vater Alkoholiker und die Mutter überbehütend (oder vernachlässigend) war, deshalb fällt das Leben heute so schwer. Die Frage »Warum bin ich so geworden, wie ich bin?« wird mit einer Schuldzuweisung an andere oder »die Umstände« beantwortet.

Wer den »selbst-entlastenden« Erzählstil für seine Lebensgeschichte wählt, erzählt immer eine Problemgeschichte. Sie beginnt mit einem Fehlverhalten, einem Versagen anderer Personen – meist der Eltern – oder mit schicksalhaften Umständen und endet mit einer anklagenden Schilderung der Folgen dieses schlechten Starts: »Weil damals das und jenes passiert ist, geht es mir heute schlecht.« Der österreichische Dramatiker Peter Turrini ist einer von vielen, die eine direkte

Linie von dem »schrecklichen Reich«, wie Turrini die Kindheit nennt, zu dem gegenwärtigen Befinden ziehen:

»Es hat ganz einfach angefangen./
Irgendwo bin ich in einem dunklen Zimmer gelegen./
Ich habe geschrien/
in der Hoffnung/
daß jemand kommt.
Es ging ganz einfach weiter./
Irgendwann hörte ich auf zu schreien./
Ich habe so getan/
als würde es mir nichts ausmachen/
daß niemand kommt.
Es geht ganz einfach weiter./
Irgendwie habe ich mir angewöhnt/
auf alle Beleidigungen und Verletzungen/
so zu reagieren als ob./
Als ob mich das alles nicht betreffen würde ...[10]

Warum nehme ich nur so viel hin? Warum habe ich aus meinen Talenten so wenig gemacht? Warum bin ich ausgerechnet Schriftsteller geworden? Der Wunsch nach plausiblen Erklärungen und Antworten auf die Frage »Warum bin ich so, wie ich bin?« ist grundlegend menschlich und liegt allen vier Erzählstrategien zugrunde. Gleichgültig, ob wir unser Leben als Erfolgsgeschichte, als Problemgeschichte, als Tragödie oder als Komödie erzählen, es sind immer ganz einfach strukturierte »Weil-deshalb-Stories«, die das bisherige Geschehen einseitig (nämlich aus unserem Blickwinkel) und auf das für uns Wesentliche verkürzt wiedergeben. Wir halten diese Geschichten für »wahr«. Zweifel, ob das, was wir uns und anderen da über uns erzählen, auch wirklich so geschehen ist, ob es nicht vielleicht Aspekte gibt, die wir übersehen, ob wir möglicherweise unsere Geschichte auch ganz anders erzählen könnten – solche Zweifel tauchen nicht auf.

Das ist weiter nicht tragisch, solange wir aus der Geschichte unseres Lebens jene Kraft und Identität schöpfen können, von denen eingangs die Rede war. Problematisch wird es allerdings, wenn unsere Lebensgeschichte als Problemgeschichte daherkommt, wenn wir ausschließlich auf den selbst-entlastenden Erzählstil zurückgreifen, der eine schlechte Gegenwart aus einer schlechten Vergangenheit erklärt. Diese Problemgeschichten, so führt Helm Stierlin aus, »denaturieren, vereinseitigen und verkürzen das gelebte Leben zumeist noch mehr, als es die im Alltag gehandelten Geschichten ohnehin tun. Problemgeschichten stellen gleichsam mit der Brechstange Kontinuität her, sie konstruieren einfachste lineare Kausalität ... Ihre Wirklichkeit verdrängt jede alternative Wirklichkeit.«[11]

Problemgeschichten sind wie Geister, die man rief und nun nicht mehr los wird. Sie können die weitere Entwicklung eines Menschen behindern, sie legen ihn auf sein »Schicksal« fest, verbauen ihm den Blick auf die positiven Ereignisse und die Chancen, die ihm sein Leben bietet. Wie zähflüssiges Gummi kleben diese Geschichten an dem Menschen, der sie – wenn überhaupt – nur unter großen Mühen und Anstrengungen loswerden oder wenigstens verändern kann. Die Betroffenen »erleben sich ... wie unter einem Zwang, wenn nicht Fluch der Fakten«, wie Stierlin die Wirkung von Problemgeschichten beschreibt. »Es läßt sich von besonders vergangenheits- und pathologielastigen Geschichten sprechen, die dann auch immer wieder, im Sinne einer sich selbst erfüllenden Prophezeiung, die Geschichten bestätigende Fakten schaffen.«

Mit anderen Worten: Problemgeschichten können einem Menschen so in Fleisch und Blut übergehen, daß sie sein weiteres Handeln bestimmen. Als Beispiel führt Helm Stierlin die Problemgeschichte einer Frau an (die Familientherapie spricht von einem »Skript«): »Nachdem mich mein Vater enttäuscht hat, mich meine Mutter enttäuscht hat, lasse ich mich von niemandem mehr enttäuschen, von einem Manne

schon gar nicht. Heiraten kommt für mich nicht in Frage.«
Eine derartige Problemgeschichte verbaut dieser Frau den
Weg zu einer befriedigenden Partnerschaft.

Problemgeschichten wie diese sind in unserer Gesellschaft
häufig zu hören, ja, sie sind die am meisten gewählte Erzählstrategie für Lebensgeschichten. Möglicherweise ist das
menschliche Leben ja tatsächlich eine Leidensgeschichte,
vielleicht überwiegen wirklich die negativen Erfahrungen,
vielleicht sind positive Geschichten deshalb rar. Vielleicht.
Vielleicht handelt es sich aber auch um eine Art kollektiven
Lernprozeß, der durch einen einseitigen, heimlichen Lehr-
plan zustande kam.

Umgeschriebene Geschichte: Psychotherapie und Erinnerung

Problemgeschichten sind in unserer Gesellschaft nicht zuletzt deshalb weit verbreitet, weil die Frage nach dem
»Warum« vor allem in Krisensituationen besonders drän-
gend wird. Wenn Beziehungen scheitern, wenn der berufliche Erfolg ausbleibt, wenn psychische Probleme den Alltag
verdunkeln, wenn die Kinder auf die schiefe Bahn geraten,
dann taucht unweigerlich die Frage auf: »Warum ich? Warum
geschieht das gerade mir?« Je tiefer die Krise ist, um so
schwerer fällt es, sich selbst eine Antwort auf diese Frage zu
geben. In dieser Situation wird wohl jeder Mensch anfällig
für die Hilfe von Experten, die einfache Antworten versprechen.

Die einen wenden sich dann vielleicht an die Astrologie,
die ihnen die Ursache ihrer Krisen und Probleme mit einem
Blick in die Sterne erklärt, religiösere Menschen finden eine
Antwort im Glauben oder in einer wie immer gearteten Spi-
ritualität. Und noch eine dritte »Instanz« bietet ihre Hilfe
an, eine Instanz, die in den letzten drei Jahrzehnten immer
vielfältigere und schillerndere Angebote auf den Markt gebracht hat und dementsprechend auch enormen Zulauf hat:

die Psychotherapie. Sie bietet Menschen in Krisen unterschiedliche Strategien für die Suche nach den Ursachen ihrer Probleme an. Eine weitverbreitete Strategie ist dabei die Erforschung der Vergangenheit, um die Antwort auf die brennende Frage »Warum« zu finden.

»Wie war die Kindheit?« – das ist für viele Psychotherapeuten, Psychiater und Berater der Schlüssel zur Lösung und zugleich der Einleitungssatz zur Geschichtsschreibung des individuellen Lebens. In Psychotherapien werden Kindheitsgeschichten neu entdeckt, umformuliert und zum Teil sogar völlig neu geschrieben. Immer mit dem Versprechen, die Wahrheit über das jeweilige Leben zu erzählen. Nicht in allen Psychotherapien werden die Lebensgeschichten der Rat- und Hilfesuchenden gestaltet und umgeschrieben. Es hängt vom theoretischen Hintergrund des jeweiligen Experten ab, ob die Frage nach der Kindheit überhaupt gestellt und ob neue Antworten gesucht werden. Wie Helm Stierlin schreibt, dienen sich vor allem »Psychoanalytiker und psychoanalytisch orientierte Psychotherapeuten ... als auch Psychiater, die sich vorrangig als Psychopathologen identifizieren« ihren Patienten als Geschichtsschreiber an. »Wie immer auch solche Geschichten im einzelnen verfaßt werden, sie zeigen sich zumeist massiv vergangenheits- und pathologiebeschwert und sind daher dazu angetan, Vorstellungen einer schweren Problemlast zu wecken, die, um bewältigt zu werden, eines langen Arbeits- und Zeitaufwandes bedarf.«[12]

Wie unterschiedlich – je nach theoretischem Ansatz des Therapeuten – ein und dasselbe Schicksal interpretiert und »erzählt« werden kann, zeigt der Fall einer Patientin, Miss F. T., der zunächst von dem Psychoanalytiker Robert Langs veröffentlicht und später von der feministischen Psychotherapeutin Charlotte Krause Prozan einer erneuten Interpretation unterzogen wurde.[13]

Nach der Interpretation des Psychoanalytikers Langs war Miss F. T. eine junge Frau, die dazu neigte, sich in Szene zu setzen, und eine leichte Charakterstörung zeigte. Bei seiner Interpretation stützt sich Langs auf F. T.s Beschreibungen ihrer Vergangenheit, ihrer Träume und Phantasien und auf ihre Berichte über aktuelle Lebensereignisse. Miss F. T. erzählt ihrem Therapeuten unter anderem von einem Unfall, von einer vaginalen Infektion, von Sommerferien, in denen sie mit der ganzen Familie (sie hatte noch zwei Schwestern) in einem einzigen Hotelzimmer wohnte, wie sich ihre Füße in den Speichen des Fahrrades verfingen und sie sich leichte Quetschungen zuzog. Sie erzählt, daß sie sich ein wenig vernachlässigt gefühlt hätte, da ihre Mutter berufstätig gewesen sei. Ihr Vater, so erinnert sie sich, hatte sich einen Sohn gewünscht, und daß sie, als einzige der drei Schwestern, seine Interessen teilte und auch mit ihm arbeitete. Als Kind wünschte sie sich ein Spielzeuggewehr. Weiter erinnert sie sich daran, daß sie als Kind die blutigen Menstruationsbinden ihrer Mutter gesehen und daß sie damals geglaubt hatte, der Vater hätte die Mutter beim Geschlechtsverkehr schwer verletzt. Auf dem College war sie sexuell ziemlich aktiv. Während der Therapie träumte sie, sie hätte Sex mit berühmten Sängern oder Filmstars. In einem anderen Traum saß sie im Kino, und ein Affe kratzte ihr den Kopf blutig, und ein andermal träumte sie, sie sei ein Schuhverkäufer. Und in wieder einem anderen Traum lag ein gefährliches Krokodil unter ihrem Bett.

Im weiteren Verlauf der Therapie wurde ein geplanter Urlaub des Analytikers zum wichtigen Thema. Als Reaktion auf die Urlaubspläne wurde F. T. depressiv und wütend, sie dachte daran, die Behandlung abzubrechen, und träumte, daß sie und ihre Schwestern eine Affäre mit einem alten Mann hätten.

Aus diesen Informationen, Träumen, Assoziationen, Phantasien und dem realen Verhalten seiner Patientin F. T. schuf nun der Psychoanalytiker ein – aus psychoanalytischer Sicht – sinnvolles Ganzes. Durch seine Deutungen und Interpretationen erhielten die Erinnerungen, Erlebnisse und

Gefühle von Miss F. T. eine neue Bedeutung. Langs erzählte ihr eine ganz neue Geschichte ihres Lebens. So deutete er den Traum vom Schuhverkäufer so, daß sie ihres Vaters Wunsch nach einem Sohn erfüllen möchte. Im Kindheitswunsch, ein Spielzeuggewehr zu besitzen, kommt nach Langs' Ansicht – wenig überraschend – ihr Penisneid zum Ausdruck. Er war überzeugt davon und äußerte das auch gegenüber Miss F. T., daß sie nicht nur ein Junge sein wollte, sondern daß sie als Kind wahrscheinlich den Penis ihres Vaters gesehen hatte – zum Beispiel, wenn die Familie im Urlaub ein Hotelzimmer miteinander teilte.

Diese Interpretation bewirkte, daß F. T. in den darauffolgenden Sitzungen von Träumen berichtete, in denen sie ein männlicher Sänger war, und daß sie sich wünschte, Hoden zu besitzen. Der Traum vom Affen war für Robert Langs ein Indiz dafür, daß Miss F. T. ihre Eltern beim Geschlechtsverkehr beobachtet haben mußte. F. T. verneinte dies anfangs, doch nach und nach kamen dann doch Erinnerungen, welche die These des Psychoanalytikers stützten. Die Patientin glaubte, sich nun – allerdings sehr ungenau – erinnern zu können, daß sie im Urlaub mit den Eltern einmal aufgewacht sei und komische Geräusche gehört hätte. Später produzierte sie eine weitere Erinnerung aus dem Hotelzimmer, wo sie beobachtete, wie »etwas Kleines groß wurde«. Nun war Miss F. T. schon allein in der Lage, ihre Erinnerung »richtig« zu deuten. Wahrscheinlich, so meinte sie, handelte es sich um einen Penis. Schließlich berichtete sie von Phantasien, selbst einen Penis gehabt zu haben, den ihr Vater aber abgebissen hätte, und von Impulsen, sich in ähnlicher Weise am Vater zu rächen.

Am Ende der Therapie hatte der Psychoanalytiker ausreichend Beweise – in Form von Phantasien, Träumen und wiederentdeckten Erinnerungen – für seine Diagnose gesammelt: Für ihn gab es nun keinen Zweifel mehr daran, daß die Ursache für Miss F. T.s Probleme in ihrem Penisneid lag und in der vermeintlichen Tatsache, daß sie ihre Eltern bei einer

»Primärszene«, beim Geschlechtsverkehr, beobachtet hatte.

Doch war es wirklich so? Entspricht diese psychoanalytische Rekonstruktion der Geschichte von Miss F. T. der Realität? Hatte das kleine Mädchen wirklich die Eltern beim Sexualverkehr beobachtet, hatte sie den Penis des Vaters gesehen und wenn ja, hatte das wirklich Auswirkungen auf ihr späteres Verhalten Männern gegenüber und auf ihre psychischen Probleme? Oder hatte der Psychoanalytiker durch seine Deutungen bewirkt, daß Miss F. T. Assoziationen und Träume produzierte, die in sein Konzept paßten?

Die Psychotherapeutin Charlotte Krause Prozan stellte sich diese Fragen und analysierte den Fall F. T. aus feministischer Sicht neu. Die Diagnose »Penisneid« hält sie für völlig falsch, die Zustimmung der Patientin erklärt sie mit dem bekannten Phänomen, daß Patienten ihren Therapeuten gefallen wollen und bereitwillig deren Deutungen akzeptieren. Prozans Interpretationen unterscheiden sich erheblich von der ihres Kollegen Langs. Sie erzählt eine völlig andere Geschichte:

»Ich halte es für möglich, daß Miss F. T. als Kind von ihrem Vater sexuell mißbraucht worden ist und daß dies in der Behandlung nicht auftauchte, weil der Analytiker daran nicht gedacht hat und niemals die entsprechenden Fragen stellte. Die Hinweise finden sich alle im vorliegenden Material:

1. Die Vaginalinfektion in der Kindheit.

2. Die Vielfalt der Träume und Phantasien, die Sexualität als gefährlichen Angriff auf eine Frau thematisierten.

3. Die Vorstellung im Alter von sechs Jahren, daß etwas Kleines größer wird. Ein sechsjähriges Mädchen hat keine Gelegenheit, eine Erektion zu beobachten, indem sie ihren Eltern beim Geschlechtsverkehr (der wahrscheinlich unter der Bettdecke stattfindet) in einem dunklen Hotelzimmer zuhört oder zusieht.

4. Der Krokodil-Traum, verbunden mit der Phantasie,

dem Vater den Penis abbeißen zu wollen. Dies könnte ein Ergebnis erzwungenen oralen Geschlechtsverkehrs im Rahmen eines sexuellen Mißbrauchs sein.

5. Der Affe, der ihr am Kopf blutige Kratzwunden beibringt, kann eine Verschiebung von der Vagina sein und eine Tarnung für den Vergewaltiger, der möglicherweise ein sehr behaarter Mann war.

6. Die Promiskuität, ebenfalls typisch für mißbrauchte Mädchen.

7. Die alten Männer in ihren Träumen und die Erinnerung an die Primärszene können tatsächlich getarnte Erinnerungen an ihren eigenen sexuellen Mißbrauch sein.

8. Der Wunsch nach einem Spielzeuggewehr. Dieser Wunsch kann zum Ausdruck bringen, daß sie sich mit dem Gewehr am Mißbraucher rächen will, es kann aber auch der Versuch sein, ihre Angst zu meistern.«[14]

Beide Geschichten klingen überzeugend und plausibel, doch beide Geschichten sind nicht »wirklich«, beiden fehlt die empirische Grundlage. Die Entscheidung, welche Geschichte erzählt wird, hängt von der Ausbildung des Therapeuten, seiner Ideologie und nicht zuletzt vom Zeitgeist ab. Das räumt auch Charlotte Krause Prozan ein:

»Im Jahre 1973 und davor suchten Psychoanalytiker nach dem Penisneid. Im Jahr 1990 forschen wir nach sexuellem Mißbrauch. Es ist wahr, damals wie heute ist es wahrscheinlich, daß wir finden, wonach wir suchen – das ist die subjektive Komponente in unserer wissenschaftlichen Untersuchung. Heute ist es üblich für Therapeuten, eine große Anzahl von Patienten zu haben, die über sexuellen Mißbrauch berichten, denn darüber lesen sie und hören sie im Radio und im Fernsehen ... Patient und Analytiker leben in derselben Kultur und werden durch dieselben Trends geformt.«[15]

Gleichgültig, wie Therapeuten ihre »Versionen« begründen können und wie beeinflußt sie von bestimmten Moden sind – in jedem Fall werden die Patienten die Erzählungen, die ihnen von den jeweiligen Psychotherapeuten oder Psychoanalytikern angeboten werden, bereitwillig akzeptieren. Schließlich wollen sie, daß die Therapie ein Erfolg wird, sie wollen »gute« Klienten sein. Miss F. T., wäre sie zu Prozan in die Therapie gegangen, hätte wahrscheinlich deren Interpretationen genauso akzeptiert, wie sie die ihres Analytikers akzeptiert hat.

Wie groß die Bereitschaft ist, sich an das jeweilige Theoriegebäude des Therapeuten oder Analytikers anzupassen, bestätigt auch die Erfahrung einer Psychoanalyse-Patientin, die über·ihre beiden Analysen – die erste bei einem Freudianer, die zweite bei einem Jungianer – berichtet:

»Verwirrt hat mich in dieser Zeit nicht das Setting, der äußere Rahmen der Therapie, und nicht mein Therapeut, sondern mein Unbewußtes: Hatte ich in der Freudschen Analyse alle klassischen Träume produziert, die meinen Elektrakomplex und so weiter und so fort bewiesen, träumte ich nun archetypisch, daß es für Jung eine Freude gewesen wäre. – Ich hatte mich einmal mehr ganz unbewußt an die Therapieform angepaßt und produziert, was sie bestätigte.«[16]

Daß dies keine Einzelerfahrung ist, belegt eine Studie, die der Psychologe Christoph Fischer bereits 1978 durchführte.[17] Er wertete 240 Träume von acht Psychoanalysepatienten aus: Vier befanden sich in einer Langzeitanalyse nach Freud, vier waren bei einem Jungianer in Behandlung. Fischers Forschungsinteresse galt der Frage, ob Analytiker ihren Patienten unbewußt bestimmte Trauminhalte suggerieren, ob sich also die Träume von Patienten deutlich unterscheiden, je nach theoretischer Ausrichtung ihres Analytikers. Ausgehend von den Theorien Sigmund Freuds und

C. G. Jungs formulierte Fischer folgende Hypothesen: Träume »nach Freud« enthalten mehr triebdynamische und intensiv-affektive Inhalte sowie mehr sexuelle Phantasien und Inhalte als Träume »nach Jung«. Ferner nahm er an, daß Patienten in jungianischer Analyse mehr vergangenheitsorientierte Träume mit mythologischen Inhalten produzieren.

Tatsächlich fand Fischer »beträchtliche inhaltliche Unterschiede«. Träumten die Patienten »nach Freud«, fielen ihre Träume deutlich affektiver aus, »das heißt, in ihnen wurden Situationen und Handlungen intensiver gefühlshaft erlebt und wiedergegeben. Aggressive Handlungen kamen zu 28 Prozent häufiger vor«. Die Patienten, die sich bei einem Jungianer in Behandlung befanden, »träumten zu 50 Prozent häufiger von Situationen, die sie in ihre Vergangenheit zurückversetzten. Doppelt so oft traten zudem Situationen und Szenen auf, die aus alten Sagen oder mythologischen Erzählungen bekannt sind, beziehungsweise in denen mythologisch anmutende Gestalten zugegen waren, wie etwa ein Greis mit weißen Haaren oder ein alter Fischer in seinem Kahn.« Die jeweilige Traumtheorie des Analytikers beeinflußt also deutlich die Trauminhalte seiner Patienten und Patientinnen.

Das ist im Grunde ein ganz natürlicher Vorgang: Jeder Mensch ist so voll von Eindrücken, Bildern, Gefühlen, sexuellen Impulsen und Ängsten, daß er mit entsprechender Anleitung, Suggestion oder sogar nur durch die Beschäftigung mit einseitig-einschlägiger Literatur aus diesem »Fundus« die zum jeweiligen Therapiekonzept passenden Erinnerungen, Phantasien und Assoziationen heraussuchen kann. Wer sich zum Beispiel von einer feministischen Therapeutin behandeln läßt, wird sehr bald ihre Such- und Erzählstrategie erkennen und sich dieser anpassen. Die Wahrscheinlichkeit, daß nach sexuellem Mißbrauch und nach Erfahrungen mit patriarchaler Machtausübung gefragt wird, ist in dieser Therapie sehr viel größer als in irgendeiner anderen Therapie. In der psychoanalytischen Behandlung wiederum lernt der Patient sehr schnell, sein Unterbewußtes zu erforschen und angemessene Assoziationen und Träume zu produzieren.

Selbsthilfebücher:
der Einfluß des geschriebenen Wortes

Nicht nur Therapeuten können mit ihren unterschiedlichen Theoriegerüsten die Lebensgeschichte eines Menschen neu schreiben – immer vor dem Hintergrund des Versprechens, die Frage nach dem »Warum« klären zu können. Auch schriftliches Material – Psycholiteratur, Selbsthilfebücher, Ratgeber usw. – kann einen Leser an der bisherigen Geschichte seines Lebens zweifeln lassen und ihn veranlassen, diese Geschichte entsprechend dem Inhalt der jeweiligen Literatur umzuformulieren. Die Lebensgeschichte eines Menschen kann ganz plötzlich einen neuen »Dreh« bekommen – wenn es einem populärpsychologischen Buch gelingt, seine Aufmerksamkeit zu fesseln. Liest er zum Beispiel ein Buch über »Erwachsene Kinder von Alkoholikern«, wird er vielleicht entdecken, selbst ein »ACA« (»Adult Children of Alcoholics«) zu sein. Bekommt er Literatur zum Thema »vergiftete Kindheit«, wird er anhand der detailreichen Beschreibungen und Fallbeispiele möglicherweise zu dem Schluß kommen, daß eine vergiftete Kindheit für seine Probleme verantwortlich ist. Greift er zu dem Buch *Das Kind in uns, Wie finde ich zu mir selbst?* des amerikanischen Psychotherapeuten und Managementberaters John Bradshaw, einem Buch, das in den USA zum Bestseller wurde und auch in Deutschland große Resonanz fand, wird er sich möglicherweise bald voller Trauer dem verletzten Kind in sich zuwenden.

Populärpsychologische Bücher sind ungeheuer wirksam, was nicht nur an ihren Verkaufszahlen abzulesen ist, sondern auch an dem Wunsch der Leser, Therapeutinnen und Therapeuten zu finden, die das Gelesene in therapeutische Praxis umsetzen. Kleinanzeigen, in denen nach Experten gefahndet wird, die – zum Beispiel – »nach Alice Miller« therapieren, finden sich immer wieder im Anzeigenteil einschlägiger Publikationen.

Die stärkste Wirkung bei der psychologisch interessierten Leserschaft hatten bislang wohl all jene Veröffentlichungen, die sich mit dem Thema »Sexueller Mißbrauch in der Kindheit« befaßten. Wiederum ausgelöst durch eine Buchveröffentlichung (*Das bestgehütete Geheimnis*), »entdeckten« immer mehr Menschen, als Kind sexuell mißbraucht worden zu sein. Wie bei anderen Kindheitsthemen erscheinen auch immer wieder populärpsychologische Werke, Artikel und Selbsthilfe-Handbücher zum Thema »sexueller Mißbrauch«. Bevor der Markt mit diesen Veröffentlichungen überschwemmt wurde und sich auch die Massenmedien dieser Thematik annahmen, kam es eher selten vor, daß Menschen zu einem Therapeuten oder einer Therapeutin gingen und erklärten: »Ich bin als Kind mißbraucht worden« oder »Ich vermute, als Kind mißbraucht worden zu sein.« Heute gibt es Spezialisten für diesen Problembereich, die fast nur noch sexuell Mißbrauchte behandeln oder durch die Spezialisierung ihrer therapeutischen oder beraterischen Tätigkeit nur noch eine solche Klientel anziehen. Aber auch Therapeuten anderer Richtungen beobachten, daß ihre Klientinnen, beeinflußt von einschlägiger Selbsthilfeliteratur, oftmals mit einer genauen Diagnose ihres Leidens in die Praxis kommen, einer Diagnose, die sie selbst mit Hilfe eines populärpsychologischen Werkes stellten.

Daß diese Entwicklung von Experten, die von ihr profitieren, positiv gewertet wird, ist verständlich. Ihre Argumente, daß populärpsychologische Veröffentlichungen den Betroffenen Mut machen, sind nicht von der Hand zu weisen. Aber ebenso richtig ist der Einwand, daß Veröffentlichungen auch zur »Hysterie« beitragen und Menschen dazu verleiten können, der bisherigen Geschichte ihres Lebens nicht mehr zu trauen.

Welches Phänomen von den einzelnen Autorinnen und Autoren auch bearbeitet wird, eines ist all diesen populärpsychologischen Werken gemeinsam: Sie sind unwissenschaftlich. Statt empirischer Belege für ihre Thesen führen sie zahlreiche Fallbeispiele an, nach dem Muster: »Joe verbrachte einen Großteil seiner Kindheit in Erwartung der Flutwelle väterlicher Wut, und er wußte, es gab keine Möglichkeit, ihr auszuweichen.« Oder: »Kates Vater zum Beispiel war ein bekannter Bankdirektor, Kirchenmitglied und ein familienorientierter Mann – kaum der Typ, an den die meisten Leute denken, wenn sie den Begriff Kindesmißhandler hören.«[18]

Neben den Fallgeschichten soll noch ein weiteres Merkmal die Wissenschaftlichkeit und Allgemeingültigkeit der Lebenshilfebücher suggerieren: In fast allen finden sich ausführliche Symptomlisten, anhand derer Leser überprüfen können, ob sie ein verletztes inneres Kind in sich tragen, ob die eigenen Eltern »vergiftend« waren, ob sie eventuell sexuell mißbraucht worden sind. Es reicht für die Diagnose völlig aus, wenn die Leser nur einige wenige Symptome bei sich entdecken können.

Typische Symptome für »Erwachsene Kinder von Alkoholikern« sind angeblich zum Beispiel:

1. Sie wissen nicht genau, was normales Verhalten ist.
2. Sie haben Schwierigkeiten, ein Vorhaben von Anfang bis Ende zu verfolgen.
3. Sie lügen, auch wenn es genauso leicht wäre, die Wahrheit zu sagen.
4. Sie urteilen über sich selbst ohne Gnade.
5. Sie haben Schwierigkeiten, Spaß zu haben.
6. Sie nehmen sich selbst sehr ernst.
7. Sie haben Schwierigkeiten in intimen Beziehungen.
8. Sie haben Überreaktionen bei Veränderungen in der Umgebung, über die sie keine Kontrolle haben.

9. Sie suchen ständig Anerkennung und Bestätigung.
10. Sie nehmen gewöhnlich an, daß sie anders sind als andere Menschen.
11. Sie sind entweder sehr verantwortungsbewußt oder verantwortungslos.
12. Sie sind außerordentlich loyal, sogar wenn es offensichtlich ist, daß die Loyalität nicht verdient ist.
13. Sie fürchten Mißerfolg, haben aber Schwierigkeiten, mit Erfolg umzugehen.[19]

Wer feststellen will, ob seine Kindheit »vergiftet« war, findet in dem Buch von Susan Forward ebenfalls diverse Symptomlisten. Mit großer Wahrscheinlichkeit ist betroffen, wer

- in einer destruktiven Beziehung lebt;
- immer das Schlimmste von Menschen erwartet;
- Angst hat, daß niemand ihn leiden würde, wenn man wüßte, wie er wirklich ist;
- Angst vor Erfolg und das Gefühl hat, ein Schwindler zu sein;
- ein Perfektionist ist;
- sich nur schwer entspannen und freuen kann.[20]

Und natürlich findet sich auch in dem äußerst populären Handbuch *Trotz allem* eine Checkliste, die Leserinnen entscheiden hilft, ob sie in ihrer Kindheit Opfer sexueller Gewalt gewesen sind.

- Denkst du, du seist schlecht, schmutzig, oder schämst du dich?
- Fühlst du dich machtlos, wie ein Opfer?
- Hast du das Gefühl, du seist anders als andere Menschen?
- Denkst du, ganz tief in deinem Innern stimme etwas nicht mit dir?

- Empfindest du dich manchmal als selbstzerstörerisch, oder denkst du an Selbstmord? Oder möchtest du manchmal nur noch sterben?
- Haßt du dich?
- Fällt es dir schwer, liebevoll und gut zu dir zu sein? Kannst du es genießen, dich wohlzufühlen?
- Fällt es dir schwer, auf deine Intuition zu vertrauen?
- Kennst du deine eigenen Interessen, Talente oder Ziele?
- Fällt es dir schwer, dich für etwas zu begeistern? Fühlst du dich oft wie gelähmt?
- Hast du Angst vor Erfolg?
- Bringst du die Dinge, die du anfängst, zu Ende?
- Meinst du, du müßtest immer perfekt sein?
- Kompensierst du mit Arbeit oder Leistung das Gefühl, daß du in anderen Bereichen deines Lebens nicht so gut zurechtkommst?
- Benutzt du manchmal Alkohol, Drogen, Medikamente oder Nahrungsmittel auf eine Weise, die du selbst nicht gut findest?
- Erlebst du eine Vielfalt von Gefühlen in deinem Körper? Oder fühlst du manchmal gar nichts?
- Fühlst du dich oft ausgenutzt?
- Merkst du, daß du dich an Menschen klammerst, wenn du sie gern hast?
- Erwartest du, von anderen Menschen verlassen zu werden?
- Kannst du nein sagen?[21]

Wer Symptomlisten wie diese ehrlich beantwortet, wird ganz sicherlich einigen Aussagen oder Fragen zustimmen können. Wer hat nicht schon einmal Angst vor Erfolg, fühlt sich anders als andere Menschen, verhält sich in Beziehungen anklammernd, kann nicht nein sagen? Wer hätte nicht schon einmal Probleme mit dem Alkohol gehabt oder Schwierigkeiten mit seinem Eßverhalten? Die Symptomlisten sind so weit gefaßt, daß man ruhig behaupten kann:

Für jeden ist etwas dabei. Sie haben Ähnlichkeit mit Horoskopen, von denen ja bekannt ist, daß sie immer ein Körnchen Wahrheit enthalten. Wie Horoskope sind auch Symptomlisten durch keinerlei wissenschaftliche Überprüfung abgesichert.

Was ihrer Wirkung keinen Abbruch tut, wenn sie von glaubensbereiten Menschen gelesen werden. Wer feststellt, daß er durchaus einigen oder sogar vielen der Statements oder Fragen zustimmen kann, ist verunsichert: Bin ich wirklich sexuell mißbraucht worden? Liegt es an meinen Eltern, daß ich heute diese oder jene Schwierigkeiten habe? Der Zweifel, gesät durch die Lektüre, wächst – und ebenso das Bedürfnis, der »Wahrheit« des eigenen Lebens auf die Spur zu kommen. Es ist dann nur naheliegend, einen Experten oder eine Expertin aufzusuchen, um die eigene Neugierde zu stillen.

Die Autorinnen und Autoren, die derartige Symptomlisten zusammenstellen, erheben den Anspruch, von den aufgezählten Symptomen auf die zugrundeliegende Problematik schließen zu können. Dies ist jedoch ein »pseudowissenschaftliches« Vorgehen. Die Schlußfolgerung von einem Symptom auf ein spezifisches Trauma kann falsch sein. Ende der achtziger Jahre, genau zu dem Zeitpunkt, als die Debatte um den sexuellen Mißbrauch in der Kindheit einsetzte, wurde eine Reihe von Studien veröffentlicht, welche die Eßstörung Bulimie in einen kausalen Zusammenhang zum sexuellen Mißbrauch brachten. Diese Studien verführten praktizierende Therapeuten dazu, von einer bulimischen Störung auf verdrängten sexuellen Mißbrauch in der Kindheit zu schließen. Abgesehen davon, daß sich bei einer genauen Überprüfung die meisten Untersuchungen als methodisch angreifbar erwiesen und folglich ihre Aussagen nicht haltbar waren, ist ihre Schlußfolgerung unlogisch: Auch wenn es zutrifft, daß Menschen, die in ihrer Kindheit sexuell mißbraucht worden sind, mit höherer Wahrscheinlichkeit eine Eßstörung entwickeln, dann bedeutet das noch lange nicht, daß jeder, der eine Eßstörung hat, sexuell mißbraucht worden ist.[22]

Doch derartige, von wissenschaftlichem Denken inspirierte »Spitzfindigkeiten« dringen nicht an die breite Öffentlichkeit. Die Betroffenen glauben, was sie in den populärwissenschaftlichen Werken lesen, und selbst Psychotherapeuten stellen häufig aufgrund der angebotenen Symptome eine Hypothese auf und verfolgen dann im Laufe der Therapie nur noch diesen einmal eingeschlagenen Weg. Alle Hinweise auf andere, der ursprünglichen Hypothese widersprechende Spuren werden dann nicht mehr wahrgenommen, wie Studien gezeigt haben.

Psychotherapeuten und Lebenshilfebücher können in vielen Fällen Lebensgeschichten erheblich beeinflussen – und verfälschen. Bereits bestehende Problemgeschichten werden vertieft, und manchmal entsteht durch die einseitige Beschäftigung mit der eigenen Biographie erst eine Problemgeschichte. Es sind oft sehr eindrucksvolle, einleuchtende und kurzfristig auch entlastende Problemgeschichten, die plausible (wenn auch, wie gezeigt, nicht unbedingt wahre) Antworten auf die Frage »Warum« liefern.

Allerdings: Zur Bewältigung von Krisen tragen Problemgeschichten nur selten bei. Wer weiß, warum er leidet oder gewisse Probleme hat, weiß deshalb noch lange nicht, wie er sie lösen kann. Im Gegenteil: Problemlastige Geschichten haben oftmals eine verheerende Sogwirkung und ziehen den betroffenen Menschen derart in ihren Bann, daß er oft nicht mehr in der Lage ist, diese negative Erzählung zu relativieren und eine alternative Sicht der Dinge zuzulassen.

Dies ist einer der Gründe, warum Therapien, in denen Problemgeschichten erzählt werden oder entstehen, manchmal endlose Therapien sind. Patienten hoffen, daß durch eine therapeutische Aufarbeitung ihrer Vergangenheit die Problemgeschichte irgendwann ein »Happy-End« finden wird. Sie vertrauen auf die Versprechung der Therapie, die da lautet: Wer die Ursachen seiner aktuellen Probleme ausfindig gemacht hat, hat bereits den wesentlichen Schritt zur psychischen Genesung getan hat. Doch diese Hoffnung ist trügerisch. Die Ansicht, je länger die Therapie, desto tiefer die Einsicht in das Geschehene und desto aufschlußreicher die Erinnerungen, konnte bislang nicht bestätigt werden.

Daß Einsicht allein noch keine Veränderung bewirkt, das ist auch die Erfahrung des bekannten Psychotherapeuten Paul Watzlawick: »Ich habe weder in meinem eigenen Leben noch im Leben anderer dieses Phänomen feststellen können.« In seiner ganzen 40jährigen klinischen Arbeit hätte er noch nicht erlebt, »daß jemand aufgrund der Einsicht in die Gründe der Vergangenheit dann in der Gegenwart sich anders verhalten konnte, daß das seinen Leidensdruck vermindert hätte.«[23]

Eine Einschätzung, die auch der amerikanische Psychotherapeut William Glasser teilt, der als Begründer der sogenannten »Realitätstherapie« gilt. »Was nutzt es«, so fragt er, »wenn man erfährt, daß man sich nicht durchsetzen kann, weil man einen dominanten Vater hatte? Patient und Therapeut können dieses vergangene Geschehen in all seinen Auswirkungen jahrelang erörtern, doch das Wissen wird dem Patienten nicht helfen, sich durchzusetzen.« Natürlich wäre es wunderbar, fügt Glasser hinzu, »wenn Therapie so einfach wäre, daß allein das Wissen um die Wurzeln der Angst dem Patienten helfen könnte, keine Angst mehr zu haben.«[24]

Doch so einfach ist Psychotherapie nicht. Im Gegenteil: Sie wird durch die Annahme, daß man seine Vergangenheit kennen muß, um die Probleme der Gegenwart zu lösen, äußerst kompliziert und stellt eine Gefahr für den Patienten dar. Je intensiver er die Vergangenheit erforscht, desto größer wird das Risiko, daß er zum Opfer wird. In Trauma-Therapien wird die Erinnerung an die Schrecken der Kindheit nicht nur durch die ständige Beschäftigung mit ihnen aufrechterhalten, in vielen Fällen wird sie – wie gezeigt – sogar erst geweckt. Weil selbst eine noch so genaue Kenntnis des Kindheitsgeschehens nur selten zur Aufarbeitung des Vergangenen führt – sehr viel häufiger bleiben die Hilfesuchenden in der Anklage stecken –, quälen sich die Betroffenen mit immer denselben Fragen herum: Warum nur ist ausgerechnet mir Unrecht geschehen? Womit habe ich das verdient? Auf diese Fragen gibt es jedoch keine befriedigenden Antworten, und so kann die Suche nach den Motiven der Täter niemals wirklich abgeschlossen werden. Wer einmal mit Unterstützung von Trauma-Therapien begonnen hat, sein Leben als Problemgeschichte zu erzählen, findet nur sehr schwer aus dieser Erzählstruktur wieder heraus.

Es wäre ganz sicher hilfreich, wenn Menschen, die – unterstützt von Therapeuten und einschlägigen Veröffentlichungen – einen selbst-entlastenden Erzählstil pflegen und ihre Geschichte als Problemgeschichte erzählen, sich klarmachen könnten, daß es sich bei der Geschichte ihres Lebens immer auch um Konstruktionen handelt. Alles, an das man sich erinnert, kann so, aber auch ganz anders abgelaufen sein. Natürlich wird man im Rückblick nicht alles verfälschen und verbiegen, aber ganz sicher gehen die meisten Menschen selektiv vor. Und ganz sicher ist die Erinnerung nicht unbeeinflußt von außen. Wir können der Meinung sein, bestimmte Dinge selbst erlebt zu haben, und waren doch in Wirklichkeit gar nicht dabei. Wir können durch bestimmte Fragestellungen und -techniken in eine bestimmte Richtung gelenkt worden sein oder durch therapeutische Methoden unseren Blickwinkel verengt haben. An was auch immer wir uns zu erinnern glauben, welche Antworten wir auf unsere »Warum«-Fragen auch gefunden haben mögen – es wäre wichtig, daß wir die Beeinflußbarkeit, Formbarkeit und Fragilität unserer Erinnerungen erkennen und akzeptieren, daß es niemals nur eine Antwort auf die Frage »Warum« gibt. Bislang war die Menge möglicher Antworten durch den enormen Einfluß und die Vorherrschaft der Trauma-Theorie begrenzt: Wer wissen wollte, warum er so geworden ist, wie er ist, warum er diesen oder jenen Schmerz erleiden, dieses oder jenes Problem nicht lösen kann, forschte fast schon automatisch in der Vergangenheit.

Die Vertreter der Trauma-Theorie behaupten: »Wir sind alle Gefangene unserer Kindheit, ob wir es wissen, ahnen, leugnen oder noch nie etwas darüber erfahren haben.«[25] Und sie »belegen« diese Behauptung anhand von Fallbeispielen aus ihren therapeutischen Praxen sowie phantasievollen, aber einseitigen Neuinterpretationen von Lebensgeschichten.

»Wir sind nicht die Gefangenen unserer Kindheit«, antworten Forscher aus unterschiedlichen Wissenschaftsbereichen. Sie belegen ihre Aussage mit Erkenntnissen aus dem Bereich der biologischen Psychiatrie, der Zwillingsforschung, der Gedächtnis- und Säuglingsforschung.

Zwei Meinungen, die konträrer nicht ausfallen könnten.

Wem wollen wir glauben?

VI. DIE MACHT DER KINDHEIT
Warum wir daran glauben wollen

Wem wollen wir glauben? Den Trauma-Theoretikern, die uns davon überzeugen wollen, daß die Weichen für unser Leben in der frühen Kindheit gestellt werden? Oder den Entwicklungspsychologen und anderen Wissenschaftlern, die neben der Kindheit noch viele andere Faktoren identifiziert haben, welche den Entwicklungsverlauf entscheidend beeinflussen können? Wollen wir glauben, daß Kindheit Schicksal ist, oder entscheiden wir uns für jene Version, wonach frühe Erfahrungen nicht den Stellenwert haben, wie bislang immer angenommen?

Zur Zeit fällt die Antwort darauf ganz eindeutig aus: Die meisten Menschen glauben an die Macht der Kindheit. Sie wehren sich zum Teil vehement gegen jedes Argument, das zu Zweifeln Anlaß gibt. Sie wehren sich gegen den Gedanken, daß ihre Eltern nicht an allem schuld sein können. Sie wehren sich gegen die Behauptung, ihre Erinnerungen seien nicht real, sondern eine Mischung aus Realität, Phantasie und Wünschen. Sie wehren sich gegen das Argument, daß noch so langdauernde Therapien nicht zum Ziel führen, weil sie von falschen Voraussetzungen ausgehen und Versprechungen abgeben, die sie nicht einhalten können.

Die Vehemenz der Abwehr ist durchaus verständlich. Denn die von der Kindheits-Liga vorgetragenen Argumente und Schlußfolgerungen klingen nicht nur überzeugend, sie bringen auch bei vielen Menschen ganz bestimmte Saiten zum Klingen. Es gibt wohl niemanden, der sich als Kind nicht irgendwann von seinen Eltern verlassen gefühlt oder mehr Liebe und Zuwendung gebraucht hätte, als er tatsächlich erhielt. Eltern sind enttäuschend und ungerecht, Eltern machen Fehler, Eltern sind oftmals zu sehr mit sich selbst beschäftigt, als daß sie angemessen auf die Bedürfnisse ihres Kindes eingehen könnten. Die Geschichte der Kindheit ist auch heute oft genug eine Geschichte des Leids.

Weil also wahrscheinlich jeder Mensch in seiner Kindheit irgendeinen Mangel erleben mußte, treffen die Botschaften der Kindheitstherapeuten auf so viele offene Ohren. Für viele bedeutet es eine enorme Entlastung, wenn sie plausible Erklärungen hören, die sie auch auf ihr eigenes Leben anwenden können.

Doch erklärt das allein die große Beliebtheit, der sich die Trauma-Therapie zur Zeit erfreut? Wohl kaum! Es ist sehr unwahrscheinlich, daß die Generation der heute Erwachsenen eine besonders schlimme Kindheit gehabt hat und deshalb so empfänglich für die Botschaft der Trauma-Therapeuten ist. Im Gegenteil: Wohl selten waren die Bedingungen für Kinder so gut wie in den westlichen Wohlstandsländern während der letzten Jahrzehnte. Niemals zuvor wurde der Entwicklung eines Kindes soviel Aufmerksamkeit gewidmet, und niemals zuvor war das Wissen über kindliche Bedürfnisse so groß.

Läßt sich die Beliebtheit der Trauma-Theorie dann darauf zurückführen, daß die Betroffenen ihr Schweigen endlich gebrochen und den Mut gefunden haben, über das, was ihnen angetan wurde, zu sprechen? Dieses Argument, das von Trauma-Therapeuten immer wieder vorgebracht wird, ist sicherlich nicht von der Hand zu weisen. Doch reicht es als Erklärung aus? Liegen die Gründe für die Bereitschaft, die Ursache allen gegenwärtigen Übels in der Vergangenheit zu suchen, nicht doch tiefer?

Warum gab es gerade in den letzten Jahren »einen starken Trend, das Kindheitstrauma in den Mittelpunkt« zu stellen, wie Helm Stierlin konstatiert? Warum hat die Einstellung »Weil ich diese schreckliche Kindheit, diese schlimme Mutter hatte, kann man von mir nichts erwarten«, warum hat diese Einstellung, wie Stierlin meint, »geradezu absurde Ausmaße angenommen«?[1]

Um Antworten auf diese Fragen finden zu können, ist es notwendig, den Blick vom einzelnen auf die Situation zu lenken, in der wir heute leben. In den Anforderungen, die an uns gestellt werden, in den veränderten Lebensformen und Lebensstilen liegt möglicherweise die Erklärung dafür, daß der Blick in die Vergangenheit für so viele Menschen reizvoll und verführerisch ist.

Der Wunsch nach Selbstverbesserung

Der Zeitabschnitt, in dem wir leben, hat viele Namen. Sozialwissenschaftler beweisen viel Phantasie, wenn es darum geht, die »postmoderne« Gesellschaft zu charakterisieren. Da ist vom »Zeitalter der Selbstverbesserung« die Rede, von der »Therapie-Gesellschaft«, der »Risikogesellschaft«, der »Erlebnisgesellschaft«. Da ist die Rede von »Optionenfülle« und »Kontextüberflutung«, von »Patchwork-Identitäten« und »Supermarkt-Mentalitäten«.

So unterschiedlich die Begriffe auch sind, sie bringen alle das Credo dieser Epoche zum Ausdruck, das da lautet: Alles ist möglich, alles ist machbar – man muß nur aus der riesigen Fülle der Angebote die richtige Auswahl treffen. In der »Erlebnisgesellschaft« mit ihrer »Optionenfülle« haben wir die individuelle Wahl. In dieser Gesellschaft besteht »eine ungeheure Fülle an Erlebnismöglichkeiten«, beschreibt Stierlin die Situation. »Diese Gesellschaft ähnelt einem gigantischen Kiosk.«[2] Vor diesem Kiosk stehen wir nun und haben die Aufgabe, das für uns Beste auszuwählen. Nehme ich das oder doch lieber dieses? Die da oder den da?

Diese vielen Wahlmöglichkeiten und der Zwang, sich entscheiden zu müssen, werden jedoch schnell zur Qual, denn: Wer entscheidet, welche Entscheidung richtig ist? Es gibt kaum noch allgemeingültige Werte oder Maßstäbe, die uns die Entscheidung erleichtern könnten. Der Maßstab allen Tuns liegt in uns selbst. Richtig ist, was *wir* für richtig halten, was uns gut tut, was unserer Entwicklung und Selbstverbesserung förderlich ist. Allerdings sind wir nicht immer absolut sicher, was die für uns richtige Entscheidung ist: Überall lauert das Risiko, daß wir unsere Freiheit nicht richtig nutzen und von den vielen Möglichkeiten überwältigt werden. Denn, wie gesagt, da gibt es nichts, was uns die Entscheidung erleichtern könnte; wir sind in diesem »Supermarkt« völlig auf uns allein gestellt.

Die sogenannten »alten« Werte, vertreten durch Familie, Staat und Kirche, die für frühere Generationen Orientierungsfunktion hatten, sind heute nur noch für wenige Menschen verbindlich. Die Mehrheit lebt frei von äußeren Zwängen und Bevormundungen nach Moralvorstellungen und Werten, die sich vor allem an einem orientieren: an den eigenen Bedürfnissen. Frühere Generationen mußten durch ihre feste Einbindung in traditionelle Strukturen nicht lange darüber nachdenken, wie sie ihr Leben führen sollten: Es genügte, wenn sie »gottgefällig« lebten und sich den von den Institutionen aufgestellten Normen unterwarfen. Ein Kind, das in einen Handwerksbetrieb hineingeboren wurde, übernahm mit großer Wahrscheinlichkeit vom Vater dieses Handwerk; Töchter wurden möglichst gut verheiratet und wußten, was man von ihnen erwartete: Eine gute Mutter und Ehefrau sollten sie sein. Eine freie Entscheidung war nicht möglich und wurde auch von der Mehrheit gar nicht in Erwägung gezogen. Das Leben war weitgehend vorbestimmt.

Dieses Eingebundensein in Traditionen bedeutete natürlich Unfreiheit und Einengung, aber eben nicht nur: Es gab auch Sicherheit, Orientierung und Lebenssinn. Wenn die Familie die Berufswahl vorgibt, wenn eine Frau nicht entscheiden muß, ob sie lieber eine Familie gründen oder einen Beruf ergreifen soll, dann kann das als Zwang erlebt werden, es kann aber auch Entlastung bedeuten. Über das, was ohnehin vorgegeben ist, muß man sich keine Gedanken machen, und vor allem muß man sich nicht mit Zweifeln herumquälen, ob der eingeschlagene Weg auch der richtige und der beste ist.

Wir dagegen erleben die »Fröste der Freiheit«: Je geringer der Einfluß traditioneller Systeme wird, desto geringer wird auch ihr Halt. Sozialwissenschaftler sprechen von einer »inneren Heimatlosigkeit« vieler Menschen von heute. Der Zerfall der Traditionen und der Wertewandel haben viele Menschen verunsichert; sie wissen oft nicht, welchen Sinn ihr Leben hat, welche Richtung sie ihm geben sollen.

In vielen Menschen macht sich, wie Viktor Frankl, Begründer der Logotherapie, es nennt, ein »existentielles Vakuum« breit. »Im Gegensatz zum Tier sagen dem Menschen keine Instinkte, was er muß, und im Gegensatz zum Menschen von gestern sagen dem Menschen von heute keine Traditionen mehr, was er soll. Nun, weder wissend, was er muß, noch wissend, was er soll, scheint er nicht mehr recht zu wissen, was er will.«[3]

Nicht wissen, was man muß, nicht wissen, was man soll, nicht wissen, was man will – die Freiheit des Individuums, sich unabhängig von äußeren Einflüssen entscheiden zu können, führt zu Ratlosigkeit. Je zahlreicher die Wahlmöglichkeiten, desto beliebiger, desto hektischer fällt die Sinnsuche aus. »Die Menschen heute müssen mit der Frustration leben, mitten auf der Bühne im Rampenlicht zu stehen, aber keinen Text bekommen zu haben. Ja, sie wissen nicht einmal, wovon dieses Stück, in dem sie spielen sollen, handelt«, beschreibt der Sozialpsychologe C. R. Snyder die Situation, in der sich viele Menschen befinden.[4]

Da stehen wir also auf der Bühne unseres Lebens und müssen uns alle unsere Texte selber schreiben, wir müssen höllisch aufpassen, nicht unseren Einsatz zu verpassen, und wir können keine Aufgabe an jemand anderen delegieren. Wir sind zugleich Autor, Schauspieler und Regisseur des Stücks, das unser Leben heißt. Diejenigen, die früher die Regie übernommen haben – Kirche, Staat, Familie –, haben diesen Posten längst geräumt. In das entstandene Vakuum ist das einzelne Individuum getreten, dem nun niemand mehr sagt, nach welchen Kriterien es entscheiden soll.

»Es ist ja wunderschön«, meint Snyder, »daß wir uns unter den vielen Religionen eine aussuchen können, aber die Wahlfreiheit wird dann lächerlich, wenn wir uns auch noch zwischen zwei Waschpulvern entscheiden sollen und darüber wirklich wichtige Entscheidungen nicht mehr treffen können. Je mehr Energie und Aufmerksamkeit von bedeutungslosen Entscheidungen aufgefressen werden, desto mehr lassen wir uns von wichtigen Fragen des Lebens weglokken.«[5]

Gleichgültig, ob es um die »richtige« Frühstücksmarmelade, die »richtige« Ernährung, die »richtige« Sportart, die »richtige« Kindererziehung, die »richtige« Hautpflege, das »richtige« Körpergewicht, den »richtigen« Partner, den »richtigen« Urlaubsort, den »richtigen« Arbeitsplatz geht – wie banal oder wichtig eine Entscheidung auch sein mag, wir müssen sie treffen. Wir ganz allein. Und wir ganz allein tragen die Verantwortung dafür, daß wir uns richtig entscheiden. Weil wir, wie gesagt, nicht wissen, nach welchen Maßstäben wir unsere Entscheidungen treffen sollen, halten wir uns an das un-heimliche Motto dieser Gesellschaft, das da lautet: Jeder ist seines Glückes Schmied.

Noch in den 50er Jahren hatten die Menschen vor allem materielle Ziele (ein eigenes Auto, endlich einen Fernseher, ein eigenes Haus); heute dagegen gilt es, das eigene Selbst möglichst optimal zu entfalten. Alle Entscheidungen, die zu treffen sind, werden unter diesem Gesichtspunkt abgewogen: Nutzt es mir, meinem Körper, meinem Selbst? Wer es sich leisten kann, bemüht sich, in jeder Hinsicht das Beste aus sich zu machen. Da wird der Körper einem extremen Fitneßprogramm unterworfen, da wird gejoggt und nur noch gegessen, was gesund ist, und nicht, was einem schmeckt. Und auch für die psychische Selbstverbesserung wird einiges getan: Der tägliche Streß wird mit östlichen Entspannungsmethoden bekämpft, die negative Stimmung mit positivem Denken aufgehellt, in therapeutischen und esoterischen Zirkeln nach dem Sinn des Lebens gefragt.

Der Wunsch nach Selbstverbesserung und Selbstverwirklichung steht so sehr im Vordergrund des individuellen Strebens, daß viele Menschen ihre Umwelt vor allem unter der Perspektive sehen, ob sie von ihr bei der möglichst optimalen Selbstentwicklung Unterstützung finden können. Denn wo es gilt, alles Hemmende, Blockierende zu überwinden, um das Beste aus sich selbst zu machen, müssen alle Mittel genutzt werden.

Der Sozialpsychologe Martin Seligman nennt dieses Selbst, das immer die richtige Entscheidung treffen muß, das die hohen Ansprüche und Erwartungen, die an den einzelnen heute gestellt werden, nicht enttäuschen darf, das »maximale Selbst«. Er grenzt es ab vom »minimalen Selbst«, das für frühere Generationen typisch war.

»Das minimale Selbst hatte sich wie das mittelalterliche Selbst einfach gut zu benehmen; es war erheblich weniger mit seinem Befinden beschäftigt. Es kümmerte sich weniger um Gefühle und mehr um Pflichten. Heute leben wir mit allen Konsequenzen in einer Kultur des maximalen Selbst. Wir wählen frei aus einer Fülle von kundengerechten Produkten und Dienstleistungen und streben nach einer immer noch exquisiteren Freiheit.«[6]

Angesichts des Überangebots an Wahlmöglichkeiten gerät dieses »maximale Selbst« aber sehr schnell in Schwierigkeiten. Ständig ist es sich bewußt, daß es sich auf jeden Fall richtig entscheiden muß und daß es, wenn ihm das nicht gelingt, auch für das Scheitern die Verantwortung zu übernehmen hat. Um die Last dieser Verantwortung tragen und aushalten zu können, müßte der Mensch die Fähigkeit zur »Selbstregulation« besitzen, wie Helm Stierlin meint. Das heißt, er müßte in der Lage sein, in die Fülle an Wahlmöglichkeiten eine Schneise zu schlagen. Es müßte ihm gelingen, durch eigene Zielsetzungen und eigene Werte eine gewisse Ordnung in die Unübersichtlichkeit zu bringen. Das aber setzt voraus, daß er sich nicht verunsichern läßt, daß er den vielen Verlockungen und immer neuen Angeboten standhält, daß er nicht ins Zweifeln gerät, ob das, was er tut, auch wirklich das Optimale ist. Wer heute in dieser Gesellschaft gesund bleiben will, der muß fähig sein, Ambivalenzen, Unsicherheiten auszuhalten. Und er müßte den Gedanken, daß ständige Selbstverbesserung möglich ist, als Illusion entlarven.

Wenn diese Selbstregulation nicht gelingt, dann wird die Verunsicherung noch größer und damit der Wunsch nach Selbstverbesserung zum krankmachenden Zwang. Der Soziologe und Gesellschaftstheoretiker Zygmunt Baumann beschrieb diesen Zwang als neue »Geißel« der Postmoderne auf dem Kongreß der »Neuen Gesellschaft für Psychologie«, der Anfang 1995 in München stattfand:

»Die Angst vor Unbestimmtheit versetzt den einzelnen geradezu in einen Taumel von Selbstfindungs- und Selbstversicherungsbemühungen. Scheitern wir im nie enden wollenden Kampf, unser eigenes Selbst aufzubauen, oder bleibt ein etwaiger Sieg ohne Folgen, so erleben wir dies schmerzlich als ›Unvermögen‹. Dieses – und nicht mehr das Abweichen von äußeren Normen – wird nun zur meistgefürchteten Strafe für individuelles Versagen«.[7]

Erfahren wir dieses »Unvermögen« zu oft am eigenen Leib, dann können Suchtverhalten, Depressionen und Angstzustände sowie psychosomatische Erkrankungen langfristig die Folge sein. Das Risiko, an Depression zu erkranken, ist beispielsweise für Menschen, die nach 1955 geboren wurden, dreimal größer, als es noch für ihre Großeltern war, wie internationale Studien belegen. Es sind die Wirtschaftswunderkinder, die als erste Generation vor dem an Erlebnismöglichkeiten überbordenden Kiosk dieser Gesellschaft stehen und nicht mehr wissen, was richtig und was falsch ist. Sie brechen zusammen unter der permanenten Forderung, das Beste aus all den Wahlmöglichkeiten für sich herauszusuchen, mitzuhalten in dem Streben nach dem individuellen

Glück. Wem es nicht gelingt, in dieser Gesellschaft mit all ihren Glücksangeboten glücklich zu sein, wem der Erfolg im Berufs- oder im Privatleben trotz intensivster Bemühungen verschlossen bleibt, fühlt sich als Versager. Er erkennt nicht, daß das Leben nun einmal voller Rückschläge ist, daß Niederlagen ebenso dazugehören wie die kleinen und manchmal auch großen Erfolgserlebnisse, sondern er fühlt sich für sein Scheitern verantwortlich und ist davon überzeugt, daß die Rückschläge vermeidbar gewesen wären. Ein belastendes Gefühl, das nur schwer auszuhalten ist.

In solchen Krisen tauchen dann fast zwangsläufig Fragen auf wie »Warum passiert das gerade mir?«, »Was stimmt mit mir nicht?«, »Womit habe ich das verdient?« Und schließlich: »Wer hat schuld?« Um die Last der Verantwortung etwas abzubauen, suchen wir Entlastung und Trost.

Der Wunsch nach Entlastung

Von dieser Situation profitieren nun all jene, die vorgeben, Ordnung in das Durcheinander bringen zu können, die den Haltlosen Halt und den Orientierungslosen Orientierung versprechen. Kurz, all jene, die klare Antworten auf alle Warum-Fragen anbieten und versprechen, den einzelnen von der Last der Verantwortung, unter der er zusammenzubrechen droht oder bereits zusammengebrochen ist, zu befreien. Und die zugleich versprechen, für die notwendige Arbeit am Selbst Hilfestellung geben zu können.

Orientierungsangebote kommen dabei aus ganz verschiedenen Richtungen: neue Religionen, Esoterik, New-Age, Selbsterfahrung, Fitneß-Kult – hinter all den Begriffen verbergen sich Bewegungen, die sich dem einzelnen Menschen andienen und ihm bei der Sinnsuche helfen wollen. Nicht zu vergessen natürlich die Psychotherapie, die den Überlasteten ebenfalls schnelle Erleichterung verspricht. Auch Psychotherapeuten bieten sich als Retter an, wenn die Selbstverbesserer an ihre Grenzen stoßen und nach irgend jemandem suchen, der ihnen die Bürde der Verantwortung abnimmt.

Die Trauma-Therapien erscheinen dabei besonders geeignet, das Bedürfnis nach Entlastung zu befriedigen, indem sie helfen, Verantwortung an die Vergangenheit zu delegieren. Sie befreien den einzelnen von der Last der Verantwortung und bieten ihm statt der Entscheider- die Opferrolle an. »Ein Opfer zu sein, einem anderen Menschen oder dem System die Schuld zuzuschieben ist eine machtvolle und zunehmend verbreitete Trostquelle«, meint Martin Seligman.[8] Wem das eigene Leben zu unübersichtlich geworden ist, wer Schwierigkeiten hat, es mit Sinn zu erfüllen, wer unter der Last seiner Probleme zusammenzubrechen droht, für den kann die Rolle des Opfers ein Strohhalm sein, an den er sich haltsuchend klammert.

In den USA hat diese Opfermentalität bereits so große Ausmaße angenommen, daß der amerikanische Autor Charles J. Sykes von einer »Nation der Opfer«[9] spricht. Gleichgültig, welche Probleme einen Menschen auch plagen, immer wird als erstes die Frage nach den Verantwortlichen gestellt: Wer hat schuld? Es ist kein Wunder, meint Sykes, daß die Zahl der Menschen ständig steigt, die sich selbst als »abhängig«, »mißbraucht« oder »vernachlässigt« diagnostizieren. Weil es für sie so schwierig ist, in dem Supermarkt der Identitäten eine eigene Identität zu finden, sind sie erleichtert, wenn sie durch eine negative Zuschreibung eine gewisse Identität erhalten. Nun können sie sich zugehörig fühlen – zur Gruppe der »Erwachsenen Kinder«, zur Gruppe der »Co-Abhängigen«, zur Gruppe der sexuell Mißbrauchten, der multiplen Persönlichkeiten oder zur Gruppe der verletzten Erwachsenen-Kinder. Sie alle sind überzeugt davon, daß ihre ganz spezifische Kindheit ihr Schicksal war, und sie setzen all ihre Kraft und Energie ein, um die Schuldigen zu finden. Doch damit nicht genug: Sie wollen nicht nur den Schuldigen finden, die meisten erwarten auch, daß der ihnen zugefügte Schaden irgendwie behoben werden kann.

Der Wunsch nach Wiedergutmachung

Die Suche nach Schuldigen und die Zurückweisung von Verantwortung haben, wie wir wissen, eine lange Tradition. Adam und Eva haben es uns vorexerziert, wie man Schuld zuweist und sich damit aus der Verantwortung stiehlt:

»Gott, der Herr, rief Adam zu sich und sprach: Wo bist du? Er antwortete: Ich habe dich im Garten kommen hören; da geriet ich in Furcht, weil ich nackt bin, und versteckte mich. Darauf fragte er: Wer hat dir gesagt, daß du nackt bist? Hast du von dem Baum gegessen, von dem zu essen ich dir verboten habe? Adam antwortete: Die Frau, die du mir beigesellt hast, sie hat mir von dem Baum gegeben, und so habe ich gegessen. Gott, der Herr, sprach zu der Frau: Was hast du da getan? Die Frau antwortete: Die Schlange hat mich verführt, und so habe ich gegessen.«[10]

Adam und Eva hatten nicht sehr viel Nutzen von ihren Schuldzuweisungen, sie wurden aus dem Paradies vertrieben. Wir modernen Adams und Evas aber lassen uns nicht mehr so schnell aus dem Paradies vertreiben, oder besser: Wir klagen auf Wiedereinlaß in das Paradies. Wir wollen uns nicht mit dem Schicksal abfinden, in der Kindheit um unser Lebensglück betrogen worden zu sein. Wir fordern Wiedergutmachung. »Der Ärger, den wir gegen unsere Eltern hegen, ist zu einer Quelle persönlicher Macht geworden; wir wurden schlecht behandelt, und nun haben wir es verdient, gehört zu werden. Wir wollen, daß unsere Eltern Abbitte leisten, daß sie uns lieben und daß sie wieder gut machen, was sie so schrecklich falsch gemacht haben«, beschreibt der amerikanische Psychotherapeut Wayne Muller die Situation, in der sich viele Menschen heute befinden.[11]

So schreibt zum Beispiel eine Betroffene: »Ich ... habe sexuelle Gewalt erlebt, Mißhandlungen jeglicher Art, Verletzungen und Vernachlässigung. Ich bin wütend und sehr enttäuscht darüber, daß mir als Kind niemand zu Hilfe kam und auch heute Menschen aus naher Umgebung und die Gesellschaft selbst mir nicht die Hochachtung entgegenbringen, die mir gebührt. Auch ich konnte mich lange nicht an einen großen Zeitraum meiner Kindheit erinnern, und erst seit ca. zwei Jahren steigen die verlorenen Erinnerungen in mir hoch.«[12]

Diese Frau ist kein Einzelfall. Die Nachforschungen in der Kindheit sind in vielen Fällen von dem Motiv geleitet, Defizite ausgleichen zu wollen und endlich jener glückliche Mensch werden zu können, der man geworden wäre, wenn man nur andere Eltern und insgesamt eine bessere Kindheit gehabt hätte. Denn mit dem Glauben an die Macht der Kindheit ist zugleich der Glaube verbunden, daß es – eine bessere Kindheit vorausgesetzt – ein Leben in Glück und möglichst ohne Leid geben kann.

»Hättet ihr euch damals nicht scheiden lassen«, wirft eine 28jährige Soziologiestudentin ihrer Mutter vor, »dann hätte ich heute nicht solche Probleme mit Männern.«

»Hätte sich meine Mutter nicht so an mich geklammert, dann hätte ich heute nicht soviel Angst vor Nähe«, klagt ein 30jähriger Mann, dem keine Partnerschaft gelingen will.

»Hätte Vater uns nicht verlassen, als ich noch klein war, wäre ich sicher nicht drogenabhängig geworden«, meint eine 49jährige, die ihre Heroinsucht zwar überwunden hat, nun aber unter Panikattacken leidet.

Hätte, wäre, wenn ... an Schuldzuweisungen mangelt es nicht, wenn erwachsene Menschen nach einer Begründung dafür suchen, warum ausgerechnet ihnen das Leben so schwerfällt. Wären die Eltern nur nicht so kalt, abweisend, lieblos, seelisch krank, alkoholabhängig oder in irgendeiner anderen Weise versagend gewesen, dann wäre das Leben heute frei von Leid. Dieses magische Denken leitet viele Erwachsene, die sich als Opfer sehen und darauf warten, daß sie endlich bekommen, was ihnen zusteht. Sie fühlen sich in dieser Rolle durchaus wohl, denn: Schuldzuweisungen entlasten. »Wer Opfer sein darf und alle Schuld auf andere schiebt, besitzt moralische Überlegenheit und muß sich nicht länger verantwortlich fühlen für das eigene Verhalten und seine Folgen. Jeder weiß doch, daß ein Opfer ›nur‹ Gerechtigkeit und Fairneß will«, schreibt der Psychologe Ofer Zur.[13]

In einer Zeit, in der wie in keiner anderen zuvor alles machbar erscheint, selbst das persönliche Glück, kommt es den weniger Glücklichen besonders unfair vor, daß ausgerechnet ihnen »damals« Knüppel zwischen die Beine geworfen worden waren. Wer die Eltern als Übeltäter entlarven kann, ist gleichzeitig erleichtert und empört: Erleichtert, weil er sich nun nicht mehr länger verantwortlich fühlen muß – für seine scheiternden Beziehungen, für seine Drogensucht, für sein Eßverhalten, für seine Labilität; und empört, weil er es als Ungeheuerlichkeit empfindet, daß ausgerechnet ihm das alles angetan wurde. Welch ein Nachteil erwächst aus einer unglücklichen Kindheit in einer Gesellschaft, in der anderen Menschen das Glück offensichtlich so leicht gelingt!

»Das ist nicht fair«, denken all jene, deren Leben nicht frei von Schmerz, Leid und Niederlagen ist. Denn unsere Ansprüche an das Glück sind in den letzten Jahrzehnten enorm gestiegen. Auch dies ist eine Folge der gigantischen Möglichkeiten, welche die Gesellschaft uns offeriert. Wir haben große Erwartungen an die Welt im allgemeinen und die Familie oder den Partner im besonderen. Sie haben eine Bringschuld uns gegenüber, das heißt, sie tragen die Verantwortung dafür, was aus uns wird. Glauben wir, in irgendeiner Weise benachteiligt zu werden oder zu kurz zu kommen, bekommen wir nicht alles vom Leben, was uns – wie wir denken – zusteht, dann fühlen wir uns verraten und um unser Glück gebracht.

Auffällig ist, daß vor allem jene Menschen besonders große Erwartungen haben, die, wie sie oft selber zugeben, eine ganz normale, von besonderen Schicksalsschlägen freie

184

Kindheit durchlebten. Es scheint, als ob sie in ihrem Streben nach Glück besonders unersättlich wären. Ein Verdacht, den zum Beispiel die Psychotherapeutin Jean G. Jensen bestätigt:

»Mein Interesse, Psychotherapeutin zu werden, erwuchs aus meinem Versuch, die Qualität meines eigenen Lebens durch Therapie zu verbessern. Meine Erfahrung war mehr eine der subtileren Art – der Schaden war mehr ein Ergebnis dessen, was nicht passiert ist als dessen, was passiert ist – eingeschlossen der Unfähigkeit meiner Eltern, alle ihre Kinder angemessen zu versorgen. Wegen dieser Subtilitäten – ich wurde nicht geschlagen, noch wurde ich ausgeschimpft – dauerte es lange, bis ich verstand, in welchem Maße mich meine Kindheit beeinflußt hatte.«[14]

Weil wir soviel vom Leben erwarten, weil wir an die Möglichkeit der Selbstverbesserung glauben und verinnerlicht haben, daß wir das Beste aus uns und unserem Leben zu machen haben, ist unser Sensorium für »Subtilitäten« in den vergangenen Jahrzehnten sehr gewachsen. Die Erhöhung des eigenen Selbst zum Maßstab allen Denkens und Handelns hat zu einer verstärkten Selbstbeobachtung geführt. »99 Prozent unseres täglichen Denkens kreist um uns selbst«, sagt der Zen-Meister Suzuki Roshi. Wir sind ständig damit beschäftigt, unsere eigene Befindlichkeit und deren Ursachen zu ergründen, und vergessen dabei, so Roshi, daß wir »nichts Besonderes« sind.[15]

Diese Selbstbeobachtung führt in Krisenzeiten zu einer selbstmitleidigen Opferhaltung, die uns immer noch mehr in die Anklagehaltung treibt und nichts zur Bewältigung der gegenwärtigen Krise beitragen kann. Entdecken wir, daß uns als Kind Unrecht geschehen ist, dann »können wir sehr schnell lernen, uns selbst in bestimmter Weise als zerbrochen, behindert oder defekt wahrzunehmen. Wenn wir mit quälender Genauigkeit die Gewalt und die Ungerechtigkeiten erinnern, die unser Herz verwüstet haben, dann sehen wir unsere Kindheit als einen schrecklichen Fehler an. Manchmal kann das Ausmaß unserer Kindheitstrauer uns mit Hilflosigkeit, Enttäuschung und Verzweiflung erfüllen«, schreibt der Psychotherapeut Wayne Muller.[16]

Von der Hilflosigkeit, Enttäuschung und Verzweiflung ist es dann oft nur ein kleiner Schritt zum Selbstmitleid. Ein Schritt, der Betroffenen in Trauma-Therapien sehr erleichtert wird, wie inzwischen sogar aufgeschlossene Psychoanalytiker zugeben. Zu ihnen gehört die Psychoanalytikerin Ursula Grunert, die meint, daß »Selbstmitleid die Entwicklung des einzelnen, die ja ein nie endender Prozeß ist, verhindern und ihn auf Dauer psychisch oder auch physisch krank machen (kann)«. Und sie führt das Beispiel eines ihrer Patienten an:

»Mir erzählte ein Patient, er gehe jeden Abend mit ›Alice Miller‹ ins Bett, lese ein paar Seiten, und schlafe dann weinend über sein Schicksal ein. Es handelt sich um einen Mann in reiferen Jahren, der seine Analyse auf lebenslänglich angelegt hatte, um das zu bekommen, was seine Mutter seit der Kindheit von *ihm* fordert, nämlich Zuwendung. Man könnte denken, es sei doch gut, wenn diese Lektüre ihm einen gefühlsmäßigen Zugang zu sich und seinem Leben ermöglicht, wenn sie ihm hilft, die mangelnde Zuwendung in der Kindheit, die Ausbeutung durch seine Mutter zu betrauern. Ich glaube jedoch nicht, daß es sich bei diesen Gefühlsregungen um einen solchen Trauerprozeß handelt, der irgendwann einmal zur Verarbeitung und zum Loslassen des Gefühls ›arm zu sein‹ beiträgt, sondern eher um Selbstmitleid, in dem man anscheinend so genüßlich verharren kann, ohne etwas bei sich selber verändern zu müssen.«[17]

Therapeuten, die ihre Patienten darin bestärken, daß ihnen so etwas wie »Nachbeelterung« oder nachträgliche Verwöhnung zusteht, und die sich anbieten, die Defizite der Kindheit aufzuheben, fördern diese Selbstmitleidhaltung und leiten ihre Patienten dazu an, nach Schuldigen zu suchen. Ihre Versprechungen sind auch allzu verführerisch. Wer möchte nicht daran glauben, daß es ein Leben ohne Leid geben könnte und daß Wiedergutmachung möglich ist, wenn man sich nur mutig mit den verdrängten Geschehnissen und Schmerzen auseinandersetzt?

Wahlverwandtschaften: die Unterstützung der Politik durch die Therapie

Wer den Versprechungen der Trauma-Therapeuten glaubt, der erzählt seine Geschichte als Problemgeschichte und hofft, daß mit Hilfe geeigneter therapeutischer Maßnahmen daraus doch noch eine Idealgeschichte wird.

Wer diesen Versprechungen glaubt, der denkt wie Georg Leckie, der sich eines Tages an den Schreibtisch setzte und endlich den Brief schrieb, der ihm schon so lange auf der Seele lag. Er hatte seinen Job vor einiger Zeit verloren und lebte nun von Arbeitslosenunterstützung. Das aber war nicht das Problem, das ihn veranlaßte, sich an den berühmten Psychotherapeuten Milton H. Erickson zu wenden.

»Lieber Herr Doktor Erickson,
. . .
Was nun mein Problem angeht, so hat das Stottern bei mir irgendwann im Alter von vier bis viereinhalb Jahren angefangen. Ich habe im zwölften Monat zu sprechen angefangen. Der Beginn des Stotterns traf ziemlich genau mit der Geburt meiner Schwester zusammen und mit einer Mandeloperation zu Anfang meines fünften Lebensjahres. Wie diese Ereignisse mit meinem Stottern zusammenhingen, habe ich mir nie ganz zusammenreimen können. Ich habe viele Versuche gemacht, meine Kindheitstraumata zu entwirren, darunter konventionelle Psychotherapie, mißlungene Versuche einer Hypnose . . . ›Schrei‹-Therapie . . . Ich habe es auch mit verschiedenen ›Körper‹-Therapien versucht, nämlich mit Rol-

fing, mit Lomi-Körperarbeit, Polaritätstherapie, Akupunktur, Bioenergetik und mit Atemtechniken. Mit verschiedenen mechanischen Hilfsmitteln habe ich es versucht. Ich habe Elektroschocktherapie gemacht, außerdem auch viele meditative, spirituelle und Yoga-Übungen. Ich stottere immer noch. Manches, was ich versucht habe, hat in größerem oder geringerem Maße geholfen, aber ich habe das Gefühl, daß immer noch stark besetzte Inhalte aus der Vergangenheit da sind, die zu bearbeiten ich eine Höllenangst habe.

Mehrere Psi-Freunde ... haben mir gesagt, daß meine Mutterbeziehung noch unaufgelöst ist. Mir ist auch bewußt, daß ich Schwierigkeiten im Umgang mit Aggressionen habe... Mein Wunsch (wenn auch vielleicht nur mein Wunschtraum) ist, daß wir durch Hypnose den Zugang zu meiner frühkindlichen Familiensituation finden und sie auflösen könnten: Sie ist höchstwahrscheinlich der Grund, warum ich noch nicht richtig erwachsen bin. Ich möchte dahin kommen, daß ich bewußt die volle Verantwortung für mein Leben übernehmen kann. Ich möchte meine beinah lebenslangen Verhaltensmuster des Stotterns und des Mißerfolgs aufgeben. Ich möchte die Geschwisterrivalität mit einem meiner Brüder auflösen. Ich möchte anderen Menschen, statt mit Angst und Abneigung, mit Liebe begegnen können. Ich möchte mich selbst lieben können!... Ich muß mich zu einer positiven Haltung umprogrammieren.

Ich hoffe, bald von Ihnen zu hören.

Hochachtungsvoll, Ihr Georg L.«[18]

Georg Leckie, das ist offensichtlich, glaubt an die Versprechungen der Kindheitsbewegung. Er glaubt, daß er ein besserer Mensch werden kann, wenn er nur endlich den Zugang zu seiner »frühkindlichen Familiensituation finden und sie auflösen« kann. Daß seine zahlreichen Therapieerfahrungen ihm bislang dazu nicht verhelfen konnten, schreckt ihn nicht ab. Er stellt nicht die Versprechungen in Frage und auch nicht sein Ziel, sondern glaubt, mit einer anderen Methode, in diesem Fall einer Hypnotherapie bei dem berühmten Doktor Erickson, endlich erreichen zu können, was er sich so sehr wünscht. Georg Leckie kommt nicht auf den Gedanken, daß seine unaufgelöste Mutterbindung und seine Geschwisterrivalität vielleicht gar nichts mit seinem Problem zu tun haben. Wie sollte er auch? Bislang ist er doch, das zeigen seine Therapieerfahrungen, immer wieder in seinem Glauben bestärkt worden, daß es ihm besser gehen wird, sobald er seine Kindheitstraumata aufgearbeitet hat. Dann wird das Stottern verschwinden, dann wird er einen Arbeitsplatz finden, dann wird er endlich geliebt werden. Schon der Glaube an diese Versprechungen verschafft ihm zeitweilige Erleichterung und bringt eine Ordnung in sein Gefühlschaos.

Georg Leckie wurde übrigens nicht Patient von Milton H. Erickson. Dieser nämlich wollte den Glauben an den Einfluß der frühen Kindheit nicht weiter verstärken; vielmehr wies er den Briefschreiber darauf hin, daß sein Wunsch, den Zugang zur frühkindlichen Familiensituation finden zu wollen, »nur ein Ersuchen um Einsicht in eine nicht änderbare Vergangenheit« sei. Auf keinen Fall käme darin der Wunsch nach einer Therapie zum Ausdruck, die zu einer Lösung des Problems führen könnte.[19]

Auf Menschen wie Georg Leckie, die fest davon überzeugt sind, daß die Lösung all ihrer Schwierigkeiten in der Vergangenheit liegt, wirken derartige Aussagen verunsichernd. Verunsicherung aber wollen sie ja gerade vermeiden, und so ist es nicht erstaunlich, daß sie sich eher von Therapeuten angezogen fühlen, die sie in ihrem Kindheitsglauben bestärken. Denn die damit verbundenen Glücksversprechungen decken sich in geradezu idealer Weise mit den Glücksversprechungen der Konsumgesellschaft. Wer von allen Seiten zu hören bekommt, er selbst sei seines Glückes Schmied, er müsse nur die richtigen Entscheidungen treffen (für die richtigen Produkte, den richtigen Partner, das richtige Auto), der glaubt auch den Verlockungen aus der Psychoszene, die ihm psychisches Glück verheißen, wenn er nur die richtige Therapie wählt.

Der Soziologe Zygmunt Baumann sieht eine »offensichtliche Wahlverwandtschaft zwischen dem privatisierten Umgang mit Unsicherheiten und der privaten Marktwirtschaft. Ist die Furcht vor Unsicherheit erst einmal der Angst vor der Unfähigkeit gewichen, ein eigenes Selbst aufzubauen, kann dem Angebot des Marktes nicht mehr widerstanden werden.« Der Markt lockt mit verführerischen Angeboten, die allesamt versprechen, »das düstere Gespenst der Verantwortung zu vertreiben«.[20]

Eines dieser verlockenden Angebote wird von der Psychotherapie gemacht, die auf diese Weise zum Handlanger und zugleich zum Profiteur einer Gesellschaft wird, welche die Menschen überfordert. Der Psychokult soll verhindern, »daß der faule Zauber ans Tageslicht kommt und ins Schleudern gerät«, kritisierte der Psychotherapeut Jörg Bopp bereits vor vielen Jahren.[21] Wie es scheint, ist dies bislang gelungen. Noch haben wir nicht recht durchschaut, daß die vielbeschworene individuelle Freiheit, die Wahlmöglichkeiten und die Autonomie des einzelnen für die meisten Menschen Potemkinsche Dörfer sind.

Mit unserer »Individualität« ist es, allen Beschwörungen zum Trotz, nicht allzuweit her. Es ist für die Mehrheit in diesem Lande eine Scheinindividualität, und es handelt sich nur um scheinbare Wahlmöglichkeiten, die uns offeriert werden. Zwar sind wir nicht mehr abhängig von den alten Sinnstiftern, doch ohne es zu merken, haben wir uns in neue Abhängigkeit begeben: von einem Wirtschaftssystem, das uns in ständiger Bedürftigkeit und Unsicherheit hält (habe ich auch den richtigen Cognac, den richtigen Weichspüler?), und von den Agenten dieses Wirtschaftssystems, die dafür sorgen, daß wir nicht wirklich zu autonomen und sich frei entscheidenden Individuen werden.

Einer dieser »Agenten« ist eben auch die Therapieszene, die mit ihren Versprechungen dafür sorgt, daß der »faule

Zauber« nicht auffliegt. Damit wir nicht ins Grübeln darüber geraten, ob das, was wir so treiben, überhaupt einen
Sinn macht, ob die Jagd nach immer mehr und immer Besse-
rem wirklich unseren eigenen Bedürfnissen entspricht, wartet die Therapieszene mit ständig neuen Entlastungsangebo-
ten auf. Unser Denken und Handeln wurden therapeutisiert
– und damit entpolitisiert.

Die Frage, woher unsere Unzufriedenheit und unser Unglück kommen, treibt uns verständlicherweise um. Doch bei
der Suche nach der Ursache sind wir dank der genannten
Orientierungsgeber und der Kindheitstherapien auf einem
Auge blind: Wir sehen nur noch das individuelle Schicksal,
konzentrieren uns auf die Vergangenheit und berücksichtigen nicht, daß es auch noch andere Faktoren gibt. Wir
wollen nicht wissen, daß ein Mensch im Laufe seiner Entwicklung von vielen Einflüssen geformt werden kann. Und
wir wollen uns lieber um uns selbst kümmern als beispielsweise um soziale Mißstände, die möglicherweise sehr viel
mehr als die individuellen familiären Umstände zu Fehlentwicklungen führen können.

Der Deutsche Kinderschutzbund verbreitete 1994 erschreckende Zahlen: Danach leiden 71 Prozent aller Kinder
in Deutschland unter psychosomatischen Störungen, psychische Probleme wurden bei zehn bis zwölf Prozent der Sechs-
bis Zehnjährigen und bei 15 bis 20 Prozent der Jugendlichen
diagnostiziert. Über 41 Prozent der Zwölf- bis Siebzehnjäh-
rigen trinken regelmäßig einmal pro Woche Alkohol. Nach
Schätzungen des Bundeskriminalamtes werden in Deutschland jährlich über 200 000 Fälle von Sexualverbrechen an
Kindern begangen.

Welche Schlüsse werden aus diesen Zahlen gezogen? Die
Anhänger der Trauma-Theorie argumentieren in der Regel
folgendermaßen: Kindesmißhandlung ist nur aus der Welt zu
schaffen, wenn man den Eltern den Zugang zu ihren eigenen
verschütteten Gefühlen und den traumatisierenden Erlebnissen ihrer Kindheit ermöglicht. Ist erst einmal dieser Teufels-

kreis durchbrochen – Eltern, die als Kind mißhandelt worden sind, mißhandeln auch ihre eigenen Kinder –, dann gibt es auch keine Kindesmißhandlung mehr.

Der Deutsche Kinderschutzbund argumentiert etwas differenzierter. Die Ursache für die schlimme Situation der Kinder sieht er in der psychischen *und* sozialen Situation, in der sich Familien heute befinden. Die Zunahme der Ehescheidungen, Gewalt in der Familie, schlechte Wohnsituation, Mangel an Kindergartenplätzen, Armut – das und vieles mehr trägt nach Erkenntnis der Kinderschützer dazu bei, daß Kindheit auch heute noch für viele Heranwachsende alles andere als »glücklich« verläuft.

Diese Begründung befriedigt Trauma-Therapeuten jedoch nicht. Soziale Mißstände sind für sie noch kein Anlaß zur Sorge. Wie sagt doch Alice Miller: Man könne heute »immer noch lesen, man wisse nicht, welche Ursachen Kindesmißhandlung hätte. Man vermutet: Wohnungsnot, Arbeitslosigkeit, Atombombendrohung. Dabei läßt es sich nachweisen, daß es Menschen gibt, die mit ihren Kindern in engen Wohnverhältnissen leben, ohne sie zu mißbrauchen, weil sie selber nicht als Kinder mißbraucht wurden. Auf der anderen Seite sind Mißhandlungen in den höheren Sozialschichten auch kein Geheimnis mehr.«[22] Das ist sicherlich nicht falsch. Aber es verharmlost die Bedeutung der sozialen Bedingungen.

»Massenhafte Arbeitslosigkeit, Einkommensrückgänge, verschärfte Wohnungsnot und Risse im sozialen Netz stellen die Basisbedingungen für das Anwachsen der Häufigkeit von Kindesvernachlässigungen dar«, behauptet Reinhart Wolff, Hochschulprofessor und Begründer des Kinderschutz-Zentrums Berlin. Die sozialen Bedingungen, in denen Familien leben, prägen sehr viel mehr deren Erziehungsstil und deren Erziehungsverhalten, als es in der Kindheitsbewegung heute berücksichtigt wird. Da ist nur von mißbrauchenden, mißhandelnden, gefühlskalten, überbehütenden Müttern und Vätern die Rede, aber so gut wie gar nicht von Armut, Arbeitslosigkeit, mangelnder Bildung oder Krankheit.[23] Was in der Diskussion um frühe Kindheitstraumata, die interessanterweise fast ausschließlich von – und für – Mittel- und Oberschichtangehörigen geführt wird, vernachlässigt wird, ist die Tatsache, daß »Vernachlässigungsfamilien ... zu 90 Prozent arme Familien« sind, kritisiert Reinhard Wolff. Und er verweist auf James Garbarino und Gwen Gilliam, die in ihrer Arbeit mit mißbrauchenden Familien festgestellt haben: »Was oft übersehen wird, ist, daß der Schlüssel zum Verständnis ihres Verhaltens in den sozialen Bedingungen liegt, die diese Eltern umgeben ... Um Mißhandlungsfamilien zu verstehen, müssen wir ihre Welt verstehen. Diese Welt ist zum Teil ihre eigene Schöpfung, zum Teil jedoch ist sie ihnen aufgezwungen durch die Art und Weise, wie unsere Gesellschaft funktioniert.«[24]

Sind Trauma-Therapeuten in der Lage, die Welten von Familien, in denen Vernachlässigung vorkommt, wirklich zu verstehen? Zweifel sind angebracht. Wer psychische Probleme und Verhaltensstörungen ausschließlich auf das Fehlverhalten von Eltern zurückführt, ohne die sozialen Verhältnisse mitzuberücksichtigen, entlastet die politische Verantwortlichkeit und trägt zu unpolitischem Denken bei. Horst-Eberhard Richter, selbst Psychoanalytiker, wirft seinen Kollegen vor, daß sie die reale Situation ihrer Patienten in der Therapie oft vernachlässigten und deren Ängste, die sich zum Beispiel auf Umweltgefahren beziehen, als Kindheitsphantasien betrachteten. »Es ist keine korrekte Therapie, wenn ein Patient am Ende lernt, daß er eigentlich immer nur seinen Vater oder den Analytiker meint, wenn er sich über Reagan oder einen anderen kalten Krieger ärgert.«[25]

Die sozialen Bedingungen der Menschen, die unter psychischen Problemen leiden, sind für die Mehrheit der Psychotherapeuten kein Thema. »Soweit gesellschaftliche Bedingungen in der psychotherapeutischen Szene diskutiert werden, findet die Auseinandersetzung meist in einer Art Enklave statt«, schreibt der Psychologe Matthias Hermer.[26]

Und er glaubt, auch den Grund für diese »Enthaltsamkeit« zu kennen: Würden die sozialen Bedingungen in die therapeutische Arbeit miteinbezogen, dann würde das »die Therapie komplexer und widersprüchlicher machen und uns die Grenzen unserer Macht aufzeigen«.

Für die Psychotherapeuten hat es eindeutige Vorteile, wenn sie psychische Probleme als ausschließlich individuelle begreifen und deren Ursachen in der Kindheit des Klienten suchen. Wenn das soziale und gesellschaftliche Umfeld, in dem psychische Krankheiten und Krisen entstehen, berücksichtigt würde, dann würde das auch das Selbstverständnis und die Legitimation der Psychotherapie gefährden. Sind Probleme individuelle Probleme, dann »sind die Konsequenzen klar überschaubar«, wie Matthias Hermer meint:

»— Die Krise ist durch Psychotherapie zu beheben.

— Psychotherapie benötigt Fachleute, ist also ein professionelles Problem.

— Soweit die Notlage nichtpsychologische Anteile enthält, werden sie in der Regel als zweitrangig bewertet.«[27]

Die Individualisierung psychischer Probleme bringt jedoch nicht nur Vorteile für die Zunft der Therapeuten, sie ist auch für die Hilfesuchenden entlastend. Sie werden, wenn sie den Versprechungen der Psychotherapie, und hier eben vor allem der Trauma-Therapie, glauben, in ihrer Überzeugung gestärkt, daß Glück machbar, daß Selbstverbesserung allein durch individuelle Anstrengungen erreichbar ist. Durch diesen Glauben und diese Haltung entlasten sie wiederum die politisch Verantwortlichen. »Dem Konflikt wird die soziale Sprengkraft genommen; sein politischer Gehalt verliert sich in der psychologischen Beschränkung«, erklärt Hermer die entpolitisierende Wirkung des Glaubens an die Psychotherapie.

Die Erwachsenen-Kinder, die ihren Eltern, unterstützt durch die Kindheitsbewegung, Vernachlässigung, Miß-

194

brauch und Mißhandlung vorwerfen, kommen fast ausschließlich aus den sozial besser gestellten mittleren und oberen Schichten und haben soziale Not in der Mehrheit nicht selbst kennengelernt. Sie, die sich als Opfer erleben und in ihrer Rückwärtsgewandtheit nur noch um sich selbst kreisen, überlassen die wirklichen Opfer ihrem Schicksal. Zwar melden sie sich lautstark zu Wort, wenn die Existenz und die Wirkung früher Kindheitstraumata in Frage gestellt werden, und behaupten, daß dadurch das Leiden der Opfer verharmlost werde. Aber ihr ganzer Protest gilt – jedenfalls in den meisten Fällen – nicht den wirklichen Opfern. Diese haben in der Regel kaum Zugang zu den therapeutischen Praxen, in denen Kindheit aufgearbeitet wird (was in diesem Fall sogar zu begrüßen ist), und sie kommen oftmals gar nicht auf die Idee, sich selbst als Opfer zu bezeichnen. Wer aus wirklich »elenden Verhältnissen« kommt, so stellt der Psychotherapeut Wolfgang Schmidbauer fest, hat kein Interesse, endlos in seiner Kindheit nach möglichen Ursachen zu forschen, sondern ist »froh, erwachsen zu sein und überlebt zu haben«.[28]

All jene, die ihre ganze Kraft der Erforschung des eigenen frühkindlichen Traumas widmen, kümmern die realen Lebensbedingungen von Kindern nicht wirklich. Sie wollen endlich jenes erfüllte Leben führen, von dem sie glauben, daß es ihnen zusteht. Die wirklichen Probleme sollen andere lösen.

Vertreter der Kindheitsbewegung reklamieren für sich zwar politisches Bewußtsein, wie zum Beispiel die Autorin Margaret Paul, die behauptet: »Wenn der innere Erwachsene in einer liebenden Weise mit dem inneren Kind verbunden ist, handelt der Mensch so, daß er sich um sich selbst kümmert, daß er sich um die anderen kümmert und daß er sich um den Planeten kümmert.«[29]

Doch bislang ist nicht viel davon zu erkennen, daß Menschen, die sich um sich selber kümmern, sich irgendwann um andere kümmern können oder gar um den Planeten. Im

Gegenteil: Allenthalben wird – um nur ein Indiz zu nennen – das fehlende Engagement für andere und für das Gemeinwohl beklagt. Wir sind ein »Land der Ohnemichel« geworden, schrieb *Die Woche*.[30] Die Bereitschaft, für andere – unentgeltlich – etwas zu tun und sich sozial oder politisch einzusetzen, hat in den letzten Jahren immer mehr abgenommen. So hat, um nur die herausragendsten Beispiele zu nennen, der Deutsche Gewerkschaftsbund seit 1991 zwei Millionen Mitglieder verloren, die gleiche Zahl ging den 260 000 Vereinen verloren.

Umweltverbände, Bürgerinitiativen und Hilfsorganisationen wissen oft nicht mehr, wie sie ihre Aufgaben meistern können. »Das Engagement läßt überall spürbar nach«, klagt zum Beispiel Wolfram Eberhardt, Sprecher des Deutschen Roten Kreuzes. Eine Erfahrung, die auch der Bundesverband Bürgerinitiativen Umweltschutz bestätigt: »Die Menschen werden immer egoistischer. Vor allem die Jungen und die mittlere Generation sind kaum noch bereit, sich für die Gesellschaft und die Umwelt einzusetzen.«

Es wäre sicherlich nicht ganz fair, der Psychotherapie die Alleinverantwortung für dieses politische und soziale Desinteresse der Mehrheit in diesem Land in die Schuhe schieben zu wollen. Aber eine Teilverantwortung trägt sie doch. Durch ihre Konzentration auf den einzelnen, durch die Individualisierung von Problemen, welche die soziale Situation außer acht läßt, hat sie durchaus zur Entpolitisierung und zur Konzentration auf das Ich, auf das extreme Streben nach Selbstverbesserung und Selbstverwirklichung beigetragen – eine Erkenntnis, die sich auch unter aufgeschlossenen Psychotherapeuten ausbreitet. So kritisiert beispielsweise der amerikanische Psychotherapeut James Hillman:

»Wenn man immer nur über die Kindheit spricht, dann entpolitisiert man. Denn das Kind ist nicht ›citoyen‹, ist nicht Mitbürger. Das Kind ist nur ein ... Opfer ... Das heißt, wenn ich mich mit meiner eigenen Kindheit identifiziere, dann bin ich nicht nur nicht in der Gegenwart, ich bin auch entpolitisiert. Und das wirkt sich negativ auf den Alltag und auf mein Selbstverständnis als Bürger aus.«

Für Hillman sind die Menschen, die zu ihm kommen, »in erster Linie Bürger und dann erst Patient«. Denn, so erklärt er: »Wir können auch krank werden, weil wir kranke Bürger sind, die ihre Pflichten nicht erfüllen, und nicht nur aufgrund unserer Kindheit.«[31]
Dieser Gedanke ist aber den meisten Menschen, die an die Macht der Kindheit glauben wollen, ziemlich fremd. Sie wollen sich damit beschäftigen, was ihnen persönlich angetan worden ist, sie beklagen den Mangel, den sie ihrer leidvollen Kindheit zuschreiben, und übersehen den Mangel, der real existiert. Sie halten ihr Leid für einzigartig, sie glauben, daß nur sie so eine schreckliche Kindheit hatten. Wenn sie realisieren könnten, daß ihr persönliches Leid möglicherweise ganz »normales« Leid ist, dann hätten die Versprechungen der Trauma-Therapeuten nicht eine derart große Verführungskraft.

»Jeder von uns muß mit einem gewissen Ausmaß von Leid fertig werden«, meint der Psychotherapeut Wayne Muller. »Manche leiden mehr als andere, manche haben offene Gewalt erlitten, andere eher subtile. Doch wieviel Leid wir auch immer erfahren haben, es ist nicht unser Leid allein; es ist ein Teil des Leides, das alle Menschen erfahren. Die Art des Leids mag von Mensch zu Mensch unterschiedlich sein, doch die Tatsache, daß wir leiden, haben wir mit allen Menschen gemeinsam.«[32]
Wobei nicht unerwähnt bleiben sollte, daß zwar alle Menschen leiden, daß das Leid aber in den sozial benachteiligten gesellschaftlichen Schichten sehr viel häufiger zu psychischen Problemen führt als in den mittleren und oberen Schichten. Der Sozialpsychologe Heiner Keupp kommt nach einer Analyse der vorliegenden Studien zu der eindeutigen Schlußfolgerung: »Gesellschaftliche Ungleichheit fin-

det ihren Niederschlag in den sozialen Verteilungsmustern psychischer Störungen.«[33] Mit anderen Worten: Armut macht psychisch krank.

In den psychotherapeutischen Praxen sind diese Menschen aber in der Minderheit. Es sind vor allem Angehörige der mittleren und oberen Schichten, die sich den Luxus leisten, ihre Vergangenheit aufzuarbeiten. Während sozial weniger Privilegierte die besten Kunden der Pharmaindustrie werden, wenn sie unter psychischen Problemen leiden, will sich ein großer Teil der Mittelschichtsklientel der Therapie nicht damit abfinden, daß das Vergangene geschehen ist und nicht wiedergutgemacht werden kann; sie wollen sich nicht damit abfinden, daß es kein leidfreies Leben gibt, sondern sie glauben den gesellschaftlichen und therapeutischen Versprechungen, daß Glück machbar sei; sie wollen sich nicht mit der Unsicherheit auseinandersetzen, die diese Epoche mit sich bringt; sie wissen nicht, wie sie Verantwortung für das eigene Leben übernehmen können, geschweige denn, daß zur vielgelobten Individualität auch soziale Verantwortung gehört.

Einfacher erscheint es da, den Versprechungen der Kindheitsbewegung zu glauben, denn diese Versprechungen suggerieren Sicherheit, Orientierung und Halt. Würde der Glaube an die Kindheit aufgegeben, dann, so befürchten die Anhänger der Trauma-Theorie, würden sie den mühsam erarbeiteten Boden unter den Füßen verlieren. Das Denken in einfachen Kausalitäten wäre nicht mehr möglich, und alle Fragen wären wieder offen.

Doch wären sie das wirklich? Welche Konsequenzen hätte es, wenn wir den Einfluß der Kindheit etwas nüchterner betrachten und ihr nicht mehr den Stellenwert zuschreiben würden, wie dies die Trauma-Theorie tut? Müßten wir uns mit unseren Problemen und Krankheiten abfinden? Bliebe nur noch die Resignation, wenn wir anerkennen, daß die Versprechungen der Kindheitsbewegung nicht einlösbar sind?

VII. WEGE AUS DER OPFERFALLE
Für einen Wechsel der Perspektive

Die Behauptung, daß es sich diejenigen, die ihre Vergangenheit aufarbeiten wollen, leicht machen und sich aus der Verantwortung für das eigene Leben stehlen, wirkt auf die Anhänger der Trauma-Theorie sicher wie blanker Zynismus. Empört werden sie dagegenhalten: Das kann doch nur jemand behaupten, der nichts von den Schmerzen weiß, die Erwachsene Kinder durchleiden, wenn sie mit den Dämonen ihrer Kindheit zu kämpfen beginnen. Nichts ist schwieriger und belastender, als sich der Vergangenheit zu stellen. Nicht ohne Grund ist immer vom »Mut« die Rede, den Menschen brauchen, die sich auf den Weg zurück in die Kindheit begeben. So klingen zum Beispiel die Ratschläge, die Ellen Bass und Laura Davis in ihrem Selbsthilfebuch *Trotz allem* sexuell Mißbrauchten geben, in der Tat wie ein gefährliches Überlebenstraining: »Verletz dich nicht«, »Du wirst deinen Verstand nicht verlieren«, »Denk daran, wie tapfer du bist. Das ist eine ganz schlimme, schwierige Zeit.«[1]

Alle Erfahrungsberichte aus Trauma-Therapien bestätigen, daß die Aufarbeitung der Kindheit eine äußerst mutige und langwierige Angelegenheit und alles andere als eine bequeme Lösung ist. Auch die Opfer selbst betonen die Qualen, die sie erleiden, wenn sie sich mit den Wunden der Vergangenheit beschäftigen. Folgende Leserbriefe an den STERN belegen, wie sehr sich die Betroffenen mit ihrem Schicksal auseinandersetzen.[2]

»Ich bin als achtjähriges Mädchen von meinem Vater mißbraucht worden. Nachdem ich durch eine Ohrfeige von meiner Mutter zum Schweigen verurteilt worden bin, habe

199

ich 16 Jahre geschwiegen, ja sogar verdrängt. Erst Ende vo-
rigen Jahres war ich stark genug, mich meiner Mutter aber-
mals zu offenbaren. Der Großteil meiner Familie hat sich
daraufhin gegen mich gestellt und beschimpft mich als verlo-
genes Stück Dreck. Ich muß sämtliche Probleme, die sich
aus dem Mißbrauch ergaben, nach wie vor allein tragen. Die
Krankenkasse gewährt mir keine Therapie mit der Begründung, der Mißbrauch liege schon zu weit zurück. So zer-
mürbt mich der Mißbrauch immer mehr. Wären da nicht
mein fünfjähriger Sohn und mein Lebensgefährte, hätte ich
meine Selbstmordpläne sicher schon durchgeführt.«

»Ich wurde von früher Kindheit an hauptsächlich psychisch,
aber auch physisch von meinem Vater mißbraucht... Als
Jugendliche begann ich, den Schmerz, die Scham und Angst
mit Rauschmitteln zu betäuben. Ich wurde abhängig. Mittlerweile bin ich fast 28 und Mutter einer 19 Monate alten
Tochter. Die Wunden meiner Kindheit sind noch lange nicht
verheilt, und es fällt mir schwer, Hilfe zur Bewältigung dieses Schmerzes anzunehmen. Mein größter Wunsch ist, mich
irgendwann einmal selbst zu achten, anderen Menschen zu
vertrauen und eine intime Partnerschaft führen zu können.«

»Ich selbst bin in meiner Kindheit mehrfach sexuell mißbraucht worden, davon war der schlimmste Mißbrauch der
seitens meiner Mutter. Diese Erfahrung hat mein Leben geprägt, und meine Therapie ist ein Stück ›Blick in die
Hölle‹.«

Schon diese zufällige Auswahl von Berichten zeigt, wie beeinträchtigt sich die Betroffenen durch ihr Kindheitsschicksal fühlen, wie sehr sie sich quälen und wie stark ihr Wunsch
nach einem »normalen« Leben ist. Auch wenn es inzwischen
eine Fülle von Anhaltspunkten dafür gibt, daß die Erinnerungen an schlimme Ereignisse in der Kindheit nicht der

Realität entsprechen müssen, daß sie sogar durch entsprechende Beeinflussung und Suggestion verzerrt werden können, so steht es doch niemandem zu, über einen Menschen und dessen Leid zu urteilen, der seine Geschichte für wahr hält.

Von Verfechtern der Trauma-Theorie wird die Kritik daran häufig mit einem Angriff auf die »Opfer« selbst gleichgesetzt. Um sich nicht mit den Gegenargumenten auseinandersetzen zu müssen, gehen die Kritisierten ihrerseits zum Angriff über. Der Angriff, den die Trauma-Forscherin Judith Herman startet, ist typisch für dieses Vorgehen. Sie schreibt:

»Seit man sich mit den psychischen Folgen von Gewalttaten beschäftigt, hat es immer wieder heftige Diskussionen darum gegeben, ob PatientInnen mit posttraumatischen Leiden Fürsorge und Respekt verdienen oder Verachtung; ob sie wirklich leiden oder nur so tun; ob ihre Geschichten wahr oder erfunden sind. Und wenn sie erfunden sind: ob sie ihrer Einbildung entspringen oder böswillig konstruiert wurden.«[3]

Kein Kritiker der Trauma-Theorie diffamiert die Betroffenen, wie es hier unterstellt wird. Niemand verachtet sie, niemand spricht ihnen ab, daß sie leiden, und niemand glaubt, daß sie »böswillig« etwas konstruieren. Ganz unabhängig davon, ob die Erinnerungen an die Vergangenheit real, verzerrt oder suggeriert sind – das Leid der Betroffenen ist real. Auch jene, denen möglicherweise eingeredet wurde, daß sie ein mißbrauchtes oder vernachlässigtes Kind waren, quälen sich und finden keinen Seelenfrieden. Das Leid all derer, die sich mit ihren Kindheitstraumen – den wahren und den phantasierten – herumplagen, verdient Respekt. Spott und Verachtung sind hier fehl am Platze. Warum es aber manche Vertreterinnen der Trauma-Theorie für nötig halten, ihre Kritiker auf diese Weise zu diffamieren, soll hier nicht weiter erörtert werden.

Die Trauma-Theorie und den Kindheitskult zu kritisieren und zu analysieren bedeutet jedenfalls nicht, das Leid und die Qualen der Betroffenen geringzuschätzen. Doch gerade, wenn man nicht unbeeindruckt bleibt von der Anzahl der Menschen, die sich oftmals verzweifelt mit ihrer Vergangenheit herumquälen, dann drängt sich angesichts der zahlreichen Argumente, die gegen die Trauma-Theorie sprechen, eine Frage immer stärker auf, die auch die Betroffenen selbst interessieren müßte: Hilft es den Menschen wirklich, wenn sie die Ursache ihrer Probleme in der Vergangenheit suchen und all ihre Kraft der Aufarbeitung ihrer Kindheit widmen? Müssen Kindheitsgeschädigte wirklich den »Blick in die Hölle« werfen, wie es einer der Leserbrief-Schreiber ausdrückt, um beziehungsfähiger, liebesfähiger, arbeitsfähiger zu werden? Ist es unbedingt notwendig, Licht in das Dunkel der Vergangenheit zu bringen, um psychisch gesund zu werden? Gibt es neben der zeitweiligen Entlastung einen langfristigen gesundheitsfördernden Effekt, wenn Menschen sich als Opfer ihrer Geschichte betrachten? Sind die Versprechungen der Trauma-Therapien zutreffend, daß der Weg zu einem erfüllten, glücklichen Leben zwangsläufig durch die Vergangenheit führen muß? Und daß dieser Weg schmerz- und tränenreich sein muß? Welchen *Sinn* hat es, das Leid der Betroffenen bewußt zu vergrößern – allein aufgrund eines vagen Versprechens der Heilung?

Liest und hört man die Berichte der Betroffenen, wirkt es geradezu »schizophren«, was sich diese Menschen zumuten – und was ihnen von Trauma-Therapeuten zugemutet wird.[4]

»Wenn ich gewußt hätte, daß irgend etwas so wehtun oder so schlimm sein könnte, hätte ich niemals beschlossen zu heilen. Aber du kannst auch nicht zurück. Du kannst die Erinnerung nicht rückgängig machen. So viele Jahre lang hat mir nichts weh getan.«

»Obwohl ich mich manchmal an einen dunklen Ort verkriechen und vor der Wirklichkeit verstecken und manchmal völlig aufgeben will, mache ich weiter. Ich weiß nicht, wohin dieses ›Heilen‹ mich führt. Ich lebe von der Hoffnung anderer Menschen. Ich lebe von dem Glauben anderer Menschen, daß das Leben besser werden wird. Ich frage mich immer wieder, ob es das wert ist, aber ich mache weiter. Das also ist Heilung...«

»Mein Therapeut hätte mich niemals angelogen. Er sagte immer: ›Ich kann dir nichts garantieren. Ich weiß nicht, ob es dir besser gehen wird, wenn du darüber geredet hast. Vielleicht geht es dir dann auch viel schlechter.‹ Und es war schwer, den Sprung zu machen, egal, wohin, mit der Vorstellung, daß der Sprung selbst die Hauptsache war.

Ich gab damit eine wirklich sehr lebensfähige, kraftvolle Frau voller Selbstvertrauen auf. Aufgrund der Inzesterfahrung hatte ich auch sehr positive Seiten entwickelt. Und darauf wollte ich nicht verzichten. Vielleicht war das nicht die beste Art, um damit fertig zu werden, aber wenigstens war sie mir vertraut. Ich fühlte mich unglaublich verletzlich, als ich alles aufgeben mußte, und fragte mich, in welche Leere ich dann geworfen sein würde. Ich fühlte mich lange, als sei ich wundgelaufen und müßte doch immer weitergehen.«

Dies sind Äußerungen von Frauen, die sich plötzlich daran erinnern oder zumindest den Verdacht haben, als Kind sexuell mißbraucht worden zu sein. Sie glauben den Versicherungen der Trauma-Therapie, daß ohne die Bereitschaft, durch die Hölle zu gehen, keine Heilung möglich sei. Sie glauben, daß alles erst in die Brüche gehen muß, um auf den Ruinen ein neues Leben aufbauen zu können. »Die Entscheidung zu heilen bedeutet oft eine ungeheure Belastung für Ehen und Beziehungen, den Umgang mit Eltern, anderen Verwandten, manchmal sogar für deine Kinder«, erklären die »Therapeutinnen« Ellen Bass und Laura Davis ihren Anhängerinnen. »Es kann schwer sein, zur Arbeit zu gehen, zu studieren, zu denken, zu lächeln, Leistung zu bringen, zu funktionieren. Es kann sogar schwierig sein, zu schlafen, zu essen oder einfach mit dem Weinen aufzuhören.«[5]

Um nicht mißverstanden zu werden: Therapeutische Prozesse bringen, wenn sie Wirkung zeigen, immer Veränderungen mit sich. Solche Veränderungen können schmerzhaft, beunruhigend und ängstigend sein. Doch müssen Menschen wirklich derartige Qualen durchmachen, wenn sie sich eine Veränderung ihrer aktuellen Situation wünschen? Müssen sie gar auf ihre positiven Seiten, ihre Stärken, ihre Überlebensmechanismen, die ihnen bislang Halt gaben, verzichten? Hat es tatsächlich heilsame Wirkung, wenn Menschen sich zutiefst als Opfer fühlen, sich in Leid und Tränen auflösen und sich dann mühsam wieder Stück für Stück zusammensetzen müssen?

Die bisherigen Ausführungen geben auf diese Fragen eine klare Antwort: Weder die Einsicht in vergangenes Geschehen noch die Wiedererinnerung angeblicher verdrängter Ereignisse oder das kathartische Erleben verdrängter Gefühle sind hilfreich für eine langfristige Besserung. Der Blick zurück in Zorn, Wut und Enttäuschung mag vielleicht am Anfang eines therapeutischen Prozesses für manche Menschen notwendig sein. Jeder Mensch hat ein gewisses Recht auf Anklage, sie kann eine Art Ventilfunktion haben und ihn von allzu starkem psychischen Druck zeitweilig befreien. Auf jeden Fall aber sollte die Anklage eine zeitlich begrenzte Phase sein.

In Trauma-Therapien wird die Anklage dagegen zum Mittelpunkt des Geschehens und flaut oftmals selbst nach jahrelanger Auseinandersetzung mit der Vergangenheit nicht ab. Gerade dies aber macht die betroffenen Männer und Frauen zu hilflosen Opfern, die es nur selten schaffen, ihr passives Leid in aktives Handeln umzusetzen.

204

Vom Selbstmitleid zur Selbstverantwortung

Therapeutinnen und Therapeuten, die sich nicht der Trauma-Theorie verpflichtet fühlen, wissen seit langem, daß der Weg zur psychischen Gesundheit *nicht* ausschließlich über die Vergangenheit führt. Oftmals haben sie selbst jahrzehntelang psychoanalytisch oder primärtherapeutisch gearbeitet, ehe sie erkannten, daß dieser Weg nicht ans erhoffte Ziel führt. Hans H. Strupp, Professor für Psychologie an der *Vanderbilt University* in Nashville/Tennessee, ist einer derjenigen, die inzwischen keinen Sinn mehr in langjährigen Trauma-Therapien sehen. »Wir wollen keinen Idealmenschen – das war eine falsche Versprechung der Psychoanalyse«, sagt er. »Das ist nie gelungen, selbst, wenn ein Mensch 15 Jahre behandelt wurde. Die Idee, daß man eine ganze Persönlichkeit grundlegend verändern kann, ist falsch... Wir sind alle, was wir sind. Wir haben unsere Vergangenheit und unsere Probleme, wir haben unsere besonderen Eltern und besondere Umstände, in denen wir aufgewachsen sind. Wie man so sagt: Wie der Zweig sich gebogen hat, so wächst er auch.«[6]

Das bedeutet aber nicht, wie Strupp betont, daß Psychotherapie völlig überflüssig und nutzlos wäre. Nur: Ihre Ziele sollten bescheidener werden. Psychotherapie kann, so Strupp, den Menschen helfen, sich »in ihren Beziehungen zurechtzufinden«, aber sie kann nicht helfen, »Einsicht« zu gewinnen. »Das ist ein sehr ungenauer Begriff, von dem niemand genau weiß, was er bedeutet.«[7]

Es gibt inzwischen eine ganze Reihe von Therapeuten und Therapeutinnen, die ihre Klienten nicht mit unrealistischen Versprechungen ködern, sondern ihnen ganz pragmatisch und ohne Überhöhung des eigenen Selbst Hilfe in Lebenskrisen anbieten. Sie interessieren sich nur begrenzt für das, was war, aber sehr viel mehr für das, was sein wird.

Charakteristisch für diese Therapien ist:
– Sie lenken die Aufmerksamkeit des Klienten auf seine

Stärken und seine Ressourcen und stellen nicht seine Schädi-
gungen und Wunden in den Mittelpunkt. Sie stellen nicht die
Standardfragen der Trauma-Therapien »Wie war die Kindheit?« oder »Wann hat alles begonnen?«, sondern sie fragen
»Wie sieht die Lösung aus?«
– Die Erinnerungen ihrer Klienten, gleichgültig, ob sie bei
Beginn der Behandlung bereits vorhanden sind oder erst im
Laufe einer Therapie auftauchen, sind für sie keine objektive
Wirklichkeit und Wahrheit. Vielmehr gehen sie davon aus,
daß jeder Mensch einer Situation und einem Erleben ganz
individuellen Sinn zuschreibt. »Es sind dies Zuschreibungen«, erklärt Paul Watzlawick, »die sich jeglichem Versuch
entziehen, sie objektiv als wahr feststellen zu wollen.«[8]
Die Geschichte von Vater und Sohn, die sich mit einem
Esel auf eine lange Reise machen, verdeutlicht, wie solche
subjektiven Zuschreibungen aussehen können: Zu Beginn
ihrer Reise reitet der Vater auf dem Esel, der Sohn läuft ne-
benher. Da kommen ihnen andere Reisende entgegen und
empören sich: Wie kann der Vater so egoistisch sein und den
armen Jungen im Staub laufen lassen, während er sauber und
bequem auf dem Esel sitzt? Schuldbewußt steigt der Vater ab
und läßt den Jungen reiten. Es dauert nicht lange, da begegnen ihnen wieder Menschen, und diesmal zürnen sie mit dem
Jungen: Welch eine Unverschämtheit, den alten Vater zu Fuß
gehen zu lassen...! Daraufhin steigt der Vater ebenfalls auf
den Esel. Daß auch dies keine zufriedenstellende Lösung
war, merken sie an den Reaktionen. »Das arme Tier«, bekommen Vater und Sohn nun zu hören, »es bricht ja fast
zusammen unter der Last der beiden Menschen.« Schnell
steigen beide vom Esel und entschließen sich, den Esel zu
tragen...
Aus welchem Blickwinkel man die Geschichte von Vater,
Sohn und Esel auch betrachtet, sie ist vom jeweiligen Standpunkt her immer »wahr«. Die Menschen, die den kleinen
Jungen nicht im Staub laufen lassen wollen, konstruieren die
Wirklichkeit aus der Sicht des Kinderschutzes. Wer sich em-

pört, daß der alte Mann laufen muß, argumentiert aus Respekt vor dem Alter. Und wer sich über die Belastung des Esels empört, fühlt sich dem Tierschutz verpflichtet. Wer hat nun recht? Eine objektive Wahrnehmung, das lehrt uns diese Geschichte von Vater, Sohn und Esel, gibt es nicht.

Aus diesem Grund vermeiden es Therapeuten, die keine Anhänger der Trauma-Theorie sind, die Erinnerungen ihrer Klienten als objektive Wahrheit zu betrachten. Weil sie die Wirklichkeit für »konstruiert« halten, sehen sie wenig Sinn darin, ihre Klienten zur Vergangenheitsbewältigung anzuleiten. Sie sind weniger an den Ursachen eines Problems oder Verhaltens interessiert, sondern vielmehr an den Lösungen. Statt Ursachenforschung betreiben diese Therapeuten Lösungsforschung. Wie der Psychotherapeut William Glasser betont, führt das Wissen um die Gründe für ein Verhalten ohnehin nicht zu irgendwelchen positiven Veränderungen. Ein Alkoholiker kann noch so viel über seine Vergangenheit in Erfahrung bringen und sich noch so befriedigende Antworten auf die Frage geben, warum er trinkt, an seinem Verhalten wird dies nichts ändern. »Die Aufgabe des Therapeuten ist es«, so Glasser, »herauszuarbeiten, was der Patient in der Gegenwart tut, und nicht mit ihm nach dem ›Warum‹ zu forschen, denn das wird ihm immer einen Vorwand liefern, sich nicht ändern zu müssen.«[9]

Dieser Ansicht war auch der amerikanische Psychiater Milton H. Erickson, den Georg Leckie – wir erinnern uns – brieflich um Hilfe gebeten hatte, weil er seine »frühkindliche Familiensituation« aufarbeiten wollte. In einem Antwortschreiben stellte Erickson fest: »Unweigerlich werden immer die möglichen und wahrscheinlichen Ursachen des Problems aufgezählt, um den Therapeuten auf die falsche Fährte zu locken und dafür zu sorgen, daß die lange Geschichte emsigen und ergebnislosen Suchens kein Ende findet.«[10] Erickson wollte sich an dieser Suche nicht beteiligen, denn er war überzeugt davon, daß jeder Mensch ausreichend Kräfte und Energien hat, sein Problem zu lösen, und daß er auch Lösungsmöglichkeiten kennt. Wie Glasser sah auch Erickson die Aufgabe des Therapeuten darin, dem Klienten Zugang zu diesen Kräften und Ressourcen zu verschaffen und ihn dabei zu unterstützen, Verantwortung für sein Leben zu übernehmen und sich selbst zu helfen. Ziel der Therapie sei »eine Besserung aller Verhaltensweisen, aus denen die neurotischen Fehlanpassungen des Patienten resultieren«, nicht aber eine Vergangenheitsbewältigung. Denn: »Die Vergangenheit läßt sich nicht ändern. Einsicht in die Vergangenheit kann sehr lehrreich sein, aber der Patient lebt *heute*. Jeder Tag bringt Veränderung ins Leben.«[11] Ganz im Gegensatz zu Trauma-Therapeuten, für die es kein Vergessen, sondern allenfalls ein Verdrängen gibt, war Erickson davon überzeugt: »Auch die eigene Vergangenheit kann man vergessen. Man vergißt ja auch, wie man stehen, laufen und sprechen gelernt hat. Wir haben das alles vergessen.«

Das bedeutet nicht, daß die Vergangenheit überhaupt keine Rolle spielt. Für Erickson ist sie eine »Vorratskammer«, angefüllt mit wertvollen Erfahrungen, die man sich für das gegenwärtige Problem zunutze machen kann. Der Blick zurück ist also nicht problemorientiert, sondern dient der Entdeckung der eigenen Fähigkeiten und auch der Frage, wie man früher Probleme gelöst hat. Leiden und Schicksalsschläge fügen einem Menschen nicht unbedingt nur tiefe Wunden zu, wie die Trauma-Theorie annimmt, sondern sie stellen auch Herausforderungen dar, die enorme Kräfte und Fähigkeiten wecken können.

Zu dieser Haltung kam Milton H. Erickson durch eigene Erfahrung. Er litt als Kind wiederholt an Kinderlähmung und schwebte infolgedessen sogar in Lebensgefahr. Es wird erzählt, daß er als Junge ein Gespräch zwischen seinem Arzt und seiner Mutter zufällig mitanhören mußte, in dem der Arzt dem kleinen Milton keine großen Überlebenschancen mehr einräumte. Die persönliche Erfahrung, daß selbst lebensbedrohliche Krisen bewältigt werden können, beeinflußte sicherlich Milton H. Ericksons therapeutisches Vorgehen. Jeder Klient war für ihn einzigartig, und jeder, so war er überzeugt, besaß ganz individuelle Selbstheilungskräfte, die es zu entdecken galt.

Die Selbstheilungskräfte des einzelnen sowie seine Selbstverantwortung stehen in Therapien, die sich nicht der Vergangenheit verpflichtet fühlen, im Mittelpunkt. Zum Beispiel auch in der Systemischen Familientherapie. »Die Bereitschaft, Verantwortung für eigenes Verhalten zu übernehmen und sich als jemand zu erleben, der Einfluß nehmen kann«, hat sich nach Helm Stierlin als wesentlich für eine Besserung psychischer Probleme herausgestellt. Je mehr es einem Menschen gelingt, sich als »Kraftzentrum« zu erleben und Verantwortung für sein Leben zu übernehmen, um so besser geht es ihm. »Wenn ich zum Beispiel saufe, kann ich mich nicht damit herausreden, daß es eben eine Sucht ist, oder das Es oder sonst irgendwas. Sondern: Ich bin verantwortlich für mein Trinkverhalten.«[12]

Die Eigenverantwortung wird auch in der sogenannten »Selbstmanagement-Therapie« betont. Diese Therapie arbeitet zielgerichtet, problemorientiert, und sie ist immer zeitlich begrenzt. Der Therapeut sieht seine Hauptaufgabe darin, den Klienten möglichst schnell zu befähigen, mit seinen Problemen selbst fertig zu werden. Es geht in erster Linie darum, die Selbstheilungskräfte zu mobilisieren und den Therapeuten möglichst bald überflüssig zu machen. Auf diese Weise wird die Gefahr verringert, daß der Klient von der Therapie oder dem Therapeuten abhängig wird, und die Gefahr, daß die Behandlung eine endlose Geschichte wird, besteht bei Selbstmanagement-Therapien kaum. Und auch der Therapeut erliegt nicht der Versuchung, sich als allwissend darzustellen oder sich zum »Guru« zu stilisieren. Anders verhält es sich bei der Trauma-Therapie: Sie schafft sehr schnell Abhängigkeiten, die dem Gesundungsprozeß nicht unbedingt förderlich sind und die zu langwierigen Behandlungen führen.

In langfristigen, auf »Heilung« oder Persönlichkeitsveränderung ausgerichteten Therapien sehen all jene Therapeuten keinen Sinn, die sich dem Selbstmanagement-Gedanken in der Therapie verpflichtet fühlen.[13] Ihr Ziel ist es nicht, Einsicht in Kindheitsgeschehnisse zu vermitteln; Ziel ist vielmehr, die Autonomie des einzelnen zu stärken und seine Fähigkeit zu fördern, mit den Problemen des Lebens besser umgehen zu können. Dementsprechend pragmatisch sind auch die einzelnen Schritte der »Selbstmanagement-Therapie«: Die Klienten werden angeleitet, verhaltens- und lösungsorientiert zu denken, negative Sichtweisen durch positive zu ersetzen, nicht rückwärtsgewandt, sondern zukunftsorientiert zu handeln, sich nicht zu große Ziele vorzunehmen und flexibel auf die Herausforderungen des Lebens zu reagieren.

Verhaltensorientiert denken bedeutet: Für die Lösung von Problemen sind aktives Handeln und Verhaltensänderung notwendig. Die Kenntnis der Ursachen bestimmter Probleme verändert nichts am Problem.

Lösungsorientiert denken bedeutet, sich nicht endlos mit der Erörterung des Ist-Zustandes aufzuhalten, sondern sich statt dessen auf alles zu konzentrieren, was ein Beitrag zur Veränderung sein könnte.

Negatives durch Positives ersetzen bedeutet, den Klienten zu ermutigen, seine eigenen Stärken und Fähigkeiten zu entdecken und ihn aus dem Teufelskreis negativer Gedanken zu befreien.

Kleine Schritte gehen bedeutet: Der Klient setzt sich zusammen mit dem Therapeuten kleine, begrenzte, dafür aber realistische Ziele.

Flexibel denken bedeutet: Scheitert ein eingeschlagener Weg, dann ist damit nicht die ganze Therapie gescheitert. In der Selbstmanagement-Therapie gibt es immer mehrere Wege, um das gesteckte Teilziel zu erreichen.

Zukunftsorientiert denken bedeutet, sich nicht in die Vergangenheit zu versenken. Die Selbstmanagement-Therapie beschränkt die Vergangenheitserforschung auf das notwen-

dige Maß und legt bedeutend mehr Wert auf ein zukunfts-
orientiertes Vorgehen.

Der Grundgedanke der Selbstmanagement-Therapie – die
Selbstverantwortung – findet sich in verschiedenen Therapieformen: der Verhaltenstherapie, der Familientherapie, der
systemischen Kurztherapie und vielen anderen. Auch Viktor
Frankl, der Begründer der Logotherapie, betont die Verantwortung, die jeder Mensch für sein Leben hat. Die Aufgabe
der Psychotherapie sieht er darin, die »Autonomie der geisti-
gen Existenz« zu stärken und den Menschen »zum Bewußtsein seines Verantwortlichseins zu bringen oder das Ver-
antwortung-Haben des Daseins vor sein Bewußtsein zu
bringen«.[14]

In Trauma-Therapien dagegen wird die Übernahme von
Selbstverantwortung und auch das Erleben eigener Kraft
durch die Konzentration auf die negative Vergangenheit häufig blockiert. Diese Therapien beschäftigen sich mit den
erlittenen Verletzungen, vernachlässigen aber die Frage, wie
es dem Betroffenen in der Gegenwart gelingen kann, stabile
Beziehungen zu anderen aufzunehmen und sich als selbst-
verantwortliches, aktives Mitglied dieser Gesellschaft zu erleben. Trauma-Theorien führen ihre Patienten in die Opferfalle, indem sie sie darin bestärken, immer wieder über die
Defizite und Mißhandlungen ihrer Kindheit nachzudenken,
statt sich Gegenwart und Zukunft zuzuwenden.

Die Herausforderungen einer schlimmen Kindheit

Durch den starken Einfluß der Trauma-Theorie ist den meisten Menschen bedauerlicherweise das Opferdenken sehr
viel vertrauter als der Gedanke, daß der Weg zur Besserung
im Loslassen der Vergangenheit liegt. Von den sogenannten
»resilienten« Kindern, von denen im zweiten Kapitel die
Rede war, könnten alle Menschen lernen, wie sie eine wirkliche Veränderung herbeiführen können – vorausgesetzt, sie

wollen es. Wie die verschiedenen Langzeitstudien zeigen, haben Kinder, die selbst widrigste Umstände ohne sichtbaren größeren Schaden überlebten, einige Merkmale gemeinsam: Es gelang ihnen, eine äußere und auch innere Distanz zum belastenden Geschehen herzustellen, sie erhielten Unterstützung von anderen Menschen, und sie zogen Kraft und Schutz aus phantasievollen und kreativen Tätigkeiten. Vergleicht man dies mit dem Denken und Handeln, das Menschen in Trauma-Therapien zeigen, wird deutlich, daß diese sich genau entgegengesetzt verhalten.

Statt Distanz zu schaffen, stellen sie durch ihre permanente Beschäftigung mit der Vergangenheit eine intensive Nähe her. Sie geben sich gar keine Möglichkeit, Abstand zum Erlebten zu schaffen, sondern holen es durch die gedankliche Beschäftigung ganz bewußt in die Gegenwart.

Ihren Wunsch nach Unterstützung sehen sie durch die Therapie bereits erfüllt, verbauen sich aber dadurch oft den Zugang zu sehr viel hilfreicheren sozialen Unterstützungssystemen. Nicht selten leiden Freundschaften und auch Partnerschaften darunter, wenn Menschen sich auf die langwierige und energieraubende Suche nach der »verlorenen Zeit« begeben.

Weil die Beschäftigung mit der Vergangenheit soviel Einsatz und Energie erfordert, bleibt auch kaum eine Chance, sich durch phantasievolle, kreative Tätigkeiten als ein aktiver, fähiger Mensch zu erfahren. Die Opferrolle läßt dafür keinen Raum.

Der Verzicht auf den Opferstatus einerseits sowie Distanzierung, Humor, Phantasie andererseits sind jedoch Voraussetzungen dafür, wenn Gegenwart und Zukunft besser verlaufen sollen als die Vergangenheit. Das ist auch eine Erfahrung, die das Therapeutenehepaar Sybil und Steven Wolin in seiner langjährigen Tätigkeit mit Kindheitsgeschädigten gemacht hat. Ihre Antwort auf die Frage, was Menschen am besten hilft, eine schlimme Kindheit zu bewältigen, fällt eindeutig aus:

– Es hilft nicht, wenn sie sich auf die Vergangenheit konzentrieren und auf den Schaden, den sie erlitten haben;
– es hilft nicht, die Eltern zu beschuldigen;
– es hilft nicht, wenn sie sich als Opfer fühlen.[15]

Erwachsene, die es geschafft haben, ihre belastende Kindheit hinter sich zu lassen und für sich ein neues Leben aufzubauen, haben all dies vermieden. Sie haben sich nicht pathologische Etiketten wie »mißbrauchtes Kind« anheften lassen, sondern sich mit Hilfe von anderen Menschen – Freunden, Partnern oder Therapeuten – um jene Seiten ihrer Persönlichkeit gekümmert, die ihnen bereits als Kind das Überleben sicherten.

Wer um seine verlorene Kindheit trauert und sich mit dem Geschehenen herumquält, wird sich wahrscheinlich nur schwer vorstellen können, daß er auch Stärken und Fähigkeiten besitzt. Zu sehr erlebt er sich als Opfer der Kindheit, zu fixiert ist er auf die ihm zugefügten Verletzungen, als daß er Positives an sich überhaupt wahrnehmen könnte. Doch selbst schwer mißbrauchte und vernachlässigte Menschen besitzen diese besonderen Kräfte, ja, eine schlimme Kindheit ermöglicht geradezu die Entwicklung von ganz bestimmten Fähigkeiten. Erwachsene, so erklärt der Psychotherapeut Wayne Muller, »die als Kind verletzt wurden, zeigen zwangsläufig eine besondere Stärke, eine tiefe innere Weisheit und eine bemerkenswerte Kreativität und Einsichtsfähigkeit. Ganz tief in ihnen – sozusagen unter ihrer Wunde – liegt eine tiefe spirituelle Vitalität, ein stilles Wissen, die Fähigkeit, das Schöne, Richtige und Wahre wahrzunehmen.«[16]

Weil schmerzhafte Erfahrungen zwangsläufig zur Beschäftigung mit sich selbst, den eigenen inneren Regungen, aber auch mit den Motiven und Verhaltensweisen der »Täter« führen, entwickeln die Betroffenen bereits als Kind eine enorme Feinfühligkeit und Aufmerksamkeit. Es sind die mißhandelten und vernachlässigten Kinder, die, wenn sie erwachsen sind, oft ein ganz besonderes Sensorium für die Bedürfnisse und Gefühle anderer Menschen haben, die eine ganz besondere Gabe besitzen, Zwischentöne zu hören, sensibel auf Konflikte zu reagieren und sich auch in das Leid anderer einfühlen zu können. Dies sind wertvolle zwischenmenschliche Eigenschaften, die bei sogenannten »Glückskindern«, die einigermaßen unbeschädigt durchs Leben kommen, manchmal gar nicht so ausgeprägt sind.

Die Schmerzen der Kindheit können also in gewisser Weise ein »Geschenk« sein, das man erkennen, achten und kultivieren sollte. Statt endlos die Wunden der Kindheit zu pflegen, wäre es viel sinnvoller, sich auf dieses »Geschenk« zu konzentrieren und stolz zu sein auf das, was man trotz widriger Umstände aus seinem Leben gemacht hat.

Für Traumatherapeuten sind solche Ansichten allerdings nichts weiter als Schönfärberei. Sie werden zwar zustimmen, daß eine schmerzvolle Kindheit die Betroffenen sensibler und einfühlungsfähiger macht, sie werden dies aber nicht als »Geschenk« bezeichnen, sondern vielmehr als Zeichen der Schädigung. Verletzte Kinder, so werden sie einwenden, entwickeln in der Tat eine enorme Fähigkeit, sich in die Bedürfnisse der Eltern einzufühlen; sie bringen es dabei zu solcher Perfektion, daß sie deren Bedürfnisse irgendwann für ihre eigenen halten und ein »falsches Selbst« entwickeln, weil sie nicht mehr wissen, wer sie selbst sind. Der Preis dafür sind Depressionen, Ängste, Selbstwertstörungen und vieles mehr.

Wie es scheint, kommt es auf die Bewertung an, ob die Schrecken der Kindheit als Herausforderung begriffen werden oder eher als lebenslanges Desaster. Der griechische Philosoph Epiktet erkannte bereits im 1. Jahrhundert nach Christus: »Nicht die Dinge selbst beunruhigen die Menschen, sondern die Vorstellungen von den Dingen. So ist zum Beispiel der Tod nichts Furchtbares – sonst hätte er auch dem Sokrates furchtbar erscheinen müssen –, sondern die Vorstellung, er sei etwas Furchtbares, das ist das Furchtbare.«[17] Damit soll keineswegs gesagt werden, daß bestimmte Kindheitserfahrungen für das Kind nicht furchtbar sein können. Aber – und das ist die Frage, um die es hier geht: Muß auch die Vorstellung, die sich der *Erwachsene* von seiner schlimmen Kindheit macht, unbedingt und zwangsläufig furchtbar sein?

Traumatherapeuten verleiten ihre Patienten in vielen Fällen zum Klagen und Anklagen und interpretieren einige ihrer wertvollsten Eigenschaften als negative Folge einer frühkindlichen Schädigung: Einfühlungsvermögen, Bindungsfähigkeit, der Wunsch nach Nähe, Empfindsamkeit werden als Schwäche angesehen und nicht als Quelle von Kraft und Selbstbewußtsein. Sie verstellen ihnen dadurch die Möglichkeit, ihre Entwicklung auch einmal unter anderen – etwas positiveren – Vorzeichen zu betrachten und eine andere Vorstellung von der Vergangenheit zu bekommen.

Andere Therapeuten, die von Vergangenheitsbewältigung nicht sehr viel halten, lenken die Aufmerksamkeit dagegen ganz bewußt auf die Kraftquellen, die jeder Mensch besitzt, auch dann, wenn seine Kindheit die Hölle war. Sie fördern nicht durch einseitige Fragestrategien die Betrachtung all des Negativen, das in der Kindheit geschehen ist, sondern fragen nach Bewältigungsversuchen, Lösungsstrategien, Erfolgserlebnissen in der Vergangenheit, die richtungweisend für die Zukunft sein können. Damit ermöglichen sie ihren Klienten einen anderen, einen unter Umständen sogar stolzen Blick auf die Vergangenheit, von der sie sich nicht haben unterkriegen lassen.

Ein Mann, der in einer Alkoholikerfamilie aufgewachsen ist, beschreibt in einem Gedicht, wie er sein Schicksal betrachtet und bewertet. Von Anklage und Opferhaltung ist keine Spur, wenn er seinen Stolz in Worte faßt. Er hat nicht kapituliert, er hat sich nicht unterwerfen lassen, er hat überlebt.

»Als Kind wurde ich fünf Jahre lang verletzt.
Ergebnis: Ich wurde ein Dichter.

Und ich erlebe im Alter von 36 mit neuer Freude meinen Körper und alle seine wunderbaren Fähigkeiten.

Ich wurde von zwei kranken Menschen erzogen, die mich Unsicherheit und Angst und Haß lehrten. Ich wuchs in einer Hölle auf. Mein Zuhause war das Chaos. Ergebnis: Ich lernte, in jeder Situation auf meinen beiden Füßen zu landen. Ich kann den schrecklichsten Scheußlichkeiten – von Angesicht zu Angesicht – standhalten.«[18]

Auch Janosch, der Illustrator, Kinderbuchautor und Romancier, ist ein Beispiel dafür, wie schreckliche Kindheitserfahrungen durch Kreativität gemeistert werden können, ja, wie Kreativität erst durch diese Erfahrungen möglich wird. Ein Leben lang, so sagt er von sich selbst, hätte er versucht, »den Mist aus mir rauszukriegen«, und meint damit: seine prügelnde Mutter, die ihn ständig in Angst und Schrecken versetzte, die äußerst strenge katholische Erziehung. »Ich hab eigentlich das ganze Leben aufgewendet, um die Kindheit zu vergessen«, sagt er und korrigiert sich gleich selbst, denn auch er ist geprägt vom psychoanalytischen Denken: »Vergessen ist natürlich falsch. Man soll das verarbeiten.«[19]

Janosch hat »verarbeitet«: Mit zärtlichen Bären und Tigern, die niemandem etwas zuleide tun, die in ihrer kindlichen Unschuld das Herz der Erwachsenen rühren, bringt er zum Ausdruck, was er sich wohl als Kind am meisten gewünscht hat: Gewaltlosigkeit und Liebe. Janosch, der als Kind so viel Unglück ertragen mußte, sagt heute von sich: »Ich kann mich nicht erinnern, wann ich das letzte Mal unglücklich war.« Es scheint, als sei es ihm gelungen, die Angst seiner Kindheit in Stärke umzuwandeln.

Der Zeichner und der Dichter verdeutlichen, daß auch aus einer schlimmen Kindheit Positives erwachsen kann. Natürlich wird nicht jeder, der als Kind geschlagen, mißbraucht und vernachlässigt wurde, ein Künstler. Aber vielleicht haben die frühen Erfahrungen seine Berufswahl beeinflußt, und er ist nun in einem sozialen Beruf tätig, der es ihm ermöglicht, anderen Menschen zu geben, was er als Kind entbehren mußte? Vielleicht ist er zu einem Menschen herangewachsen, dem es leicht fällt, die Sympathien anderer zu gewinnen, die seine Nähe suchen und seinen Rat, weil er ganz besonders gut zuhören und sich in die Gefühle anderer einfühlen kann? Er muß deshalb nicht sofort zum »hilflosen Helfer« werden, der seine Defizite durch übergroße Selbstaufopferung bewältigen will und sich damit noch mehr Schaden zufügt, wie die gängige Argumentation der Traumatherapeuten dazu lautet. Warum sollen derart soziale Fähigkeiten, die manche Menschen durchaus ihren Kindheitserfahrungen verdanken, immer »krankmachend« sein? Können sie nicht auch eine Quelle für Stolz und Freude sein, daß man schlimme Anfänge zu einem guten Ende führen konnte?

Auf jeden Fall lohnt sich ein Perspektivenwechsel: Ohne die erlittenen Erfahrungen zu beschönigen, ohne sich selbst etwas vorzumachen, können Menschen, deren Kindheit alles andere als glücklich war, sich die Frage stellen: Habe ich nicht auch etwas dadurch gewonnen? Bin ich nicht stolz auf manche meiner Eigenschaften – auch wenn ich sie mir unter Schmerzen »erarbeitet« habe? Bin ich wirklich nur ein hilfloses Opfer, bin ich nicht vielleicht viel eher ein stolzer Überlebender? Ein Überlebender, der es nicht mehr nötig hat, auf Wiedergutmachung zu hoffen, der es nicht mehr nötig hat, die Eltern anzuklagen, sondern der sich als unabhängiges Individuum begreift, den die Erlebnisse der Kindheit stark gemacht haben?

Die Vergangenheit verliert durch diesen Perspektivenwechsel keineswegs an Bedeutung. Wie wir gesehen haben, sind unsere Erinnerungen an früher sehr wichtig für unser Selbstbild und die Herausbildung unserer Identität. Jeder Mensch erzählt gern die Geschichte seines Lebens, will wissen, wie er geworden ist, was er ist. Eine besondere Rolle spielt dabei, wie wir diese Geschichte erzählen, welche Gestalt wir ihr geben, was wir auswählen, was wir weglassen. Entscheidend für unser psychisches Wohlbefinden, für unser Selbstwertgefühl ist, ob wir unsere Vergangenheit als Problemgeschichte erzählen, in der wir die Rolle des Opfers einnehmen, oder als – zum Beispiel – Sieger-Geschichte, in der wir das Augenmerk auf unsere kämpferischen Fähigkeiten und unseren Überlebenswillen richten.

Den Anfang unserer Geschichte können wir nicht verändern: Die Kindheit liegt außerhalb unseres Einflußbereiches. Doch wie wir unsere Geschichte weitererzählen, das haben wir durchaus in der Hand. Wir können uns entscheiden, ob wir durch den zornigen, anklagenden Blick zurück unsere Lebensgeschichte als unendliche Problemgeschichte erzählen oder ob wir den Blick weiten und auch andere Aspekte, andere Einflüsse berücksichtigen. Das könnte uns dazu verhelfen, den Gedanken »Was hat man mir armem Kind nur angetan?« zu ersetzen durch den Gedanken »Was ist aus dem armen Kind doch für ein mutiger Erwachsener geworden!«

Wer sich Hilfe von Traumatherapeuten erhofft, dem wird dieser Perspektivenwechsel jedoch kaum gelingen. Es sollte deutlich geworden sein, daß der Glaube an die Traumatheorie Menschen dazu verleitet, ihre Geschichte ausschließlich als Problemgeschichte zu erzählen. Wer ohnehin nur Negatives in der Vergangenheit sehen kann, wird häufig von Trauma-Therapeuten in diesem negativen Blick noch verstärkt. Die Gefahr ist also groß, daß er in die Opferfalle gerät.

Wenn sich mißbrauchte Erwachsene Kinder weniger auf die Wunden, die ihre Kindheit geschlagen hat, konzentrieren, dafür aber mehr auf die Herausforderungen, denen sie sich gestellt und die sie bewältigt haben, dann wäre das in vielen Fällen sicherlich förderlich für die psychische Gesundheit und das Selbstwertgefühl. Wie sagt die oben zitierte Frau: »Aufgrund der Inzesterfahrungen hatte ich auch sehr positive Seiten entwickelt.« Positive Seiten, die sie allerdings im Laufe der Traumatherapie verlor, die nicht dazu führte, daß sie stolz auf ihre Stärke war, sondern sich »unglaublich verletzlich« und »wundgelaufen« fühlte.

Jeder Mensch, der unter aktuellen Problemen leidet, sollte die Chance haben, sollte in der Lage sein, sich frei zu entscheiden, welchen Weg zur Veränderung er einschlagen will. Will er seine Stärken und Potentiale kennenlernen und fördern, oder will er sich in langwierigen Einsichtstherapien mit der Vergangenheit beschäftigen, um den Preis, daß sein Leid zunimmt und sich möglicherweise überhaupt nicht bessert? Ist er interessierter am Vergangenen als an der Zukunft?

Das Monopol, das Traumatherapien in unserer Gesellschaft noch haben, hat bislang verhindert, daß Hilfe- und Ratsuchende diese Entscheidung aufgrund von neutralen Informationen wirklich treffen konnten. Die Beeinflussung der Traumatherapeuten, ihre von keinem Zweifel getrübte Behauptung, daß wir die Gefangenen unserer Kindheit sind, solange wir uns nicht mit dieser Vergangenheit konfrontieren, hat in der Vergangenheit zahlreiche Menschen in die Irre geführt und ihnen das Leben noch zusätzlich erschwert. Es ist an der Zeit, daß die Versprechungen der Traumatherapeuten, die immer noch das öffentliche Image des Therapiemarktes prägen, nicht mehr so bedingungslose Zustimmung finden. Und es ist an der Zeit, daß Psychotherapeuten ihren Beruf und ihre Rolle realistisch einschätzen: Sie sind keine »Gurus«, die in der Lage sind, den Haltsuchenden Halt und den Orientierungslosen Orientierung zu bieten.

Therapie ist im Grunde nichts anderes als eine Dienstleistung. Der Therapeut bietet dem Klienten seine Unterstützung an, seine Wegbegleitung auf einer ganz bestimmten Wegstrecke, die ein abgestecktes Ziel hat. Er informiert ihn über das Wissen, das er ihm bieten kann, und er informiert ihn über die Grenzen dieses Wissens. Dazu würde zum Beispiel auch gehören, daß Therapeuten ihre Patienten ausführlich aufklären über die verschiedenen Therapieformen (auch jene, in denen sie selbst nicht ausgebildet sind) und über die Erkenntnisse der Therapieforschung. Auf diese

Weise würde der Klient nicht als Kranker betrachtet, der sich selbst nicht mehr helfen kann, sondern als »Kunde«[20], der aufgrund seines Wissens eine freie Entscheidung treffen kann.

Der Psychotherapieforscher Klaus Grawe fordert eine »patientenorientierte Psychotherapie, die die ganze Vielfalt der bestehenden Möglichkeiten nutzt, damit zukünftige Psychotherapiepatienten endlich die beste Behandlung erhalten, die sie erhalten können«. Um das zu verwirklichen, wäre es allerdings notwendig, meint Grawe, daß die einzelnen Therapieschulen, allen voran die Psychoanalyse, ihre »ideologischen Überzeugungen« ablegen, denn diese sind »das größte Hindernis für eine patientenorientierte Therapie«.[21]

Die aktuelle Diskussion um ein Psychotherapiegesetz und das zum Teil sehr aggressive Auftreten von Traumatherapeuten zeigt jedoch, daß von einem Verzicht auf Ideologie zugunsten der Patienten zur Zeit noch nicht die Rede sein kann. Da von Traumatherapeuten wohl in absehbarer Zeit kaum Veränderungen ihrer Position zu erwarten sind, liegt es an den Hilfesuchenden, sich zu emanzipieren. Ähnlich wie es körperlich Kranken in den letzten Jahren gelungen ist, die Macht der Halbgötter in Weiß zu brechen, ähnlich müßten auch Therapiepatienten ihre Mündigkeit zum Ausdruck bringen. Die Forderung der Kabarettistin Liza Fitz, die sie aufgrund eigener abschreckender Erfahrungen mit der Therapieszene formuliert, kann man nur unterstreichen: »Man muß resistent gegen die Heilslehren werden zugunsten der Eigenverantwortlichkeit.«[22] Gerade das aber fällt, wie sie meint, vor allem den Deutschen schwer. »Die Autoritätsgläubigkeit, die ja bei den Deutschen sehr tief sitzt, ist der Kern des Problems. Wir vertrauen allzu gerne auf einen Papa, einen Guru, einen Führer, der alles regelt.« Zweifel an der Autorität, so meint sie, das wäre schon der erste Schritt aus der Abhängigkeit:

»Das heißt auch, daß man nie vergessen darf, sich selbst ins Spiel zu bringen. Jeder Mensch weiß im Grunde sehr genau, was gut für ihn ist und was nicht. Vorausgesetzt, er horcht in sich hinein und ist bereit, die Wahrheit zu erkennen. Er sollte kontrollieren, ob er Verantwortung verweigert oder auch delegiert, ob er kleines Kind spielt, vielleicht aber auch kleines Kind nachholen muß, ob er in die Opferrolle gerät und ob er vielleicht leiden will. Diese Ehrlichkeit ist unangenehm. Denn man muß sich so sehen, wie man wirklich ist.«

Auch die in diesem Buch zusammengeführten Erkenntnisse aus ganz verschiedenen Forschungsrichtungen sind unbequem. Wer sie nicht abwehrt, sondern bereit ist, sie unvoreingenommen in Erwägung zu ziehen, der wird nicht umhinkommen, sein eigenes Denken und Verhalten kritisch zu überprüfen. Er wird sich fragen müssen, welche Funktion für ihn der Glaube an die Macht der Kindheit hat. Er wird sich fragen müssen, ob es ihm wirklich hilft, wenn er die Schuld für seine Probleme und Konflikte an die Vergangenheit delegiert. Und er wird sich fragen müssen, ob Therapien, die ihn zu Problemgeschichten verleiten, wirklich ein geeigneter Weg zu mehr Lebensqualität und Lebenszufriedenheit sind.

Anmerkungen

I. KINDHEIT IST SCHICKSAL

1 Greil Marcus: Der Stern von Tupelo, in: *Süddeutsche Zeitung Magazin*, 26. 1. 1995.
2 Alice Miller: Das Drama des begabten Kindes, 1994, S. 56.
3 Alice Miller: Wie Psychotherapien das Kind verraten. In: *Psychologie Heute*, 4/1987.
4 DER SPIEGEL, 6/1995
5 DER SPIEGEL, 21/1994.
6 Jean C. Jenson: Reclaiming Your Live, 1995; erscheint im Frühjahr 1996 in deutscher Übersetzung im Verlag Beltz-Quadriga, Weinheim.
7 Miller, a.a.O., S. 49.
8 DER SPIEGEL, 21/1994.
9 Wayne Muller: Legacy of the Heart, 1992, S. 136.
10 James Hillman, Michael Ventura: Hundert Jahre Psychotherapie – und der Welt geht's immer schlechter, 1993, S. 36.

II. DER MYTHOS VOM FRÜHEN TRAUMA

1 *Süddeutsche Zeitung*, 28. 2. 1995.
2 *Welt am Sonntag*, 2. 4. 1995.
3 in: Richard Ofshe, Ethan Watters: Making Monsters, 1994, S. 36.
4 Sigmund Freud: Meine Ansichten über die Rolle der Sexualität in der Ätiologie der Neurosen, Studienausgabe Band V, 1982, S. 150.
5 ders.: Zur Ätiologie der Hysterie, Studienausgabe Band VI, 1982, S. 55.
6 ders.: a.a.O., S. 64.
7 ders.: a.a.O., S. 68 f.
8 ders: Meine Ansichten über die Rolle der Sexualität in der Ätiologie der Neurosen, Studienausgabe Band V, 1982, S. 151.

9 ders.: a.a.O., S. 152.

10 ders.: a.a.O., S. 153.

11 Zit. nach Dieter E. Zimmer, Tiefenschwindel, 1990, S. 335.

12 Philip G. Zimbardo, Psychologie, 1992, S. 413.

13 Milton H. Erickson: Meine Stimme begleitet Sie überallhin, 1980, S. 133.

14 »Den Sumpf austrocknen«, Spiegelstreitgespräch zwischen Klaus Grawe und Wolfgang Mertens, in: DER SPIEGEL, 14/1995.

15 vgl. z. B. Dieter E. Zimmer, Tiefenschwindel, 1990; H. Hemminger: Kindheit als Schicksal?, 1986.

16 Hansjörg Hemminger, a.a.O., S. 75.

17 Wolfgang Schmidbauer, zit. n. Hemminger, a.a.O., S. 77.

18 Paula J. Caplan: So viel Liebe, so viel Haß, 1990, S. 74 f.

19 *stern*, 13/1995.

20 Gerhard Amendt: Wie Mütter ihre Söhne sehen, 1993.

21 in: *Psychologie Heute*, 5/1989, S. 34 f.

22 John Bowlby: Mütterliche Zuwendung und geistige Gesundheit, 1973, zit. n. W. Ernst, U. Nuber: Mitgift, 1992, S. 104.

23 Rolf Oerter: Ist Kindheit Schicksal? In: Deutsches Jugendinstitut (Hrsg.): Was für Kinder, 1993, S. 80.

24 ders., a.a.O., S. 80.

25 Hansjörg Hemminger, a.a.O., S. 174.

26 Andre Vyt: Das Tonband-Modell und das transaktionale Modell für die Erklärung früher psychischer Entwicklung. In: Hilarion G. Petzold (Hrsg.): Frühe Schädigung – späte Folgen?, 1993, S. 149.

27 Jerome Kagan: Die Natur des Kindes, 1987, S. 341.

28 Alice Miller in: *Psychologie Heute* 4/1987.

29 The APA-Monitor, 1/1995, S. 3.

30 *Psychologie Heute*, 9/1994, S. 44–49.

31 Russell A. Powell, Douglas P. Boer: Did Freud Mislead Patients to Confabulate Memories of Abuse? In: Psychological Reports, 74, 1994, S. 1283–1298.

32 Sigmund Freud: Zur Ätiologie der Hysterie, Studienausgabe Band V, 1982, S. 65.

33 ders., a.a.O., S. 65.

34 Sigmund Freud: Zur Psychotherapie der Hysterie. In: J. Breuer, Sigmund Freud: Studien über Hysterie, 1991, S. 286 und S. 295.

35 Paul Watzlawick: Einsicht erzeugt Blindheit: Wenn die Lösung zum Problem wird. Vortrag, gehalten auf dem Kongreß »Evolution of Psychotherapy«, Hamburg 27.–31. 7. 1994.

36 Carol Tavris: Der Streit um die Erinnerung. In: *Psychologie Heute*, 6/1995, S. 20–30.

37 Auszüge aus: Eleanor Goldstein: Confabulations, 1992, S. 5–25.

38 *Psychologie Heute*, 9/1994, S. 49.
39 Paul Watzlawick, a.a.O.
40 Robin M. Dawes: House of Cards, 1994.

III. DAS NEUE BILD DER KINDHEIT

1 Bernie Zilbergeld, zit. nach Charles J. Syker: A Nation of Victims, 1992, S. 39.
2 Hilarion G. Petzold, a.a.O., Einführung, S. 2.
3 Cécile Ernst: Sind Säuglinge psychisch besonders verletzlich? In: Hilarion Petzold (Hrsg.), a.a.O., S. 80.
4 Friedrich Lösel, Doris Bender: Lebenstüchtig trotz schwieriger Kindheit. Psychische Widerstandskraft im Kindes- und Jugendalter. In: *Psychoscope*, 7/1994, S. 14–17.
5 *Süddeutsche Zeitung Magazin*, 24. 6. 1994.
6 Manfred Bleuler, zit. nach Steven J. Wolin, Sybil Wolin, The Resilient Self, 1993, S. 69.
7 Norman Garmezy: Vulnerability Research and the Issues of Primary Prevention«. In: American Journal of Orthopsychiatry, 41, 1971, S. 114.
8 Emmy Werner, Ruth Smith, zit. nach Wolin und Wolin, a.a.O., S. 19.
9 Hilarion Petzold, Joy J. M. Foggin, Jolanda Oudhof: Protektive Faktoren und Prozesse – die »positive« Perspektive in der longitudinalen, »klinischen Entwicklungspsychologie« und ihre Umsetzung in die Praxis der Integrativen Therapie. In: Hilarion Petzold (Hrsg.), a.a.O., S. 395.
10 Wolin und Wolin, a.a.O., S. 16 f.
11 Rolf Oerter, a.a.O., S. 85.
12 Wolin und Wolin, a.a.O., S. 16 f.
13 Wolin und Wolin, a.a.O., S. 101.
14 Wolin und Wolin, a.a.O., S. 171.
15 Rolf Oerter, a.a.O., S. 85.
16 zit. nach Dieter E. Zimmer, a.a.O., S. 344.
17 E. James Anthony: Children at High Risks for Psychosis Growing Up Successfully. In: E. James Anthony, Bertram Cohler (ed.): The Invulnerable Child, 1987.
18 Florian Holsboer: »Alle psychiatrischen Erkrankungen haben eine genetische Grundlage«. In: *Psychologie Heute*, 8/1990, S. 60.
19 Peter Kramer: Glück auf Rezept? Der Einfluß von Psychopharmaka auf die Persönlichkeit, 1995.
20 Falldarstellung entnommen aus: Martin E. P. Seligman: What you can change and what you can't, 1994, S. 42.

21 Seligman, a.a.O., S. 43.
22 Seligman, a.a.O., S. 44.
23 Seligman, a.a.O., S. 4.
24 Cécile Ernst, in: Petzold (Hrsg.), a.a.O., S. 74.
25 Jerome Kagan: »Das Temperament entbindet uns nicht von der Verantwortung für unser Verhalten«. In: *Psychologie Heute*, 3/1995,
S. 25 f.
26 Marcel R. Zentner: Passung. Eine neue Sichtweise psychischer Entwicklung. In: Hilarion Petzold (Hrsg.), a.a.O., S. 164.
27 Zentner, a.a.O., S. 168.
28 Zentner, a.a.O., S. 169.
29 Albert Ellis: Psychotherapy is Alarmingly Encumbered With Dis-
posable Myths. Vortrag, gehalten auf der 102. Jahresversammlung
der American Psychological Association, Los Angeles,
14. 8. 1994.
30 Martin E. P. Seligman, a.a.O., S. 236.
31 Ulrich Sachsse, in: *stern*, 14/1995.
32 *die tageszeitung*, 29. 3. 1995.
33 David C. Rowe: The Limits of Family Influence. Vortrag, gehalten
auf der 102. Jahresversammlung der American Psychological Association, Los Angeles, 14. 8. 1994.
34 Jerome Kagan, in: *Psychologie Heute*, 12/1978.
35 Martin E. P. Seligman, a.a.O., S. 243.
36 ders., a.a.O., S. 243.
37 J. L. Herman, E. Schwatzow: Recovery and verification of memories of childhood sexual trauma. In: Psychoanalytic Psychology,
4/1987, S. 1–14.

IV. KINDHEITSTRAUMEN

1 Eva Demski, Afra, 1992, S. 74.
2 Elizabeth Loftus, Katherine Ketcham: The Myth of Repressed Memory, 1994, S. 39.
3 Loftus und Ketcham, a.a.O., S. 76 f.
4 Loftus und Ketcham, a.a.O., S. 39.
5 Ulric Neisser, Nicole Harsch: Phantom flashbulbs: False recollec-
tions of hearing the news about Challenger. In: E. Winograd,
U. Neisser (Hrsg.): Affect and Accuracy in Recall; Studies of
»Flashbulb« Memories, 1992, S. 9–31.
6 Ulric Neisser, Robyn Fivush: The Remembering Self, 1994, S. 6.
7 *Psychologie Heute*, 9/1994, S. 46 f.
8 Loftus und Ketcham, a.a.O., S. 77.

9 Loftus und Ketcham, a.a.O., S. 78.
10 Loftus und Ketcham, a.a.O., S. 97 f.
11 Eleanor Goldstein, Kevin Farmer: True Stories of False Memories, 1993, S. 501.
12 Miller, in: *Psychologie Heute*, 4/1987.
13 John Bradshaw: Das Kind in uns, 1992, S. 26.
14 Hemminger, a.a.O., S. 13.
15 David Holmes: The Evidence for Repression: An Examination of Sixty Years of Research, zit. nach Ofshe und Watters, a.a.O., S. 44.
16 Ofshe und Watters, a.a.O., S. 37.
17 *Die Woche*, 27. 1. 1995.
18 Karin Gäßler: Wunden, die nicht vergehen. Extremtraumatisierung in der Pubertät. In: Psyche, 1/1995, S. 41–68.
19 Laura Davis, zit. nach Ofshe und Watters, a.a.O., S. 26.
20 Ofshe und Watters, a.a.O., S. 27.
21 Ellen Bass, zit. nach Ofshe und Watters, a.a.O., S. 30.
22 Jean C. Jensen, a.a.O., S. 114 ff.
23 Leonore Terr: Schreckliches Vergessen, heilsames Erinnern, 1995, S. 18 f.
24 Terr, a.a.O., S. 23.
25 Terr, a.a.O., S. 49.
26 Terr, a.a.O., S. 88.
27 Terr, a.a.O., S. 327.
28 Mitteilung der American Psychological Association: Interim Report of The APA Working Group On Investigation of Memories of Childhood Abuse, Washington, 1995.
29 Ofhse und Matters, a.a.O., S. 32.
30 Ellen Bass, Laura Davis: Trotz allem, 1993, S. 73.
31 Elizabeth Loftus: Erinnerung und Wahrheit. In: *Psychologie Heute*, 12/1992, S. 25–27.
32 George E. Vaillant: The Wisdom of the Ego, 1993.
33 Terr, a.a.O., S. 82.
34 Seligman, a.a.O., S. 300.
35 Jean C. Jensen, a.a.O., S. 15.

V. LEBENSGESCHICHTEN

1 Bruno Bettelheim: Kinder brauchen Märchen, 1977, zit. nach *Psychologie Heute*, 4/1977, S. 66.
2 Nelson Mandela: Der lange Weg zur Freiheit, 1994, S. 21 f.
3 Eva Demski, a.a.O., S. 46.

4 Helm Stierlin: Ich und die anderen. Psychotherapie in einer sich wandelnden Gesellschaft, 1994, S. 95.

5 Alida S. Westman, Gary Wautier: Early memories are only fragments but make life more comprehensible or enhance social solidarity and are frequently verbalizable. In: *Psychological Reports*, 75, 1994, S. 387–393.

6 Wolfgang Schmidbauer: Eine Kindheit in Niederbayern, 1993, S. 9 f.

7 Agnes Hankiss: Ontologies of the self: On the mythological rearranging of one's life history, zit. nach: Dan P. McAdams: Stories we live by, 1993, S. 103.

8 Heiner Feldhoff: Paris, Algier. Die Lebensgeschichte des Albert Camus, 1991, S. 8 f.

9 Eugene O'Neill: Eines langen Tages Reise in die Nacht, 1989, S. 76 f.

10 Peter Turrini: Ein paar Schritte zurück, 1980, S. 8.

11 Stierlin, a.a.O., S. 97.

12 Stierlin, a.a.O., S. 100.

13 Ofshe und Watters, a.a.O., S. 55 ff.

14 Ofshe und Watters, a.a.O., S. 58 f.

15 Ofshe und Watters, a.a.O., S. 59.

16 Dörthe Binkert: Ein paar schlechte Eigenschaften sollen wir behalten. In: Ursula Nuber (Hrsg.): Bin ich denn verrückt?, 1994, S. 93.

17 Christoph Fischer: Träumen Sie nach Freud oder nach Jung? In: *Psychologie Heute*, 3/1981, S. 30.

18 Susan Forward: Vergiftete Kindheit, 1990, S. 122 f.

19 *Psychologie Heute*, 10/1990, S. 54 f.

20 Forward, a.a.O., S. 17 f.

21 Bass und Davis, a.a.O., S. 29–31.

22 Ofshe und Watters, a.a.O., S. 74.

23 Paul Watzlawick, a.a.O.

24 William Glasser: Reality Therapy, 1975, S. 51.

25 Miller, a.a.O., 1995, S. 51.

VI. DIE MACHT DER KINDHEIT

1 Helm Stierlin: »Wir müssen lernen, innere Konflikte auszuhalten«. In: *Psychologie Heute*, 4/1995, S. 34.

2 Stierlin, a.a.O.

3 Viktor Frankl: Der Mensch vor der Frage nach Sinn, 1993, S. 142.

4 C. R. Snyder: Zur Philosophie der Ausrede. In: *Psychologie Heute*, 4/1985, S. 24.

5 Snyder, a.a.O., S. 24.

6 Martin Seligman: Pessimisten küßt man nicht, 1991, S. 353.

7 Zygmunt Baumann: Philosophie der Fitneß. In: *die tageszeitung*, 25./26. 3. 1995.

8 Martin Seligman, What you can change and what you can't, 1994, S. 229.

9 Charles J. Sykes: A Nation of Victims, 1992.

10 Die Bibel, Das Buch Genesis, 3,1–24.

11 Muller, a.a.O., S. 9.

12 Leserbrief, *Psychologie Heute*, 9/1994, S. 44.

13 Ofer Zur: Was es bringt, ein Opfer zu sein. In: *Psychologie Heute*, 9/1994, S. 58–64.

14 Jensen, a.a.O., S. 1.

15 Zit. nach Muller, a.a.O., S. 78.

16 Muller, a.a.O., S. 5.

17 Ursula Grunert: »Selbstmitleid ist immer selbstschädigend«. In: *Psychologie Heute*, 5/1991, S. 21–26.

18 Milton H. Erickson, a.a.O., S. 236 ff.

19 Erickson, a.a.O., S. 242.

20 Baumann, a.a.O., S. 19 f.

21 Jörg Bopp: Psycho-Kult – kleine Fluchten in die großen Worte. In: *Kursbuch 82*, 11/1985, S. 61–74.

22 Miller, *Psychologie Heute* 4/1987.

23 Reinhart Wolff: Warum Kinder vernachlässigt werden. In: Peter Kürner, Ralf Nafroth (Hrsg.): Die vergessenen Kinder, 1994, S. 81–93.

24 Wolff, a.a.O., S. 89.

25 Horst-Eberhard Richter, zit. nach Matthias Hermer: Über den Verlust der Gesellschaft in der Psychotherapie. In: Matthias Hermer (Hrsg.): Die Gesellschaft der Patienten, 1995, S. 33.

26 Hermer, a.a.O., Vorwort, S. V.

27 Hermer, a.a.O., S. 30 f.

28 Wolfgang Schmidbauer: Jetzt haben, später zahlen, 1995, S. 157.

29 Ursula Nuber: Der notwendige Abschied vom Gestern. In: *Psychologie Heute*, 12/1992, S. 24.

30 *Die Woche*, 17. 2. 1995.

31 James Hillman: »Wer immer nur über die Kindheit spricht, entpolitisiert. In: *Psychologie Heute*, 11/1994.

32 Muller, a.a.O., S. 2.

33 Heiner Keupp: Über den Nutzen der Sozialepidemiologie für Psychotherapie. In: Hermer, a.a.O., S. 71.

VII. WEGE AUS DER OPFER-FALLE

1 Bass und Davis, a.a.O., S. 60.
2 *stern*, 13/1995.
3 Judith Lewis Herman: Die Narben der Gewalt, 1993, S. 19.
4 Bass und Davis, a.a.O., S. 54.
5 a.a.O., S. 54.
6 Hans H. Strupp: »Die klassische Psychoanalyse ist ein Auslaufmodell«. In: *Psychologie Heute*, 6/1992, S. 29–31.
7 Strupp, a.a.O., S. 29 ff.
8 Watzlawick, a.a.O.
9 Glasser, a.a.O., S. 32 f.
10 Erickson, a.a.O., S. 238.
11 Erickson, a.a.O., S. 255 und 256.
12 Stierlin, in: *Psychologie Heute*, 4/1995.
13 Frederick H. Kanfer, Hans Reinecker, Dieter Schmelzer: Selbstmanagement-Therapie, 1991.
14 Viktor Frankl: Der unbewußte Gott, 1988, S. 13.
15 Wolin und Wolin, a.a.O., S. 7 f.
16 Muller, a.a.O., Einleitung.
17 Epiktet, zit. n. Dieter Schwarz: Die Rational-emotive Therapie, *Psychologie Heute*, 2/1986.
18 Wolin und Wolin, a.a.O., S. 7 f.
19 *Süddeutsche Zeitung*, 15./16. 10. 1994.
20 Der Familientherapeut Jürgen Hargens spricht nicht von »Klienten« oder »Patienten«; er hält den Begriff »Kunde« für neutraler.
21 DER SPIEGEL, 14/1995.
22 Lisa Fitz: »Auf der Suche nach dem Seelenheil geht der Mensch seltsame Wege«. In: *Psychologie Heute*, 11/1994, S. 73–76.

Literaturverzeichnis

Adler, A.: Der Sinn des Lebens, Fischer: Frankfurt a. M. 1992.

Amendt, G.: Das Leben unerwünschter Kinder, Fischer: Frankfurt a. M. 1992.

Amendt, G.: Wie Mütter ihre Söhne sehen, Fischer: Frankfurt a. M. 1991.

Bass, E., L. Davis: Trotz allem. Wege zur Selbstheilung für sexuell mißbrauchte Frauen, Orlanda: Berlin 1993⁵.

Bradshaw, J.: Das Kind in uns, Droemer Knaur: München 1992.

Breuer, J., S. Freud: Studien über Hysterie, Fischer: Frankfurt a. M. 1991.

Caplan, P. J.: So viel Liebe, so viel Haß, Kiepenheuer & Witsch: Köln 1990.

Dawes, R. M.: House of Cards. Psychology and Psychotherapy Built on Myth, The Free Press: New York 1994.

Demski, E.: Afra, Heyne: München 1994.

Deutsches Jugendinstitut (Hrsg.): Was für Kinder. Aufwachsen in Deutschland, Kösel: München 1993.

Erickson, M. H.: Meine Stimme begleitet Sie überallhin, Klett-Cotta: Stuttgart 1985.

Ernst, C., N. v. Luckner: Stellt die Frühkindheit die Weichen? Enke: Stuttgart 1987.

Feldhoff, H.: Paris, Algier. Die Lebensgeschichte des Albert Camus, Beltz & Gelberg: Weinheim 1991.

Forward, Susan: Vergiftete Kindheit, C. Bertelsmann: München 1990.

Frankl, V. E.: Der Mensch vor der Frage nach Sinn, Piper: München 1993.

Frankl, V. E.: Der unbewußte Gott, dtv: München 1994.

Freud, S.: Studienausgabe Band V und Band VI, Fischer: Frankfurt a. M. 1982.

Glasser, W.: Reality Therapy, Harper & Row: New York 1975.

Goldstein, E., K. Farmer: True Stories of False Memories, SIRS: Boca Raton 1993.

Goldstein, E.: Confabulations, SIRS: Boca Raton 1992.

Grawe, K., R. Donati, F. Bernauer: Psychotherapie im Wandel. Von der Konfession zur Profession, Hogrefe: Göttingen 1994.

Hemminger, H.: Kindheit als Schicksal? Die Folgen frühkindlicher Verletzungen, rororo: Reinbek 1986.

Herman, J. L.: Die Narben der Gewalt. Traumatische Erfahrungen verstehen und überwinden, Kindler: München 1993.

Hermer, M. (Hrsg.): Die Gesellschaft der Patienten, dgvt-Verlag: Tübingen 1995.

Hillman, J., M. Ventura: Hundert Jahre Psychotherapie und der Welt geht's immer schlechter, Walter: Solothurn u. Düsseldorf 1993.

Jenson, J. C.: Reclaiming your life, Dutton: New York 1995.

Kagan, J.: Die Natur des Kindes, Piper: München 1984.

Kürner, P., R. Nafroth (Hrsg.): Die vergessenen Kinder, PapyRossa: Köln 1994.

Kramer, P., Glück auf Rezept? Kösel: München 1995.

Loftus, E., K. Ketcham: The Myth of Repressed Memory, St. Martin's Press: New York 1994.

Loftus, E., K. Ketcham: Witness for the Defense. The Accused, the Eyewitness, and the Expert Who Puts Memory on Trial, St. Martin's Press: New York 1991.

Mandela, N.: Der lange Weg zur Freiheit, S. Fischer: Frankfurt a. M. 1994.

McAdams, D. P.: Stories we live by, William Morrow and Company: New York 1993.

Miller, A.: Das Drama des begabten Kindes. Eine Um- und Fortschreibung, Suhrkamp: Frankfurt a. M. 1994.

Muller, W.: Legacy of the Heart, Simon & Schuster: New York 1992.

Neisser, U., R. Fivush: The Remembering Self, Cambridge University Press: New York 1994.

Nuber, U. (Hrsg.): Bin ich denn verrückt? Was Psychotherapie für Frauen leistet und was nicht, Kreuz: Stuttgart, Zürich 1994.

Nuber, U.: Depression. Die verkannte Krankheit, Kreuz: Stuttgart, Zürich 1991.

Nuber, U.: Die Egoismus-Falle. Warum Selbstverwirklichung so oft einsam macht, Kreuz: Stuttgart, Zürich 1993.

O'Neill, E.: Eines langen Tages Reise in die Nacht, Reclam: Stuttgart 1967.

Ofshe, R., E. Watters: Making Monsters. False Memories, Psychotherapy, and Sexual Hysteria, Charles Scribners' Sons: New York 1994.

Petzold, H. G. (Hrsg.): Frühe Schädigungen – späte Folgen? Psychotherapie und Babyforschung, Band 1, Junfermann: Paderborn 1993.

232

Rowe, D. C.: The Limits of Family Influence, The Guilford Press: New York, London 1994.

Schmidbauer, W.: Eine Kindheit in Niederbayern, rororo: Reinbek 1993.

Schmidbauer, W.: Jetzt haben, später zahlen, Rowohlt: Reinbek 1995.

Seligman, M. E. P.: Pessimisten küßt man nicht, Droemer Knaur: München 1991.

Seligman, M. E. P.: What You Can Change and What You Can't, Knopf: New York 1994.

Stierlin, H.: Ich und die anderen. Psychotherapie in einer sich wandelnden Gesellschaft, Klett-Cotta: Stuttgart 1994.

Sykes, Ch. J.: A Nation of Victims. The Decay of the American Character, St. Martin's Press: New York 1992.

Tamaro, S.: Geh, wohin dein Herz dich trägt, Diogenes: Zürich 1995.

Terr, L.: Schreckliches Vergessen, heilsames Erinnern, Kindler: München 1995.

Turrini, P.: Ein paar Schritte zurück, AutorenEdition: München 1980.

Wolin, S., S. Wolin: The Resilient Self, Villard: New York 1993.

Zimbardo, Ph. G.: Psychologie, Springer: Berlin, Heidelberg, New York 1992.

Zimmer, D. E.: Tiefenschwindel, rororo: Reinbek 1990.

Namen- und Sachregister

236